用文字照亮每个人的精神夜空

我之为我，只在异人处：众说木心

夏春锦　唐芳　主编

湖南人民出版社·长沙·

文学是可爱的，生活是好玩的，艺术是要有所牺牲的。

——木心

作者与读者真是一对耐人寻味的关系。对此，身为作家和诗人的木心曾表达过这样的意思："'读者'，在我心目中是浩荡的、仪态万方的一个概念。这个概念，几乎是我全部的美学。你是我的读者，那还得了。"

这最后一声，是木心发现自己的读者时的惊叹。他看重读者，寄予厚望，觉得他们至少应该与自己等量，甚至高于自己。为此他像追索理想一般寻找自己心目中的读者。

木心自1983年恢复写作并发表作品以来，至2021年已三十八年。按理说，有了这数十年的检验，如果真如某些人所说的"不过如此"，那理应如昙花之一现，彗星之划过苍穹也。

但事实是，即便在劫后余生之初，木心也能以卓尔不群的才识与风度折服身边有数的几位慧眼者。书中所收王琪森的《风啊，水啊，一顶桥——我所认识的木心》和胡晓申的《追忆父亲与木心先生》即是这样的记录。

编者的话

夏春锦

出国不久，木心的才华便得以显露。特别是陈英德夫妇和陈丹青等友朋的赏识与鼓励，使他重拾了创作的信心，旋即在海外赢得声名。有意思的是，人们对木心的关注，竟是起于绘画，而聚焦于文学。书中陈英德的《看木心的超自然风景画》一文即是在这样的历史机缘下写成的。此文给了惊魂未定的木心以极大的关怀与鼓舞，因此被他视为自己"艺术历程上首次出现的头等大事"。他为此还在感谢信中兴奋地写道："如果我终于为人所'知'，便是始于二位'先知'。"

在木心晚年的艺术生涯中，除了陈英德夫妇，还有陈丹青和陈向宏两位晚辈与之相知最深，他们对木心的礼遇已被广为传颂。陈丹青于2019年出版了《张岪与木心》，选进本书的是一篇散落集外的《米修与木心：幽灵的交遇》，本色的文字，在在透出作者的真性情。陈向宏被木心称作"忙碌的陶渊明"，曾经的文艺青年，如今以实干家著名，从其《礼遇之约》与《今晚对月亮说的话》两文中，读者可以探知其力邀木心归来的初衷。

"知"木心者，还有第一时间就以木心散文为研究课题的台湾学者郑明娳。她在木心的第一部书《散文一集》出版当年（1986年）也推出了自己的学术专著《现代散文纵横论》。其中《木心论》一文指出："就现代散文的发展而言，这样的散文实在是值得开拓的一种类型，值得作者去努力耕耘，也值得读者去细心再三品味。"

较早被木心吸引的专业读者还有后来执教于加州州立大学洛杉矶分

校的童明，他经由小说家郭松棻的介绍开始与木心对话，从此相知相契二十余年。童明因与木心就文学话题进行过长时期的深入交流，对其知识背景与创作风格可谓知根知底，所以总能准确地把握住木心文学的肌理。他专为《豹变》所作的序言在跨文化语境下打量木心文学的特质，读后真是"有如晨风唤起了回忆，清新，也令人意外"。

与童明一样具有敏锐触角的还有国内的一批读者，他们中包括陈子善、孙郁、李静、孙萌、夏烈、胡赳赳、赵鲲等数位。

陈子善是在现代文学与海外文学史料研究方面卓有成就的资深学人，正是因为他的独具慧眼，早在2001年就在《上海文学》分期连载了木心的《上海赋》，木心得以首次以体面而靓丽的姿态走进大陆读者的视野。这种眼界在其新作《木心笔下的张爱玲》一文中也得到了体现。

孙郁作为一位博学多识的作家型学者，先后从多个维度提醒人们木心文学的诸般意义。其《在京、海之间的木心》又为我们提供了一个别样的视角，他感叹木心风格的"另类"，也提醒我们想要真切地理解木心，有必要"寻觅主义遮蔽的存在"，可谓高明之见。

纵观对木心感兴趣的研究者，大体存在两个特征，一是孙郁所说的"大部分都不是当代文学批评界的人"，因此能够在一定程度上摆脱现代学科条框的羁绊，做出相对非功利的审视；另一个就是普遍看重木心突出的诗性思维和特异的美学风貌，他们常常表现出彼此之间的意气相投，呼应，也就显得合乎情理。

除了以上所提到的几位，陆续站出来谈论木心的还有徐小斌、马家辉、林少华、姜玉琴、子张、李平、丰云、周立民、廖伟棠、胡竹峰、李娟等，从他们的文字中我们隐约可以看到某种相近的气息在彼此之间流转。

木心作为独特的存在，也不可避免地被纳入学院派的研究理路中，此次特意收录赵思运、甘宇慧、刘茉琳等所作的少数几篇论文。内容涉及木心作品的言外之旨、木心诗歌与周作人散文的互文关系等，都是颇值得一读的用心之作。

由于木心的多面性，文学之外其绘画与音乐作品也颇受瞩目。肖小兰的《木心绘画里的精神世界》及陇菲的《机里藏机，变外生变——木心形上转印画》和《木心自度曲——谈木心遗乐及其整理改编》，对此均做了初步的阐发。

最后，还收录与木心故居纪念馆和美术馆相关的篇什，正如其中张抗抗一文所写到的："立于水中的木心美术馆，是乌镇留给后世的文化遗产，同时，也在向未来——致敬。"

2021年适逢木心逝世十周年，也是其首部文集《哥伦比亚的倒影》在大陆出版十五周年，领读文化于上半年推出了笔者的《木心先生编年事辑》，因有感于广大读者的热忱，遂相约再编一册众人谈论木心的合集，于是就有了现在这本书。

木心生前很在乎读者对自己作品的反响，相关评论文章都愿意找来读。但他不知道他的读者会奇迹般地散布于各行各业和各个年龄层。这里所汇集的主要是一批专业的读者，他们从各自的背景和角度谈了对木心其人其作的看法，无论正解还是误解，其中多有可观者，特此推荐给大家。

2021年11月7日，辛丑年立冬　初稿

2022年5月，壬寅年夏初　定稿

目录

辑 一

风

啊

，

水

啊

，

一

顶

桥

——

我

所

认

识

的

木

心

　　现在想来，我更敬佩他在五十七岁后还勇敢地走出国门，有些决绝地漂泊异乡。他曾说过："一切崩溃殆尽的时候，我对自己说：'在绝望中求永生。'"如果他当年不是决然地悄无声息地出走，就不会有今天如此不同凡响的归来。他极有可能湮没于滚滚红尘，或是消失于漫漫俗世，从而使世间不曾有过木心。

　　他是以出走这样的方式，实现了人生的自我救赎及生命的自我涅槃。然后再用归来证明他的存在和价值，这是他所崇尚的尼采式的迥然独立与精神取向。

　　2011年12月，八十五岁的木心终老于故乡。在他弥留之际，看着木心美术馆的设计图，喃喃地讲："风啊，水啊，一顶桥。"风啊，水啊，是自然界自由的精灵，是尘世间匆匆的过客，他是眷恋，还是告别？他是皈依，还是超然？反正他是通过这顶桥从上穷碧落的此岸走向了心无挂碍的彼岸。

王

琪

森

作家、书画篆刻家

——题记

我在《岁月留香访巴老》一文的开头写道："如果和大师相处在同一时代而无缘相识或相见的话，那也许是一种人生的遗憾。但仔细想想，只要能承受到大师的思想光泽和人文精神，也就算是人生幸事了。"

近年来，那位"横空出世"、颇受文学艺术界关注的木心，据说他的散文与福克纳、海明威的作品一起被收入《美国文学史》教程。他在我国宝岛台湾和纽约华人圈中被视为深解中国传统文化的精英人物和传奇大师。他的故居和美术馆也已成为江南古镇乌镇一道独特的人文风景。我与木心在20世纪80年代初曾一起办展览相识共事一年多，天天相见，现在看来也算是幸事了。

1980年初，当时的上海市手工业局在上海工业展览中心搞了个上海市工艺美术展销会。这是一个规模甚大且常设性的以外销为主的会展，将展览中心的西二馆全部包了下来，展出面积达三千多平方米，集中了上海及全国各地的工艺美术精品，如玉雕、牙雕、木雕、瓷器、漆器、铜器、珠宝、首饰及书画、篆刻、文房用品等，共计有三万多种，在当时的上海乃至海外颇有影响，有"东方艺术宫"之称。为了设计布展，手工业局从当时的工艺美术系统中抽调了一部分会画画写字的人员成立了设计组。我也忝列其中，来到了西二馆二楼夹层的工作室。

木心那时叫孙牧心，他是设计组的负责人，工美展销会那三个环形的会标就是他设计的。他当时已五十五岁，中等身材，面容清癯，眼睛很大，且微凹而带有稍黑的眼晕，嘴巴也大，嘴角微微向上翘起，显得颇为自信，总之外貌有些洋气。他说话的语速缓慢，声调不高，是那种带有浙江乡音的老派上海话。他当时正在装牙齿，全口牙拔得仅剩门牙两颗，因此说话也有些漏风。只是他的穿着给我的感觉很另类，如在深秋，我们都已穿着外套长裤，他却是上身一件大红短袖T恤，下面是一条西短裤。

那时对人的了解大都是背后议论或小道消息，有人说他是大地主出身，曾去过台湾，后来在1949年又回来了。他不仅会画画，而且钢琴也弹得不错。新中国成立后吃过几趟官司（坐牢），一直在厂里（上海创新工艺品一厂）监督劳动，现在总算平反了。他从未结过婚。当时手工业局的局长胡铁生是一位喜欢书画篆刻的老干部，对他颇赏识，不仅请他参加工美展销会的筹备，还让他担任了设计组负责人。那时，他正在申请美国移民。在此我也纠正木心"百度"介绍中两个不确切之处：一是说他曾任上海市工艺美术中心总设计师，应是上海工艺美术展销会，后改为上海工艺品展销公司；二是说他在1977年至1979年间遭遇软禁，其实他1978年就出来工作了。

尽管老孙是设计组的负责人，但他却没有什么架子，对人友善，讲话客气，布置工作也是用商量的语气，而且颇幽默，喜欢讲"死话"（玩笑）。因此，设计组里的几个年轻人比较喜欢和他接触。那时我是文艺青年，也时常和他聊聊文学，如法国的雨果、左拉、巴尔扎克、莫泊桑、福楼拜等。他说他喜欢梅里美，他文字好，干净。福楼拜也不错，他擅长结构。如英国的莎士比亚、狄更斯、哈代、夏洛蒂·勃朗特等，他说莎士比亚有些不可思议。如俄国的普希金、托尔斯泰、果戈理、契诃夫、陀思妥耶夫斯基等，他说普希金是真正的诗人，他有诗性精神，而托尔斯泰有殉道精神。他对"十二月党人"似乎很推崇，说他们也是很有殉道精神的。当然也谈我国的鲁迅、郭沫若、茅盾、巴金、老舍等人，但他对徐志摩、戴望舒、李金发更感兴趣，说他们有真性情。那大都是在花香弥漫的午间休息，或是在夕阳西下的傍晚时分，我们利用工余时间进行着这些很随便的聊天式的"吹牛"。当时老孙的身份是我们的同事，因而我们的文学漫谈是"信天游"，现在想想的确是很值得珍惜的。后来，木心在纽约做了五年的"世界文学史"讲座，他说这是自己的"文学回忆录"，"在自己的身上，克服这个时代"。那么这些当年的文学漫谈，是否是他讲座的滥觞？

木心曾就读于刘海粟创办的上海美术专科学校，后来又在林风眠任校长的杭州国立艺专读过，当时主要是学西洋的油画。他对刘校长、林校长都很尊重。他说刘校长很有魄力，将上海美专搞得风生水起，培养了那么多的画家。他特别以相当欣赏的口气说："我们校长的太太夏伊乔那真是漂亮，学校有时搞活动，她穿着白色的连衫裙，真像维纳斯。"他认为林校长是真正将东西方画风融为一体的大家，开创了自己独特的画风。在老孙的影响下，当时的设计组艺术氛围还是颇浓的。我时常利用午休时间练字临帖，有一次他望着我临的魏碑《张黑女》说："《张黑女》太秀气了，我喜欢《张猛龙》，写得硬，有气势。""我临《张黑女》是想在楷书中增加一些隶意。"听了我的回答，他即点头讲："哦，那倒也是可以的。"有时他也会兴趣所致，画些小的油画和中国山水画，主要是表现一种意象朦胧和空间组合。我说："老孙啊，你画得很有现代感，很抽象的嘛！"他别有些调侃地讲："我是戒戒厌气（无聊），弄弄白相相（玩玩）的。"当时，我还认为他是谦虚。反正那时的老孙活得本真、松弛，有种解脱感。后来，我才知道，他是很看重他的绘画的，他曾感慨："文学既出，绘画随之，到了你们热衷于我的绘画时，请别忘了我的文学。"

当时我在报纸上开始发些散文、文艺评论，老孙看后总会鼓励："你写的东西我看了，文笔不错。"我有时也会问他："侬也写写吗？""年轻的时候也写过诗、散文及小说，'文革'中都弄光了。现在不写，但有时写些读书笔记。"听了他的回答，我还真以为他已度过了他的文学时代，实际上他一直在顽强地坚守着、默默地耕耘着。"文学是我的信仰，是这信仰使我渡过劫难。"这才是他真正的内心独白。经过一些日子，我们比较熟悉了，他才悄悄地告诉我说他实际上一直坚持在写。后来我才知道，1971年至1972年间，他在劣质纸上写下了一百三十二页六十五万字的狱中笔记。他就是靠写作活下来的，他能不写吗？应当讲，正是木心的坚守，才使中国当代文学的高地上增添了一座高峰，并赢得了世界性的声誉。

在我与老孙一起办展的那些日子里，我觉得他是一个颇有意志、毅力，执着的人。他当时虽然已经五十五岁，但还是为赴美国做着积极准备，时常看到他工作台上放着一本英语词典，一有空就捧起来啃单词，有不懂的地方还请教展销会里的英语翻译。在看英文版报刊时，还认真做摘录。为了节省时间，他常常在吃午饭时，请我们带两个馒头给他，他则留在办公室内学英语。尽管当时出国大潮刚刚涌起，但大多数是年轻人。因此，我曾问过他，你已经五十多岁了，出国打拼吃得消吗？他则直率地讲："我想出去看看，闯闯。以前没有这种可能，现在有了，尽管岁数是有些大了，但总得尝试一下吧！"对于他的这种勇气和精神，我当时是敬佩的，而且我在他的眼神中看到了那种似乎义无反顾乃至有些决绝的意味，这眼神是令人难忘的。

我有时很早就去上班，为的是可以在办公室练练字，也总是看到老孙正穿着西短裤在展览中心的后花园跑步，这可能是他为出国而健身锻炼。应当讲，我和他相处的这段日子，也许是他一生中境遇改善、活得比较舒心的时候。同时，也正是他为决意闯荡美利坚而做着最后准备的时期。我有时也听到他在感叹："唉，办出国手续真难、真烦，要这样、那样材料、证明，有些就是莫名其妙。"但在他的语气中却充满了一如既往的执着。他曾说过："倘若不是出走，这顽强而持久的挣扎，几乎濒于徒劳。"

一年多后，工美展销会内部的设计布置已基本完成，我们借调的人员也大部分回到了原单位，但老孙又留了一段时间。后来，他去了上海工艺美术协会。再后来在1982年8月，他终于出去了，听说他在美国的境遇似乎不是很好，还叫人从国内带些棉毛衫裤等。从20世纪80年代中期以后，我们好像不再谈起他，有些音信全无的感觉。一直到2001年的《上海文学》上，由陈子善主持的一个专栏内，选发了木心的散文

《上海赋·只认衣衫不认人》，我翻过，也没太注意。后来到了2006年1月，我在上海书城见到广西师范大学出版社出的散文集《哥伦比亚的倒影》，翻开扉页，有一张戴着礼帽的头像，那熟悉的眼神，微翘的嘴角才使我惊讶这个"木心"不就是当年的"老孙"，孙牧心。再看内折页上印着极简单的三行字：木心，1927年生，原籍中国浙江。上海美术专科学校毕业，1982年定居纽约。接下来是该社所出版的木心著作的目录：散文集七本、诗集四本、小说一本。是啊，岁月是首不老的歌谣，总要在时光里吟唱。人生是条悠长的河流，总会在红尘中相逢。以广西师范大学出版社出的这套木心著作为起始，关于木心的消息、介绍、评说就多了起来。他的文字终于走进了他曾经长期生活过的地方。

2006年，对于木心来说是有编年史意义的。在他的著作回归后不久，年届七十有九的木心，也应故乡乌镇盛情、真挚、厚重的邀请回到了曾经"魂牵梦萦"，然而又"永别了，我不会再来"的故乡。对于乌镇，我也是熟悉的。早在20世纪70年代末，我和汤兆基应当时还是桐乡县文化局局长鲍复兴（后任浙江省博物馆副馆长）之邀，去乌镇讲授书法篆刻课。当时从上海到乌镇交通很不方便，我们先坐火车到杭州，住一晚后于第二天一早赶到一个又小又老的码头坐小火轮前往。经过六个多小时"噗、噗、噗"的航行，在下午才靠到乌镇码头。当时的乌镇相当淳朴低调，乡土风情原汁原味，茅盾故居才刚刚开始筹建。而到了2006年，乌镇已是国内外著名的旅游景点了。因此，我曾想到乌镇去看望老孙，但又听人说，木心不愿意见当年的同事。我想红尘浮沉、世事纷扰，老孙不想见自有他的原因，那也就不必去打扰他了，让他在东栅财神湾186号，旧称孙家花园、如今的晚晴小筑中安享晚年吧。

2011年12月，八十五岁的木心终老于故乡。在他弥留之际，看着木心美术馆的设计图，喃喃地讲："风啊，水啊，一顶桥。"风啊，水啊，是自然界自由的精灵，是尘世间匆匆的过客。他是眷恋，还是告别？他是皈依，还是超然？反正他是通过这顶桥从上穷碧落的此岸走向了心无挂碍的彼岸。

后来，我又到桐乡参加一个书画界老朋友的寿庆，心想这次我是可以不用征求"老孙"的意见，也无吃闭门羹的顾虑，去看看木心了。他曾说过："万头攒动火树银花之处不必找我。""如欲相见，我在各种悲喜交集处，能做的就只是长途跋涉的归真返璞。"如今，他是归真返璞了。

木心美术馆建在湖边，临水留影，简约明快，背衬的是气派豪华、轩昂宏伟的乌镇大剧院。进入馆内，迎面就是一个大橱窗，陈列着照片、遗物及手稿等。我又见到了一别二十多年的木心，他的容貌眼神，还是当年的模样，只是多了一份淡定和从容。美术馆由绘画馆、文学馆、狱中手稿馆及影像厅等组成，扼要地介绍了木心的人生旅途及从艺历程，使我也对他有了进一步的了解。这位曾经熟悉并一起工作过的老孙（我们当时还叫他"老孙头"），如今却楼上楼下、馆内馆外地展示、陈列了他那么多东西，成了公众偶像级的人物，应当讲是功成名就，身后殊荣了。因此，当我的眼神与木心那曾经熟悉的眼神相遇时，我是从心底为他祝福与庆贺的！

一个经历了那么多的人生苦难，一个承受了那么多的精神煎熬，一个邂逅了那么多的命运折磨的人，却为这个世界留下了那么多的文化产品，为这个社会奉献了那么多的艺术力作。现在想来，我更敬佩他在五十七岁后，还勇敢地走出国门，有些决绝地漂泊异乡。他曾说过："一切崩溃殆尽的时候，我对自己说：'在绝望中求永生。'"如果他当年不是决然地悄无声息地出走，就不会有今天如此不同凡响的归来。他极有可能湮没于滚滚红尘，或是消失于漫漫俗世，从而使世间不曾有过木心。他是以出走这样的方式，实现了人生的自我救赎及生命的自我涅槃。然后再用归来证明他的存在和价值。这是他所崇尚的尼采式的迥然独立与精神取向。木心曾相当坦率地讲："我不能想象如果我一直在中国的话，可以写出这样的文章来。所以我觉得，我出来是对的，因为我看到了整个世界是怎样地在动。"可见木心的出走与归来，不是一种轮回，而是一种超拔。

木心暮年曾在晚晴小筑中留下独白："不用考虑把我放到什么历史位置上，没有位置只留痕迹。我无所师从，也无后继者，从不标榜——一座崭新的废墟。"我离开木心美术馆时，对着老孙的大幅肖像，轻轻地挥了挥手，算是道别。因为我在参观登记簿上，已写下了我的姓名，也算是留痕吧。只是我觉得木心美术馆不太准确，还是叫木心纪念馆较确切。从前的老孙，现在的木心，这也算是我对你的一个小小建议吧。

追忆父亲与木心先生

胡晓申

《美化生活》原主编

1978年8月底，"文革"结束后不久，父亲胡铁生复出工作，出任上海市计划委员会顾问。再过一年多将迎来建国三十周年大庆，父亲便提议由计委牵头成立庆祝建国三十周年工艺美术大展筹委会。时任市委副书记兼市计委主任的陈锦华十分赞同，当即召集开会决定，由胡铁生协调上海手工业局、商业局、外贸局一起组成筹委会，并任筹委会主任。筹建班子组建后，父亲提出，一个大型展览的总体设计十分重要，此时筹委会办公室主任贺志英推荐了木心。

木心先生20世纪40年代从上海美专毕业，是林风眠大师的高足，虽有满腹才华，但从1957年进厂后，因出身地主，且有自己的见解，一直遭到打压、批斗、囚禁，尽管专业才能非常突出，但不被使用，每天的工作就是打扫全厂所有的厕所。父亲听说后，让办公室通知木心第二天到工艺美术研究所来一次。他说："我要见见他，一个学有所长的设计师，整天扫厕所干什么？"

我当时刚从部队回到上海，正在办理复员手

续。那天，父亲下班回来特别开心，满脸都是笑容，就像找到了他最喜欢的字画、石头似的，让我打开冰啤酒，边喝边对我说："我今天下午约来谈话的孙牧心是个人才，是我所结识的所有字画家中最有学问的一个。"

"大画家刘海粟、谢稚柳、应野平、程十发、李苦禅、黄胄等都很有学问，但孙牧心却不同，他从骨子里散发出来的精神和学养与常人不同。这个学贯中西、文学修养如此好的设计师，却长期在工厂的最底层扫厕所，太浪费人才了！我一定要把他救出来，发挥他的才能！工艺美术大展的总体设计师非他莫属！"父亲越说越激动。

第二天，父亲专门调看了木心的档案。第三天下午，上海创新工艺品一厂的蒋厂长应约到汾阳路79号大展办公室，向父亲汇报木心的情况。他说："孙牧心业务能力很强，但长期定性是三类分子，所以只能安排劳动改造。"听到父亲要调他出来搞展会总体设计，蒋厂长担心道："若重用此人，要承担很大的责任啊。"贺志英也在一旁说："非亲非故的，调他出来挑重担，会有难以预测的风险。"父亲果断地说："孙牧心档案我已看过，地主成分是他父辈的事，他的历史就是'学生+设计师'！孙牧心这样有才华的设计师，让他扫厕所是极大的浪费！对国家也是损失！立即调出来，以后出任何事，由我承担！"就这样，木心很快离开了工厂，到展览会办公室报到了。

第一次见到木心时，我还身着军装，他来家中向父亲汇报展览会设计等工作，那是1978年10月份，父亲已重返手工业局任局长。父亲将我介绍与他认识，初次见面，就感觉此人温文尔雅，五十岁左右的他，穿着得体，双眼炯炯有神，身上有一种贵族气质。木心走后，我问起他的身世。父亲讲："孙牧心出身于浙江乌镇大户人家，在当地算是名门望族，二十多年来吃尽了苦头，一肚子的学问却不为所用，现在好了，我会好好重用他的，充分发挥他的才能。在整个手工业局系统的设计师队伍中，像孙牧心这样有思想有水平的设计师恐不会再有。"我问为什么？父亲说："他洞彻中外古今文学，从美学、哲学到史学无所不知，学问博大、深邃，经天纬地，纵横捭阖，真是难得的人才！'文革'毁掉了一代人的学业，你回到上海后，要好好地补课……"

11月下旬，我正式办好复员手续，到上海工艺美术研究所报到，与木心、夏葆元、陈希旦、朱玉成等在一个单位上班，便像海绵吸水般向老师们学习。我还补考了初中、高中文凭，之后又读了大专、本科、研究生，这些都是年轻时本该走过的路。

建国三十周年工艺美术大展在1979年9月25日如期开展，规模盛大，获得空前成功与好评。木心是大展的总体设计师，当记首功。父亲对他更是欣赏、器重，暗中决定委以更重要的职务，打算让他出任正在筹备中的上海工艺美术协会秘书长。这件事，木心来家中时，父亲对他透露过，并关照他对外勿谈此事，因看中这个职位的大有人在。我看得出，木心一再谦让，他最后表态，胡老您是我生命中的大贵人，因此，只要您决定了，我定会竭尽全力完成任务的。在上海工艺美术协会成立大会上，父亲向一千多名会员提名木心担任首届秘书长时，全场一片静默，随即爆发出一阵雷鸣般的掌声。

之后，木心在工艺美术研究所和工艺品展销公司两边上班，但大部分时间都在研究所，因此我与他经常见面。因工作关系他也来西湖公寓家中，有时谈到晚饭时间，父亲会留他一起吃饭，喝上几杯。饭桌上，木心与父亲谈笑品议，从南唐至北宋的山水画高峰巨然、郭熙，到元明清诸大家，他们谈得甚欢，我在旁边也听得津津有味，尤其是从《诗经》到唐诗宋词，父亲与他聊得更是兴趣盎然。木心在文学诗词方面的功力毕现，无意间显露身手，事义浅深，足见其超凡见解！看得出父亲很喜欢他。

木心对林风眠很是推崇，那段时间他的构图风格酷似林先生。我见过他作画，他对自己的作品要求极严，对不满意的作品就当场销毁！木心还广闻博识，他知我以前学过小提琴，在部队文工团专攻法国号，便与我聊起音乐来，从巴赫、贝多芬、肖邦到勃拉姆斯，十大小提琴协奏曲，世界十大交响乐作品，他都如数家珍！对贝多芬更是推崇备至，记得他对我说过，莫扎特听过贝多芬十七岁演奏的钢琴曲后，就预言有朝一日贝多芬必定震动全世界。木心对《命运交响曲》特别喜爱，他曾说，这是一首光明战胜黑暗的胜利凯歌。正是由于对生活的爱和对艺术的执着追求，木心才战胜了长期遭遇的不公和痛苦。苦难的经历变成了他创作的源泉。他曾对我说，这与《命运交响曲》给他的力量是分不开的。小提琴协奏曲，他尤其喜欢柴可夫斯基的《D大调小提琴协奏曲》和勃拉姆斯的《小提琴协奏曲》；就连莫扎特、韦伯的法国号协奏曲，他竟也熟悉，木心就像一本百科全书。那时，我与摄影老师张志岳、木心三人常一起在工艺研究所的草坪上神聊。他经常把同时代的音乐家与画家，比如毕沙罗、莫奈、雷诺阿、康定斯基时期的绘画和同期柏辽兹、西贝柳斯、德彪西等摆在一起来比较，他认为音乐家是非常伟大、非常了不起的，一首名曲能永远地传下去，让人们百听不厌，是多么的神奇、美妙啊！

在办公室，木心经常一手夹香烟，一手放在膝盖上，精神健旺，恰似上海人讲的"老克勒"那种派头。同他聊天甚是开心，他从艺术、历史、人物娓娓道来，神采飞扬，喜怒溢于言表；他机智即兴，妙语连珠，聊到尽兴时，简直像个孩子，很是可爱。

上海工艺美术协会成立不久，父亲在常务理事会上提出，应办一本会刊，宣传普及美学知识，指导消费，促进生产。父亲深知木心文学功底深厚，即委任他为《美化生活》杂志试刊号主编，打算先办一期，试试反响如何。因此，初期只有木心是专职主编，其他的记者、编辑都是兼职的。当时我已调到研究所情报资料室从事专业摄影工作，也被吸收为兼职编辑。我亲眼看到，木心对每一篇稿件的终审均非常认真，封面也是他特意找老同学、当时上大美院副院长任意画的一幅抽象画，构思出于康定斯基的点、线、面原理，很有创意！试刊的出版为正式出版《美化生活》期刊打下了基础。

在编这期杂志的同时，木心开始为去美国做准备。1982年6月份的一天，木心悄悄对我讲："晓申，我已找好担保，准备去美国。四年前，你父亲把我从苦海中解救出来，充分信任，委以重任，这四年是我一生中最自由、最快乐的时光，我感激不尽！照理应在你父亲麾下继续工作，以回报他的知遇之恩，但若不出国去闯一闯，我此生的愿望和理想恐难以实现！现突然提出要走，我觉得又难以启齿，你能否帮我先吹吹风，让老先生有个心理准备。否则，他若不同意，我是肯定不能走，也不会走的。"当晚回家后，我便把木心的想法转告父亲，他沉默了许久，惋惜道："人各有志啊！孙牧心满腹经纶，一旦跨出国门，会有难以估量的发展空间！我第一次见他之时，便看中其才华，在这几年的工作交往中，与他有过几次深谈，这个孙牧心，博古通今，不但国学功底深厚，就连外国文学也有很深的造诣。否则我不会连续委以他三个重要职务。《美化生活》有他在，发展会非常快，在全国一定是第一流的期刊。但你想想，他也五十多岁了，这个年纪还想跨出国门，可见愿望之深、决心之大，这恐怕是他一生中最后一次机会了。作为他的领导、朋友，应该支持他！"

之后，木心编制所在的工艺品展销公司不愿放他，父亲还亲自做了贺志英总经理的工作，这才帮木心在个人鉴定表上盖了公章，协助他办理了出国签证手续。出国前，木心还专门赠我两幅精品画作，留作纪念。

2017年，将是《美化生活》杂志创刊三十五周年，父亲胡铁生是创始人，木心先生是首任主编。写此稿时，我瞥了一眼手机，突然发现今天恰好是12月21日——他俩也都是在这一天仙逝的，只是年份不同，或许在冥冥之中，也是天意的安排、前世的缘分！相信他们在另一个世界还会相遇，还会有更多的故事延续。

木心曾说过："爱我的人，一定是爱艺术的人。"父亲是第一个发现并爱上他才华的人。我想，这一定是缘分吧！

谨以此文纪念两位天才的艺术家。

江南是绿，石阶也是绿，总像刚下过雨。

——木心

礼遇之约

木心先生是位智者。

似乎一夜之间，全国各大书店的书架上都摆上了他的书。饭后我们一起散步，先生指着一棵院中的芭蕉，对我说："这是一棵'姚明'芭蕉啊……"

初闻木心，在1999年冬。当时我来乌镇已一年，从踌躇满志陷入千头万绪，无数的工作筹划，铺开而未有结果。整个冬天一直断断续续下着阴冷的小雨，街上行人稀少，焦虑如同这湿漉漉的冬日，让人沉溺在凋零的郁结中。

一日，有旁人拿出一张复印的报纸，似乎不是大陆出版的。上有一篇署名木心的文章，记叙了作者回到家乡乌镇，走在曾经往返的东栅老街上，颓废凋落的场景让他无言地在镇上宿了一夜后，黯然地发出"别了"的叹息。

作者回来的那个时候也是冬天。

异时共叹，冥冥之中觉得在那干净老辣的文笔

陈向宏

乌镇旅业总裁

后站着一个不同寻常的乡人。

一打听，果不其然。木心先生就是乌镇人，老宅就在东栅财神湾西的铁工厂内。听街坊陆其清老人说，木心先生20世纪80年代前还在上海工作，后到了美国。但乌镇没有他的直系亲戚，他也似乎已被家乡热闹的"海外之友""在外知名人士名单"遗忘了。但一查资料，惊为异人，人家早已是海外著名画家、作家和教授，他的画作在全美博物馆巡回展览，他的文学造诣使他能长期在美国主讲世界文学史。

第二天，费了好大劲进入了木心先生的老宅。从格局上可以看得出这是一个三进的老宅，第二进是个平厅，摆着一副废弃的冶炉，四周是熏得漆黑的墙壁；第三进是个三开间的楼厅，也已窗落门颓，几近废芜。走到后面，偌大的后园里一片赤红锈色触目惊心，园中除了半人高的茅草，只有几棵老树仍异常的茂盛，原来这里曾是一家镇办铁工厂。如同我每一次看到乌镇不少老的厅堂曾经作为合作镇办企业厂房一样，我心中顿时涌起一阵悲哀，愚昧时代的轻率决策，总是把珍贵的遗存当成最便捷的廉价资源，轻易地消费而无须任何承担！

保护开发前，东栅老街上像如此利用老宅或空地而存在的企业有五家，有电镀厂（现蓝印花布作坊区）、木器厂、预制厂。最大的要算是一家食品加工厂了，每天宰杀的几千只鸡鸭的污水，使得有两千年历史的东栅河河水如同墨汁一样黝黑而散发出无法近观的腥臭。

我无言地伫立在孙家花园的残墟上，第二次与木心先生有了心灵的对话，心中也涌起了对这位海外游子的深深愧疚。

多少次的辗转打听，始终是失望的收场。

一件事（指那时的工程），一个人（木心），负弩前驱，只为寻求。

终于，2001年初，东栅保护整治工程初现风貌，茅盾文学奖第一次回家乡颁发，一时高朋满座，冷寂多年的乌镇迎来了少有的生机。宴席之上，我刚好与女作家王安忆相邻，知她曾在美国内华达州聂华苓的世界文学创作中心做过访问学者，就向其问及木心先生。王安忆女士沉静寡言，但分外热心，她说她知道木心先生有个学生，就是著名画家陈丹青，她回上海后就把陈丹青在美国的联系电话和地址给我。

几次电话几次通信后，在一个5月的下午，远在美国的陈丹青站在了我的办公室里。长长高高的个子，炯炯有神的眼睛，一个十分不像上海人更十分不像美国海归的艺术家。印象深刻的是他肩上背着一只已经有些破损的但十分干净的黄布挎包，上面赫然写着"为人民服务"五个红字。

我得承认，在与木心先生从接触、了解、熟悉、信任，到最后说动他回家乡定居养老的五年中，如果没有陈丹青对先生的尊重、细心、坚持，并把这种发自内心的敬仰之情感染于我，也许在这件事上我还做不到后来那般执着。

从一开始单独与丹青老师通信，到后来直接与木心先生通信，丹青老师始终勤勉地一次次细心地传达着双方的想法。几年下来，丹青老师来乌镇已经十几趟，长长的通信和电邮在我这里已经一大堆了。陈丹青对自己先生的敬仰与关心，朴素而生动，一如儿子对父辈般的自然而周全。他一次次把先生拟回国定居的"晚晴小筑"工程拍成照片、录像带回美国给先生看，甚至按照先生的意见亲手画了栏杆式样附了照片寄给我。每次在会面时，他都会拿着一张写着密密麻麻事项的纸条，每每不由得让人为这份已不多见的师生之情而感叹。

2005年冬，先生终于在丹青老师的陪同下回了一次国。

虽然有多年通信，但第一次见先生还是有些紧张。先生点着一支烟，对丹青说："他长得和我想的一样！"

一起走在东栅的老街上。看到已经得到保护的东栅老街人流如织，尤其看到已整治修复的老宅，木心先生兴致很高，还特意到了当时正在动工的西栅工地。几个晚上的促膝长谈，木心先生始终强调乌镇今后发展优势在于"文化源远流长"。他很兴奋，似乎第一次明确了回来定居的意愿，他说我们做的一切看起来是为"现在"，其实是为"将来"。

几天转眼过去。临回国前天，丹青老师和我在杭州楼外楼为先生饯行。酒酣耳热，大家一致商定先生尽快回来。

临上车时，丹青兴奋地拥抱了我。

我想：也许我们可以为了很多理由把历史长河中很多文人骚客、乡贤俊杰颂扬光大，以示所处土地之文化底蕴丰厚绵长。但我们没有任何理由冷落一位当今具有杰出艺术成就的艺术家，这是一个千年历史文化名镇应有的姿态和气度。尽管我们还只是"礼遇"，离"知遇"还有很长距离……

前段时间，一个因小事而与乌镇有些过节的文人，对此事如此评述："乌镇把木心先生请回家，同样是为了达到不可告人的炒作赚钱目的……"

看到这段话，我悄悄地把手机藏了起来，生怕惊醒了睡午觉的先生。

与木心先生的下午茶

夏　烈

杭州师范大学教授

去见先生惴惴不安，因为那天鼻炎扰得我头脑有些昏昧；既见先生兴致勃勃，因为那实在是个睿智可爱的人物，至少与他谈话能医治我的头脑，使我一直保持清醒。

我们到的时候是午后二三点间，先生在午睡。邀请我们来的丹青陪了一会儿就忙着去写他那知名的博客了——他对木心先生的推崇数年来备受争议，但他依旧勤恳地为先生处理大小事务，辩驳那些飞向先生的流言，连这会儿说要回房赶写博客也是为了向公众告知先生的信息和所处的环境。这样的弟子颇有古风，令人敬佩。

在乌镇先生暂住的宾馆附近的旧街上雨中漫步，着实是种享受。老树、小桥、青石板，花窗、木门和内部为现代设备的屋宅，都因为现在还是重修未开的园区，正可呼吸其间滋润的寂静。想到这是茅盾的故乡，从今以后又将因是木心的故乡而为人所知，不由微笑。当代浙江人文的某种遗憾终于又有些补偿了。

不久，被唤上楼，见先生的浅笑已镶嵌在客厅的沙发里，并且只是谦恭地占一小角，显然，不如此前我们通过照片所揣测的他的身量。他起身，握手，握手的感觉也能让你体会到一个八十岁老人的温柔。但不消多久，你从对坐的他的脸上能读到眼角眉梢的秀气和精神，还有那法令纹勾画的气派鼻子，虽然与这鼻子相配的脸型近日是有些消瘦了。

我们因听了丹青的介绍，知道乌镇政府对先生故居的修缮即将完工，便问起。先生说，他们这样对待我，是礼遇，不过慢慢下去，希望更是知遇。

我们问先生是否把美国的东西都带回了。他说是。然后聊到他回来时将自己装帧好的一册秘不示人的诗集带在身边颇为珍视的感受。问他诗集的名字，说叫《伪所罗门书》。又问画有没出版过？说，国内尚没有，有人物、风景和小品。

谈到杭州，问熟悉吗？先生浅笑说，我小时候在杭州住的，家里有房子在梅花碑、佑圣观路。几个地名先生都是用地道的杭州话说的。我于是忙用杭州话说了一些老词，先生便模仿我。满座皆笑。

又问：记得先生在杭州教过书？说，在两级师范（即今杭州高级中学）教过一个学期的美术。我们接口说，那个时节中学教师也名家辈出呢！先生说是，然后报出当年的同事孙用、董秋芳，然后说，还有那个鲁迅先生的老乡。我接口，是许钦文还是许寿裳？他马上说，也（yeah）！许钦文。他很老实的，一次，拿园子里的两个葫芦来给我，敲门，然后说："孙先生（木心原名孙仰中，后改孙牧心），这两个葫芦你要吗？送给你，送给你，我走了。"感觉很老实。

又问：后来离开两级师范去上海了？说是。教了半学期，校长来宿舍送下年聘书，我说很抱歉，我要去上海了。上海是大地方，是值得向往的，对于年轻人尤其。所以说，人的气质决定他要往哪里去，在浙江我自然选择杭州，在中国我选择了上海，这也就是我后来去美国为什么选择纽约的原因。

又问：先生是上海美专毕业的吧？说是。我开始没有受过美术专业教育，自学绘画。当时参加过一个杭州新人的美术展览，之后就看到了《东南日报》上的评论，其中有对我绘画的肯定。我那时想，这样容易得来的荣誉和机会我不要，我要的话就从基础学起。于是就考了上海美专。以当时入学的专业成绩可以进二年级，但我也不要，坚持从头开始学起。

又问：先生当时与杭州文人学者有什么交往吗？说，我与夏承焘先生是忘年交，我们相差有二十几岁。初见夏先生的样子与我读他诗句中的风流潇洒状颇不相符的，他黑黑又不高。我们后来很谈得来，他对我很好。我去他们家，他就会在午餐里煎两个蛋（一般自家人吃就煎一个），这时邻居就会问，夏先生，今天介好啊，煎两个蛋。夏先生就回答，有客人在，有客人在。夏先生的诗词有很多我都熟悉，当时一起看过改过；但多年后我在外面看到夏先生的诗词集，又都改回来了。也许有环境的原因？恰巧，当天我们这堆去拜会的后生晚辈都是原来杭州大学的学生，并且都是在夏先生执教的中文系就读的。一时间大家如听天宝旧事，宾主气氛也愈发亲和。

又问：先生对于文学的阅读和爱好从小就有吗？说，我们小时候似乎家家户户都有《古文观止》《古文辞类纂》这样的书，这就是当时江南像乌镇这样地方的风气。一些书也不定是我家的或者你家的，总是在街坊人家之间流动，读完又流到别家去，那些书神出鬼没得就像它们自己有生命似的。我那时经常能拿茅盾的藏书来看，他家住在乌镇东栅头的头第二家，我家在尾巴那里，我家某某与他家是姻亲，我可以自由去他家拿书看。所以我后来看新文学刊物的时候，见标题"一代文坛巨匠鲁迅昨在沪上陨落"，我就大惊，说哎呀，原来鲁迅先生死了！说这话的时候我感觉他是昨天才死的，其实已经是十年前的事了。无非我看的是茅盾家十年前的刊物罢了。

先生又说，现在看来，现代幸亏有个鲁迅，否则更荒芜了。我年轻的时候想写东西，看到他写自己在厦门的文字"寂静浓如到酒，令人微醺"，看到他的《雪》"是的，那是孤独的雪，是死掉的雨，是雨的精魂"，我就知道他已经这样写了，我写不来。还有《秋夜》里的"在我的后园，可以看见墙外有两株树，一株是枣树，还有一株也是枣树"，别人或有不懂，我却很明白很能理解。鲁迅后来去做"立此存照"的事，那对象是新闻，弄文学的为新闻存照，终究是有些浪费。新闻是弄不过来的。整个来看，鲁迅非常好，遗憾还未展开。

我们讲到方言时说起苏白，先生就说笑着来了两句苏州话，惟妙惟肖。又讲到张爱玲改写苏白做底子的《海上花列传》，先生说，张爱玲是很有才华，但她对人事是有很多不通的。后来讲到台湾文学与张的关系，先生淡淡地说，他们把张爱玲当"文学妈祖"了。我们一愣之后不免大笑。

讲到夏志清、李欧梵的现代文学与文化研究。先生说了他与夏比较熟悉，不过互相的文学标准实际上不一样，很难交心。

先生顺便讲，有些研究者把鸳鸯蝴蝶派之类的作品抬得很高，但那不是"小说"（不过中国的小说或许就那样）。当然，写那些作品的人，比如张恨水，旧学的功底、文史的常识都不错，但他们的小说不能算文学。先生即兴按照鸳鸯蝴蝶派的写作路数来了一大段，酷肖之极，众人不免笑倒。

讲到台湾文学，先生简单描述了他的作品在台湾的遭际，约略勾勒出了台湾文坛对他始迎渐拒的心理。不过，台湾教育部门将他的作品列在一堆现代文坛大家中间作为推荐，他说，我是有些得意的，只是看到左边梁实秋，右边林语堂，想想有点"肉麻"。

又，先生讲到他用诗经体重写的数百首诗歌。说本也只是尝试，忽然一晚梦到魁星用笔点自己的额头，那魁星并不是传统的姿势和模样，只是一温和的中年男性，醒来额头仍有痒意。此后着意重写《诗经》的工作，居然洋洋洒洒、如有神助，至三百首始住。然后他转到诸子典籍求新的意象思致，又用诗经体重写了诸子部分的内容。这诗集在台湾出版后却与散文等形成很大的市场反差，能阅读的寥寥，但先生却很珍视这部诗集。

他说了种种遭遇后自己总结，我和他们的不同归根结底在于，他们承认这个世界，我不承认这个世界。那么，有人也许说你不承认干吗活在世间？我说我游戏啊。文学就是一种游戏的艺术。

先生讲到英国，讲到英国乡间的美丽淳朴，讲到早晨起来云雾缭绕犹如仙乡的感受，讲到那树林和叶子的绿是饱满古老而有生命的。然后他又用几个很幽默的事描述了英国人的幽默和法国人的傲慢之美。这些描述引得同去的研究西方文学的许志强兄说：只有那样的乡间才能生成哈代这样的作家啊；以及我的感叹：那无处不在的幽默应该只有心灵有余裕的人才能自由施展，焦虑和干涸的心是无法达至细节之美的。先生对我们的意见都报之以"Yeah，yeah"的回应。

忘记一个怎样的话题带到俄罗斯文学。先生说托尔斯泰的文学是真正有分量。许兄说起托氏晚年生活的态度，先生说，托是伟大的，他的晚年看来是有点"伟大得不耐烦"了。

又说高尔基，先生说高尔基写托尔斯泰的回忆文章真不错，比小说好得多。高尔基的回忆录足够证明这个人的天赋和观察力。

晚间席上问及先生在"文革"中的遭遇，略谈起，但表示不愿意多说，当作忘掉。说到平反后，讲了两个趣事。一是有人要先生为某酒厂设计酒瓶（先生当时在沪上常年做工艺美术师），当时爽快答应，设计出一酒瓶样稿，没料到对方厂长一看说，这是什么？酒瓶。怎么能这样平淡呢，要设计成鸡的样子，酒就从鸡嘴里出来，或者像条鱼……哦，那我做不了，不过那看来是鸡尾酒了。

又，先生1982年出国，开始不给签。先生诳说办理签证的某大姐，我的女友在美国，我过去是要规劝她回到祖国的。那大姐顿生同情，说你这个年纪还没结婚啊？好！过去告诉你女友，国内形势很好，欢迎她回来。于是就得以出国。

如此言笑晏晏，如果不是考虑到木心先生要休息，众人都愿意流连。而那晚，夜雨不止，恣意地爬上我们走出园区时的鞋子与裤脚。从青黑的道上回望，拄着stick的先生和丹青等人仍在古雅的门墙边挥手致意，他们的站立处笼罩着一片柔和的辉煌；而想想在先生眼里，则正是我们这拨年轻的后生两两拥在伞下，不得不从这宁静的区间奔赴回那远处的市声嚣嚷之地。

2006年4月24日改定

《世纪》杂志2016年第2期，刊登了秦维宪先生撰写的长文《木心闭口不谈的隐痛岁月》，对1972年至1979年间木心先生在上海创新工艺品一厂（木心在自撰简历中称之为"本厂"）的经历，从自己的观察视角进行了较为详细的叙写，记录了许多宝贵的资料。木心是1982年8月离开中国赴美的，那么，1980年至1982年的那段时间里，木心先生在干什么呢？在已经公开的资料中几乎没有这方面的确切信息。木心在自撰的《木心生平简历》中，对自己1980年至1982年秋的情况是这样表述的：

1980年初—81年秋 上海

56岁 工艺美术展销会

1981年—1982年7月 上海

57岁 工艺美术协会

1982年8月下旬离开中国

这里的木心年纪是虚岁，而且并没有具体表

『我是一个远行客』

——木心在上海工艺美术研究所

李 平

上海师范大学教授

明当时到底在哪儿工作。近日，笔者拜访了上海工艺美术研究所原副所长、上海工艺美术博物馆原副馆长、高级工艺美术师方阳先生。当年，方阳先生作为《美化生活》杂志的兼职摄影编辑，是与木心朝夕相处的同事，他的讲述自然是生动而有价值的。以下的综述，是方阳先生对笔者提出问题的回答以及他的回忆。下文括号中的文字是笔者关于某些重要问题的补充说明。

胡铁生是木心的真伯乐

方阳是1980年底、最晚1981年初与木心相遇、结识并开始一起办公的，地点就在上海徐汇区汾阳路79号的"上海工艺美术研究所"。当时的建制是这样的：上海市手工业局下面有上海工艺美术公司（包含多个工厂）和上海工艺美术研究所（最初为"研究室"）。当时上海市手工业局的局长叫胡铁生，九级老干部，是谷牧的战友，也是有名的书法家。方阳说，他很清楚，胡铁生是木心真正的伯乐。

"文革"爆发不久，木心入狱，约半年光景后出来，一直在工厂劳改与隔离审查（"工厂"即上海美术模型厂，后改名上海创新工艺品一厂，木心在自撰简历中用其旧名。木心在工厂的情况，可参秦维宪《木心闭口不谈的隐痛岁月》，《世纪》2016年第2期）。"文革"结束以后，胡铁生官复原职，退休前夕（1978年）提议成立"上海市工艺美术协会"（非有的文章所说的"上海工艺美术家协会"）。胡是会长，需要有一个人来担任秘书长，主持日常工作。当时都以为秘书长会是一个名人，没想到胡铁生却再次"点将"，提议大家尚不太熟悉的木心担任秘书长。木心从此（按木心自撰简历，1972年6月至1979年底，他一直"在本厂改造"；1980年初至1981年秋，他在办上海"工艺美术展销会"；1981年至1982年7月，在上海"工艺美术协会"工作。由此推测，约莫1980年开始，木心比较固定的工作地点就移往汾阳路79号的上海工艺美术研究所了，但他经常因为各种事务而奔波在外）就到俗称"小白宫"的上海工艺美术研究所（此地原为法租界公董局总董府邸；抗战胜利后，联合国世界学生组织曾在此办公；1954年是中苏友好机关办公地；1960年起，工艺美术研究所迁入使用）工作。后来，胡铁生认为，有了协会，还要有一份协会编辑的刊物，这就是改革开放后最早的时尚类杂志《美化生活》。编辑部就设在木心的办公室，也就是作为半层的地下室的一间屋内，但从玻璃窗可以平视外面的花园。先前这儿是保姆房，走道里都是管道等，光线比较阴暗，此时被改造成研究所食堂和一些办公室。胡铁生提议，由作为协会秘书长的木心任这本杂志的主编。方阳当时调来兼任杂志的摄影编辑，与主编木心面对面坐着一起办公。有文认为，木心只是杂志的"艺术设计"，此说不确。《美化生活》1982年第1期是该杂志的"试刊号"，与一般的刊物尺幅不同，四四方方的小开本，很别致。封面是画家任意根据当时还很新鲜的俄国抽象派画家康定斯基的风格创作的，并印有杂志的英文译名"BEAUTIFYING

LIFE"。试刊号的"发刊词"，据方阳回忆，是木心与胡铁生共同起草的。版权页没有"主编"一栏，只是印着"编辑　《美化生活》编辑部"，"出版　上海市工艺美术协会"。杂志没有正式刊号，但注明"轻工业部[81]轻艺字第190号登记"，定价为0.48元。1982年8月木心离开中国。1983年1月开始，《美化生活》以双月刊的形式正式由邮局发行，并发布了新的"创刊词"，尺幅也与一般杂志相同。方阳亲眼见到，胡铁生多次来木心办公室与其一起商议杂志稿件和协会的事情。木心出名以后，方阳曾对胡铁生的儿子胡晓申说："你的父亲是木心真正的伯乐，你知道吗？"胡晓申对此似乎很惊讶，还说"我要把这话记下来"。

戴鸭舌帽的"孙牧心"

"当时我们都叫他孙牧心。"方阳告诉笔者，木心虽然在上海市工艺美术协会和《美化生活》杂志编辑部工作，但是协会和编辑部都没有编制，他的人事关系还是在上海创新工艺品一厂，因此并不真正属于研究所里的人（木心自撰生平简历也未涉及上海工艺美术研究所）。他为人低调，没什么脾气，但较为独特的外貌和谈吐还是引起了人们，特别是青年人的关注。刚来那会儿，因为总是戴着鸭舌帽、穿着黑风衣，中等个子，不胖不瘦，很儒雅的样子，人们背后往往称他"老克勒"。也有人对木心开玩笑说，他应该戴电视剧《上海滩》主人公戴的那种礼帽才更有派头。木心听了笑得很开心，但那时他还是不敢戴的。方阳原本就是工艺美术研究所的人，这时在杂志编辑部兼职。在他眼里，木心平时经常喝茶，也会喝当时刚引进的雀巢咖啡，白色的瓷杯是很普通的那种。印象中，木心是不抽烟的，讲着很糯的上海话，用流行的圆珠笔写字。那时候，人们只知道木心是个设计师，完全不知道他还写过小说，写过诗歌。

　　方阳回忆说，木心平时好像事情很多，经常出去采访或者开会，不坐班的，也不像许多人那样把打好的午饭带到办公室来吃，他当时住在哪里人们都不清楚（据木心的外甥王韦先生告诉笔者，木心当时借住在虹口区长治路的旧房里，此栋房屋现已拆除），但是他对排版、摄影和文稿的要求很高，会非常仔细地查看校样。因为是事实上的主编，所以稿费单必须由木心签发。当时每幅摄影三元钱，如能多发表几幅那就很好了。方阳记得，有一次木心在签完稿费单以后开玩笑地说："我没有稿费的。"编辑部的几个年轻人马上说："那我们给你！"木心说："这不行，不过你们请我吃顿饭倒是可以的。"但也只是说说而已。木心自己每个月的工资大概就是六七十块。当时《美化生活》杂志的副主编叫张志岳，文字编辑叫沈建华，美术编辑叫徐益铭，摄影记者兼编辑胡晓申，加上摄影编辑方阳，大家对木心的学识都很佩服。张志岳很喜欢向木心讨教种种事情，多次对方阳说"木心是一个了不起的人物"，但不幸张志岳1984年就离世了。他的夫人杨锦玉是大中华橡胶厂三老板的女儿，也与木心很谈得来。据说木心回国以后，她去看望木心，是受到欢迎的少数几个旧人之一。沈建华甚至说，整个研究所里面，他只佩服木心，木心很有内涵。因为是文字编辑的缘故，他与木心交谈最多。木心没有架子，很和蔼的，讲话时有调侃，又很自信。年轻人说得对的，他会当面说好，并不断提及。他认为说得不对，也会指出来。有一次，在与沈交谈后，木心说："一会儿唯物主义，一会儿唯心主义，最讨厌了。"后来，沈说自己的观点又改变了："我的观点以今天的为中心。"木心事后感叹道："最讨厌这种说法。"木心离沪赴美的时候，走得很突然，沈建华正好在三峡写生。他回来知道以后说："木心将来一定会带着夫人衣锦还乡的！"（事实上，木心一辈子没有结婚。）

方阳当时二十七岁，1927年出生的木心已经五十四周岁了。有一天在办公室，木心说："小方，你不要说话，我给你算个命。"方阳很惊讶木心还会看相，木心接着说："你呢，是书香门第，我敢肯定。"过了会儿，木心又说："但是有一点不对，你身上有一点武气，你的父亲一定是个军人！"方阳听罢大吃一惊："你怎么会知道的呢？"木心回答："就是凭直觉。"方阳遂小声告诉木心，自己的父亲是国民党军官。"那是国军军官。"木心说。方阳原先搞共青团工作，后转为摄影，觉得自己眼高手低。木心特地对他说："摄影好的，摄影不错的！"意在鼓励方阳，要把摄影作为艺术好好干。当时正在讨论海派文化与京派文化的问题，杂志编辑部开了一个研讨会，方阳在发言时开了一句玩笑："京派文化是靠什么设计出来的呢？大概是靠喝白酒吧！海派文化大概是靠喝咖啡设计出来的吧！"会议结束以后，木心笑着对方阳说："小方，你这段话说得太好了！因为我就是喝咖啡的。"木心与年轻人的关系都不错，因为年龄相差很大，大家都视他为老师。

当时的工艺美术研究所有不少名气蛮响的艺术家，但在方阳的印象中，木心虽然活跃，却跟他们几乎没有什么接触，这与木心不是真正意义上的研究所的人，以及平反不久有关。根据陈丹青在《文学回忆录》后记中的记述，他和木心1982年秋天结识于美国纽约。但据方阳回忆，其实当时陈丹青是经常来上海工艺美术研究所的，他与所里很多人都是老朋友，他们有自己的圈子。但是方阳的确未见过木心与陈丹青有过接触，"也许互相之间还是知道的吧"，方阳说。

"我是一个远行客"

木心在工艺所的办公桌上没什么东西。回想起来，他是一个内心力量特别强大的人，但似乎又有一种随时要出远门的样子。他常常在不经意间说："我是一个远行客。"但他真正走，又显得很突然，没有与编辑部的任何人告别，不过胡铁生一定是知道并默许的。就像来了就来了，走了也就走了，没有引起什么波澜。这之前，木心除了编杂志和组织一些工艺美术协会的活动（一般都是会长胡铁生讲话，木心很少发言），似乎总是在忙什么事情。现在看来，是在为去美国做准备——包括完成五十幅小型转印画，去上海交大上课以获取有关大学授课资历的证明等。方阳说，木心的赴美签证开始时遇到一些困难，这也说明木心的人事关系不在上海工艺美术研究所而在创新一厂。因为当时工艺美术研究所是上海文化的一张名片，许多外国总统访华，都一定会来访问参观。去美国领事馆办签证，只要能证明自己是工艺美术研究所的专业人员，从没听说有拒签的。至于有的文章说木心是工艺美术研究所的"首席设计师"什么的，则完全是误传。（木心出国以后，几次感叹，如果不是出国，他的作品就是一锅夹生饭。木心说："我的童年少年是在中国古文化的沉淀物中苦苦折腾过来的，而能够用中国古文化给予我的双眼去看世界是快乐的。"在美国居住十多年后，木心说："乡愁太重是乡愿，我们还有别的事要愁哩。若问我为何离开中国，那是散步散远了的意思，在纽约一住十年，说是流浪者也不像。"他还说过："如果'文革'不发生，门户开放早二十年，我不会来纽约，而是去法国偏远地区的修道院。"）

木心2006年回国以后，对于想来看望他这位"名人"的创新工艺品一厂的同事和工艺美术研究所的同事，大多用"你们忙，我也忙，算了吧"打发过去。木心宁愿寂寞，他的内心只有他自己知道。

《木心先生讣告》云："2011年12月21日凌晨3时，诗人、文学家、画家木心在故乡乌镇逝世，享年八十四岁。……木心先生遗体告别仪式将于2011年12月24日上午10时在桐乡殡仪馆举行。同日下午，于乌镇西栅昭明书院举行木心先生追思会。"（然讣告中写道：木心"五十至七十年代，任职上海工艺美术研究所"则全然错矣。）这些仪式，由于种种原因，工艺美术研究所的同事都没能参加。

『无愧于艺术对我的教养』

——木心人生中的几次抉择

夏春锦

青年学者、本书主编

木心曾说："艺术家最初是选择家……"[1]在其坎坷曲折的艺术与人生的道路上，木心就曾面临一次又一次的抉择。每一次走到人生的十字路口，木心无不是将"无愧于艺术对我的教养"[2]作为其人生的信条和准绳，并据此做出最后的决断。

第一次是在1943年，当时木心虚龄才十七岁，仗着满腔的艺术热情，出走乌镇，奔赴杭州，一心要做"知易行难的艺术家"[3]。据其晚年追忆，这一次出走的直接原因主要有两个：一是家里"逼迫成婚"，他要"人生模仿艺术"，泼出胆子逃命；[4]二是在择业上家人希望他读法律或医

---

[1] 童明、木心：《关于〈狱中手稿〉的对话》，《木心纪念专号：〈温故〉特辑》，刘瑞琳主编，桂林：广西师范大学出版社，2013年，第214页。

[2] 童明、木心：《关于〈狱中手稿〉的对话》，《木心纪念专号：〈温故〉特辑》，刘瑞琳主编，桂林：广西师范大学出版社，2013年，第214页。

[3] 木心：《战后嘉年华》，《鱼丽之宴》，木心著，桂林：广西师范大学出版社，2009年，第113页。

[4] 木心：《海峡传声》，《鱼丽之宴》，木心著，桂林：广西师范大学出版社，2009年，第21页。

学，而自己喜欢的却是绘画和文学，一心想要报考国立杭州艺术专科学校（简称杭州艺专），为此遭到整个家族的一致反对。木心之所以会如此自觉，一方面是源于他从小对艺术的着迷；另一方面则是因为少年时的他以读书来"自救"，大量的阅读打开了他的心灵世界，将其目光引领到了更为广阔的视野。正如他自己所说："老家静如深山古刹，书本告诉我世界之大无奇不有，丰富的人生经历是我所最向往的，我知道再不闯出家门，此生必然休矣。"①

到杭州后，木心一直等着报考杭州艺专，但该校迟迟未迁回。抗战胜利后，上海美术专科学校（简称上海美专）在上海复校并登报招生，木心遂去信报名，于1946年1月以同等学力作为插班生考入该校三年制西洋画专修科一年级就读。这一次的选择，使木心得以接受当时中国最先进，也最专业的美术教育，特别是蔡元培、刘海粟等前辈所精心营造的兼容并包、学术自由的学风令木心赞赏不已，为此他说："我在上海美专所享用到的'自由'，与后来在欧美各国享受到的'自由'，简直天海一色，不劳分别。"②

木心的第二次人生抉择发生在新中国成立前后。从1949年春起，木心执教于浙江省立杭州高级中学（简称省立杭高），出入从众，深受学

① 木心：《海峡传声》，《鱼丽之宴》，木心著，桂林：广西师范大学出版社，2009年，第21页。
② 木心：《战后嘉年华》，《鱼丽之宴》，木心著，桂林：广西师范大学出版社，2009年，第129页。

生爱戴。其间于该年5月至7月短暂参加了中国人民解放军第二十一军南下文工团，任文化干事，主要从事宣传工作。1950年年初又回到省立杭高继续教书，至8月又从该校辞职。木心在省立杭高执教，待遇可观，之所以要辞职，完全是听从了福楼拜的话："如果你以艺术决定一生，你就不能像普通人那样生活了。"[1] 木心显然是视教师这个职业为普通人的生活（他又称之为"常人的生活"），他声称"温暖、安定、丰富，于我的艺术有害"，所以要"换作凄清、孤独、单调的生活"。[2] 随后的9月至12月之间，木心便雇人挑了书、电唱机和绘画工具上了莫干山，过了一段山居生活，一心读书、写作和画画。这期间他除了撰写有数篇论文外，多数时间还是用于读书，特别是研读了福楼拜和尼采的著作，并"正式投到福楼拜门下"[3]，接受了福楼拜的艺术观和艺术方法。木心后来坦言，自己的很多观点，都是那时候形成的，特别是福楼拜和尼采的影响，持续一生。

　　山居生活结束以后，迫于生计，木心在杭州、上海之间闯荡谋生了一段时日，于1951年秋开始任教于上海高桥育民中学。木心创作过一首名为《小镇上的艺术家》的诗，述及这一段教书生涯，颇能看出他彼时的志趣与心境：

---

[1]　木心讲述、陈丹青笔录：《文学回忆录》，桂林：广西师范大学出版社，2013年，第1077页。

[2]　木心讲述、陈丹青笔录：《文学回忆录》，桂林：广西师范大学出版社，2013年，第1077页。

[3]　木心讲述、陈丹青笔录：《文学回忆录》，桂林：广西师范大学出版社，2013年，第1076页。

国庆节下午

天气晴正

上午游行过了

黄浦江对岸

小镇中学教师

二十四岁，什么也不是

满腔十九世纪

福楼拜为师

雷珈米尔夫人为友

我好比笼中鸟

没有天空

可也没有翅膀

看样子是定局了

巴黎的盘子洗不成了

奋斗、受苦，我也怕

先找个人爱爱吧

人是有的

马马虎虎不算数

夜来风吹墙角

艾格顿荒原

哈代，哈代呀

看样子是就这样下去了

平日里什么乐子也没有

除非在街上吃碗馄饨

有时，人生真不如一行波德莱尔

有时，波德莱尔

真不如一碗馄饨

从这首诗作可知，此时"满腔十九世纪"却"什么也不是"的木心，自嘲是一只"笼中鸟"，"没有天空"，"也没有翅膀"。但他对这样的"定局"又心有不甘，内心深处的矛盾、苦闷、无奈，缠绕心间，难以化解。诗中有一句"巴黎的盘子洗不成了"，是指1949年前后，上海美专教授陈士文曾打算资助木心前往法国留学，终因时局剧变未走成，这成为木心耿耿于怀的遗憾。

在这种情况下，木心只得回到原来相对平静安稳的教书生活。在育民中学期间同时担任美术和音乐两门课的教师，同样受到学生的喜爱和敬重。生活中，木心依然保持艺术家的做派，这可从其外甥王韦对其居住环境的描述中略见一二：

> 走进舅舅的房间，就像进入艺术的天堂。门窗的边框都用纸糊着（像现在的壁纸似的），一个又粗又大的画框占满了一面墙，另一面墙上挂着《蒙娜丽莎》的画像。靠窗一个写字台，台上铺满了纸，放着各种画笔、颜料和画具等。两把藤椅中间是一个石墩，石墩上放一块方方正正厚厚的黑石板当茶几，上面是贝多芬的石膏像，还有很好看的茶具和烟缸。床边一个像钢琴似的小书架，上面摆了几本精装书，床头桌子也用白纸包着，上面放着一盏古典西式的台灯和类似古埃及的艺术品。①

但好景不长，1956年7月木心因故首次蒙冤入狱。这一次的牢狱之灾对木心的打击可谓巨大，最令他不能接受的是母亲因此忧郁而逝，成为其终身难以释怀的一个心结。惊闻噩耗，木心自述当时在狱中悲痛欲绝，哭得醒不过来。该年他作有一首旧体诗《思绝》，即是彼时狱中心境的写照：

---

① 王韦：《为文学艺术而生的舅舅》，《木心纪念专号：〈温故〉特辑》，刘瑞琳主编，桂林：广西师范大学出版社，2013年，第93页。

小屋如舟枕似沙，灵芝劫尽枕芦花。

杜宇声声归何处，群玉山头第一家。

同年12月，木心无罪释放，也终结了在育民中学的教职，于次年进入上海美术模型厂，从此从事工艺美术和展览会的设计工作。画家夏葆元认为，以木心的才华"并非不能进一家更像样的单位，但是习惯隐忍的他认为这个不惹人注意的所在更为安全"[1]。对此，20世纪90年代已身处美国的木心也表露过这一份难言的苦衷：

我要走的路，被截断了。怎么办呢，想了好久，决定退出文艺界，去搞工艺美术，不太积极，也不太落后，尽量随大流，保全自己。[2]

身处洪流，木心敏锐地觉察到自己原本想要走的艺术之路被截断了，走不通了。在这样的人生困境面前，在无法顺着自己的意志往前走的情况下，他选择了自我保全，那就是"不太积极，也不太落后，尽量随大流"。值得注意的是，木心选择的仍然是美术行业，只不过是更为

---

① 夏葆元：《木心的运行与归来》，《中国随笔年选2012》，朱航满编，广州：花城出版社，2012年，第144页。
② 木心讲述、陈丹青笔录：《文学回忆录》，桂林：广西师范大学出版社，2013年，第835页。

实用的工艺美术，这就是"大流"，这也正是木心的聪明所在。

人算不如天算，随后木心虽然躲过了如火如荼的"反右"运动，但十年"文革"的厄运终究无法逃脱。十年期间，无休止的迫害，将其置于生死系于一线的绝境之中。在这最残酷的人生低谷，木心的第三次人生抉择便是不甘沉沦，"第一信念是不死"①，他认为死是一件很容易的事情，但如果选择死就辜负了艺术的教养。数十年后，当被问及"凭什么来执着生命，竟没有被毁，没有自戕"时，木心坦陈：

> 艺术家最初是选择家，他选择了艺术，却不等于艺术选择了他，所以必得具备殉难的精神。浩劫中多的是死殉者，那是可同情可尊敬的，而我选择的是"生殉"——在绝望中求永生。②

为了对得起艺术的教养，木心选择了"生殉"，这是木心不同于他人之处。究其原因，他自认为："我非常倔强，因此任何环境都改变不了我对艺术的忠心。"③艺术成了木心继续苟活下去的理由，也是其唯一的精神支柱。为此，在被关押期间他会以默默地背书和唱歌的方式来抵挡寂寞，他还用写检查的笔和纸不停地作曲来纾解恐惧，甚至冒

---

① 木心讲述、陈丹青笔录：《文学回忆录》，桂林：广西师范大学出版社，2013年，第1060页。
② 童明、木心：《关于〈狱中手稿〉的对话》，《木心纪念专号：〈温故〉特辑》，刘瑞琳主编，桂林：广西师范大学出版社，2013年，第214页。
③ 出自纪录片《梦想抵抗现实》中木心接受采访时所说的话。

险写出一百三十二页的狱中手稿。他说："有了笔，有了纸，就有了我的艺术。"①

因为心中执着不可动摇的艺术信念，木心终于熬过最艰难的岁月，迎来了生命的复苏。20世纪70年代末80年代初，在得到平反后不久，木心即受到组织的重用，先后出任上海市庆祝建国三十周年工艺美术大展总体设计、上海市工艺美术协会秘书长和会刊《美化生活》的主编。谁又能料到，就在此时，木心又毅然放下已经拥有的一切，做出第四次重大的人生抉择，即以绘画留学生的身份赴美留学。他曾谈起出国的动机：

> 礼失，求之野；野失，求之洋。我出国时五十六岁。因为从小就看各国名画的印刷品，我就想要核对一下，所以没有丝毫的犹豫。心情是镇定而亢奋的。出来后，整个世界都看到了。在国外久住的人，到底是两样的。西方的礼，是发乎天性的个人主义。②

要核对世界名画固然是一种理由，但"西方的礼，是发乎天性的个人主义"只怕才是问题的关键。木心十分推崇拜伦，在谈到拜伦时说："人类文化至今，最强音是拜伦：反对权威，崇尚自由，绝对个人自由。"③为此，"真挚磅礴的热情，独立不羁的精神"正是木心对拜伦最心

---

① 出自纪录片《梦想抵抗现实》中木心接受采访时所说的话。
② 陈晖：《木心：难舍乌镇的倒影》，《名仕》2006年12月。
③ 木心讲述、陈丹青笔录：《文学回忆录》，桂林：广西师范大学出版社，2013年，第512页。

仪之处。从拜伦出发，木心对"个人主义"做过一个诠释：

> 过去的讲法：达则济世，穷则独善。我讲：唯能独善，才能济
> 世。把个人的能量发挥到极点，就叫做个人主义。[①]

木心认为，那时的"中国没有个人主义"，个人主义也不是从来就有的，而是"从人的自证（希腊），人的觉醒（意大利），人与人的存在关系（法国），然后才在世界范围内发展成个人主义（以英、法、德为基地）。个人主义不介入利己利他的论题，是个自尊自强的修炼"[②]。

显然，美国契合了木心的个人主义主张，在美期间他确实把个人的能量发挥到了极点。他说他艺术上"走的不是单向的路线，而是多向的路，文学和艺术同时走"[③]。特别是2001年至2003年的大型博物馆级全美巡回画展，虽在"9·11事件"之后，却令木心充分感受到美国人对其作品表现出的"近乎狂热的喜欢"。木心亦曾直言出国对他的影响，他说："我自己也承认，我是到了纽约才一步一步成熟起来，如果

---

① 木心讲述、陈丹青笔录：《文学回忆录》，桂林：广西师范大学出版社，2013年，第518—519页。

② 木心讲述、陈丹青笔录：《文学回忆录》，桂林：广西师范大学出版社，2013年，第518—519页。

③ 曾进：《海外作家木心独家专访：我不是什么国学大师》，《外滩画报》2006年3月10日。

今天我还在上海，如果终生不出来，我永远是一锅夹生饭。"①他庆幸自己当初的选择。

木心的最后一次重大的人生抉择发生在2006年。因为故乡"贤达诸公"的诚意相邀，曾声言"不会再来"的木心终于下定决心返回乌镇安度晚年，终老余生。他不无兴奋地欢呼："今日之乌镇非昔日之乌镇矣，一代新人给予我创作艺术足够的空间，所以我回来了。"②从1943年因为要做知易行难的艺术家而出走乌镇，到2006年因为改造后的"乌镇很符合我的美学判断"③而落叶归根，木心在经历了多次人生抉择之后，终于无愧于艺术对他的教养，完成了一个艺术家圆满的一生。

值此木心冥诞九十周年之际，特作此文向这位"文学的鲁滨逊"、艺术的信徒致敬。

---

① 木心讲述、陈丹青笔录：《文学回忆录》，桂林：广西师范大学出版社，2013年，第838页。

② 沈秀红、孙飞翔：《木心先生六日在乌镇度中秋》，《嘉兴日报》2006年10月7日。

③ 陈晖：《木心：难舍乌镇的倒影》，《名仕》2006年12月。

辑　二

多次在不同场合谈起木心，总觉得不得要领。这一方面是了解得不多，另一方面是彼此的差异很大。我是北人，早期受到的教育潦草，认知的方式比较简单。木心生于南方，不像我们这些北人那么粗糙。以我这样的粗线条的审美视角，很难理解他内心的精微之处。所以，面对他往往不知说些什么。

我觉得木心先生是一个无法归类的作家。一般来说，在文学史上，人们往往给作家贴各种标签，这是学院派的习性。比如现实主义或者浪漫主义，京派或是海派，都是对于作家的定位。但我个人觉得，木心先生是我们的门外之客，在当代文学史当中没有固定的位置适合于他。他自己也觉得，这种归类，把一个人的精神状态用一个确定化的概念锁定起来，可能会有问题。所以他对典型这个话题不感兴趣。历史上许多天才是不在日常概念里的存在。六朝出现了许多奇人，木心颇为喜欢，因为那逾矩的选择，不在一般的精神划归里。他说过："嵇康的才调、风骨、仪态，是典型吗？我听到'典

在京、海之间的木心

孙　郁

中国人民大学教授

型'二字，便恶心。"可见典型这个概念不好，人的独特性一旦被简化处理，与其本色就远了。

木心生活的那个年代，是各种主义流行的年代，他也卷入各种不同的漩涡之中。但后来倦怠了那些思潮，开始寻觅主义遮蔽的存在。他说："凡是主义都是别扭的，主义，就是闹别扭的意思。"话的背后，有丝丝痛感，认为好的艺术家不能用概念来简单描述。这点很像康德先生，康德对人的认知的先验形式是警惕的。因为人的认知的先验形式是主观的，而描述的对象世界是客观的、不确切的。用很确切性的概念描述它会陷入"二律背反"。他在文章里也谈到"二律背反"，他说自己有一双辩士的眼睛，也有一双情郎的眼睛，但由此导致了"二律背反"。他念念不忘康德关于"二律背反"的论述，而自己的审美恰在悖反的空间翱翔。"你可曾觉得二律之间有空隙，那终于要相背的二律之间的空隙，便是我游戏和写作的场地。"木心先生这种认知世界的方式，跟我们这一百年来很多作家是不太一样的。读他的文本会想起尼采，想起汉译佛经里表达对存在理解的方式。佛经语言从来不是很确切地把认知的点放在一个点上，常常说一句话要用另一句话来修订补充。佛经的话是繁复、多致的，喜欢用补充的句式来警惕第一句话可能是一个陷阱。

我有时想，木心的文章之所以有特点，是从尼采、鲁迅等人那里找到了一种精神上的参照吧，他能够站在高高的地方审视世界，旧有的认知方式就渐渐崩解了。由于这样一种对先验的认知方式的颠覆，以及对世界的这种感知的逆向性，他的文字有一般作家所没有的隐含。同样的词语，所指往往在另一个方向，我们用一般的批评概念无法将他罩住。这导致了当代的主流批评界对他的沉默。相反，写木心评论的人大部分都不是当代文学批评界的人。这是很奇怪的现象。

批评家无法把他归类，就说明其气质里有我们世俗社会所没有的东西。面对木心，我们既有的知识储存或既有的观念会有一种无力感。要么欣赏，要么视之如无物，看法往往颇为反对。这样一个作家在批评界没有得到广泛的呼应，但是在读者世界里面却受到了意外的欢迎。读者好像看够了那些正襟危坐的文字，和那些面目可憎的名字，但木心不是这样。他在和每一个读者谈天，不是附会时尚的世界和流行的观念。我们的土壤里，不太会长出这样的思想之树，但奇迹就这样出现了。有的人是批评家捧出来的，有的是读者推出来的。在不同的场域里，打量人的眼光总有些不同。

有一次德国学者顾彬先生告诉我，他有一个博士生准备的一个论文题目就是木心研究。他说自己不知道木心是谁，木心研究可以做博士论文的题目吗？我说可以啊。他问为什么这么多年轻人喜欢木心呢？我说，现在年轻人喜欢木心，但是许多批评家不喜欢他，一些大学教授也不太看重他，因为他是另类。我周围的一些学生的论文也涉及木心，说明他在年轻人里面是得到呼应的。

我长期生活在北京，比较关注京派作家，研究京派时不能不关注一下海派。它们是对应的关系。就好像研究儒家的学说要研究道家或者释迦牟尼的思想一样，也有对应的关系。在座的陈子善老师是研究海派的专家，对京派研究也有非常丰硕的成果，他对此有许多心得。京派和海派之间，有许多话题，我们可以把很多优秀的作家放到这个概念里面来谈。汪曾祺被认为是京派或者新京派作家，是没有问题的。还有一些上海文人写文章的风格也是京派的风格，比如黄裳、邓云乡等，也可以归到这里面来。另一方面，海派也有很多作家，比如说施蛰存、穆时英等。海派作家很灵动、很时髦、很摩登。当代一些活跃的作家是可以贴上海派的标签的。

但在京派与海派的概念间谈木心，就有点难了。他长期生活在上海，对上海很熟悉，但不太看得上海派。他对京派也熟悉，在文中经常谈到京派作家，比如周作人。但他对京派有的时候有尊重的地方，有的时候也不以为然。可是我认为，他的精神气质深处是有京派元素的。比如京派对希腊文化、中国古典文化的推崇，他就留意过。周作人的希腊文很好，他对希腊文明研究的眼光，木心深以为然，因为他也是对古希腊文化情有独钟的一个人。京派文学的特点之一是超功利性，有一种审美的静观。在阶级斗争很惨烈的那个年代，周作人、朱光潜、林徽因、废名、俞平伯等这些京派作家的写作都有远离意识形态、泛道德化话语的特点。这些我觉得木心是认可的，他也讨厌泛道德化和泛意识形态的文章。可是京派文章大部分都很安宁，虽然他们广泛涉猎域外的文化，比如周作人翻译那么多东欧、北欧、古希腊还有日本的作品，但是最后他把自己归为儒家。再比如汪曾祺他喜欢现代主义，吸收了很多西洋先锋派的思想，可是他晚年也说自己是一个儒家。木心不像京派人这么散漫，虽然表面上很自由，但他其实也不是沉潜在历史深处冷冷地打量生命的那种作家。他有的时候有一种"生命不安于固定"的冲动。他经常有一种"飞起来漫游"的审美的快感，这是京派文人所没有的。他甚至常常站在儒家的反面。所以现在新京派作家很多人不喜欢木心，因为有的时候木心太年轻了，有点"鸡汤"意味，文字偏于抒情。京派人不愿意写"鸡汤"式的短章，京派人要有学问，要讲学理。

木心先生是反学院派的一个人，很诗性，这种认知方法一直保持到老年，具有少年人天然的美质。经常说一些青少年才说的话，或者说老京派说不出来的话，像《我纷纷的情欲》《论美貌》等，有童贞的冲动，这岂是儒家式的中规中矩？不过细细分析，却也有沧桑后的凝练。表面是浮华之影，实则晦意弥漫。比如说"地图是平的，历史是长的，艺术是尖的"，这些话很平常，但是埋着很深的学理。

我曾经说，京派文学是文学教育的产物，主要是大学教授们审美的流动，有启蒙的意味在。翻译外国的文学和人类学的著作等等，由此催生出一种儒雅的文学。他们的写作有文学教育中的刻意的东西，带有象牙塔气。学院派用知识分子的固定话语表达对世界的认识，可是木心不是这样，他是与智者们交谈，不需要压低声音。率性而来，率性而去，用诗人的方法表达学院派要表达的内容。他的很多俳句有学识在里面，有些恰恰是京派学者苦苦研究的话题。京派用很渊博的学识把一个话题放在历史的背景里加以阐释，显得很有学问。木心这种反学院派的方式，也带来一些越界的奇思，这都是让我们感动的。他说："现代艺术/思无邪/后现代艺术/思有邪/再下去呢/邪无思。"这些话不是学院派教授说得出来的，却是学院派要研究思考的话题。他和京派有交叉，又不一样，他超越了京派，完成了对于时代的跨越。

那么木心是海派吗？仔细看来，似乎也不是。海派松散性的时髦的写作，根基并不牢固。那些简单模仿欧美的诗文似乎没有进入人的精神底层。除了张爱玲显出别致的样子，海派让我们激动的文字不多。木心觉得本来不存在什么海派，京派对于海派的揶揄，也未尝不是一种误读。我看了那么多写上海的文章，他的《上海赋》写得最好，对这个城市的灵魂做了勾勒。摩登的东西、日常化的东西、世俗的东西、西学东渐的东西，各种影子都杂糅在一起，他用这种五光十色的辞章来表达对上海精神和市井社会的认知，当然有鲜活性和现代性，这符合海派的特点。我记得，当年施蛰存先生写小说的时候，把弗洛伊德的思想和域外很多的学术思想嫁接到自己小说的文本里来。还有穆时英，他的文本也是把日本小说里的意象移植过来。海派是在感觉里泛出新意。

木心先生熟悉这些东西，在自己的文章里偶尔也有这些元素。可是他在很多层面上对海派是有不满的，比如对那种流于感官上的刺激，而不能进行深切的心理打量和历史瞭望的那种写作，略有微词。但他觉得海派有一些地方还是可取的，比如他说："我还是认为人该在文学中赤裸到如实记录恶念邪思，明明有的东西怎能说没有呢。"海派作家善于写这些恶念邪念，写现代性对都市人的压抑。这些木心先生是认可的。可是他又觉得"滥情的范畴正在扩散，滥风景、滥乡心、滥典、滥史、滥儒、滥禅"等，是浅薄的。当然不是说海派都浅薄，但海派里面有一些东西他确实是不以为然的。

摩登不意味着有思想。现代艺术出现了，有些偏离了美。他的心里有古典主义审美意识。古典主义审美跟海派的炫耀式的审美有不同的地方。他说："人的五官，稍异位置，即有美丑之分，文章修辞亦当作如是观。时下屡见名篇，字字明眸，句句皓齿，以致眼中长牙，牙上有眼，连标点也泪滴似的。"这并不都是针对海派，但包含着对于各种时髦艺术"审美中的错位"的不满。这说明他内心有古典的基因。所以他写文章一会儿跑到古希腊，一会儿跑到中亚，一会儿回到中国的六朝，是"往古"的冲动。身在上海，却不属于海派。

读他的作品会感受到，在他才思四射的时候，好似看到了他的坏笑。他不经意间的谈吐，是我们这些俗人说不出的。文章有画面的感受，可是又极为吝啬笔墨，不愿意把意思说透。他的句子颇为简洁，简洁到挤不出水来，是串起来的珠子，灵光闪闪，满是华贵之气。他的一些话，极端地得体，意外得寻常。比如："在与上帝的冲突中，'我'有了哲学。在与魔王的冲突中，'我'有了爱情。在不与什么冲突的寂静中，'我'有了艺术。"在点到为止的陈述里，留下大量的空白，给我们想象的空间。迷惘中的清醒，如雨一般，带来丝丝爽意。

这样对比起来，我们就会发现，他比京派作家更加有哲学气味，但有时没有京派作家这么接地气。比如汪曾祺是懂世俗生活的，木心也懂，对上海的衣食住行、弄堂里的人情世故也了解，但在此驻足不多。

木心在小说里面写故乡的谣俗，没有京派作家这么专注，他大约害怕被凡尘罩住，随时准备抽身，在对上苍的仰望里，玄学之光才是自己的所爱。而他对于海派的理解也有不同于人的地方，对现代性的把握是多面的，不是停留在简单的一个层面上。他看到好的一面和不好的一面，常用悖论的方式来直面现代的生活。他在谈海派的时候，你会感到有一种高贵的气质，感到他的绅士气、贵族气以及他的精英意识，他并不认为身边的作家现代式的感受是精准的。

在《上海赋》里，他说：

> 昔鲁迅将"海派"和"京派"作了对比，精当处颇多阐发，然则这样的南北之分刚柔之别，未免小看小言了海派。海派是大的，是上海的都市性格，先地灵而人杰，后人杰而地灵；上海是暴起的，早熟的，英气勃勃的，其俊爽豪迈可与世界各大都会格争雄长；但上海所缺的是一无文化渊源，二无上流社会，故在诱胁之下，嗒然面颜尽失，再回头，历史契机骎骎而过。要写海派，只能写成"上海无海派"。

显而易见，这种认知方法跟以往谈海派的文章显得不同。上海的作家他欣赏张爱玲，这位民国女子身上冷傲的一面打动了他。但他与张爱玲不同的地方是，他注重人生飞扬的一面，而张爱玲更关注人生安稳的一面。张爱玲说："强调人生飞扬的一面，多少有点超人的气质。"那么如此说来，木心也染有此类情结的吧。他的写作仿佛与海派接近，实则很远。因为那些深埋的理由，需慢慢体味方能解之。

关于木心，读者给了许多称号，我自己不能免俗，也有贴标签的积习，认为木心先生是游弋于京、海之外的一个"世界人"。他也是还乡的非故乡之人。晚年他被友人安排在故乡，在常人看来乃落叶归根。其实他并不属意于此，是希望到乌镇以外的城市的。故土固然有亲近的地方，而远方的世界，似乎也有什么在召唤着自己。那是什么呢？我们不太晓得。心永远是年轻式的，爱依然那么纯然。京派作家不是那样，海派作家也鲜见此态。在京、海之间，他别样的寄托，我们其实知道得不多。

据 2019 年 8 月 24 日在杭州单向空间的讲演录音改定

木心：一个人的『文艺复兴』

李　静

副作家、《北京日报》
副刊编辑

2020年11月15日，坐落在浙江乌镇西栅的木心美术馆五周岁。此时距文学家、画家木心先生辞世，将近九年。先生一生清寂，晚年始有毁誉参半的喧嚣之声，概以沉默对之。如今，无论如何喧嚣与骚动，以"木心"命名的美术馆已卓然成为艺术挚爱者的一块灵地。每年一度的主题特展和音乐会，是它彰显怀抱的方式，也是木心艺术灵魂的延伸。2015年至2019年的展览——"尼采与木心""林风眠与木心""莎士比亚与汤显祖""木心的讲述：大英图书馆珍宝展""塔中之塔：木心耶鲁藏品高仿及文学手稿真迹展""古波斯诗抄本""文学的舅舅：巴尔扎克"，皆与木心创作有着或远或近的关系，既可借之勘探这位艺术家的精神源头，又可借他的眼，打量中西先哲的别一面相。

今年的"米修与木心"特展有别于往年：二位互不"相识"——木心未曾提及米修，米修更不知木心；但其身份相同——都是诗人和画家。他们的相通之处被远在法兰西的米修研究者认出，于是中法双方策展数年，有了这场展览。借助它，我们或可更清晰地辨认：木心对我们的时代，究竟意味着什么。

米修与木心：面对"现代"的两种方式

"我们相互询问，不知如何是好，我们谁也不比谁知道得更多。"

"这个人手足无措，那个人狼狈不堪，所有的人都心慌意乱。平静消失了，智慧不比一口气更持久……"

"我们的一切不过是冻结的休息和燃烧的热情的总和。我们的路是丧家之犬的路。"

生于1899年的亨利·米修在《我从遥远的国度写信给你》中，如此写道。这不是他的私人痛痒。这是他罹患现代精神之癌的痛喊。不隐瞒。不美化。觉得人不该如此，却又不知该当如何。

"现代之前/思无邪/现代/思有邪/后现代/邪无思。"

"无奈事已阑珊/宝藏的门开着/可知宝已散尽。"

"米兰·昆德拉以为欧罗巴有一颗长在母体之外的心脏。有吗，我找遍现代的整个欧罗巴，只见肾脏迁移在心脏的位置上。"

这是生于1927年的木心去国赴美，盘桓对比中西之间的文化、历史与现实之后写出的。这也不是他的私人痛痒。这是在故国三度坐牢的他历劫重生的口哨。不喊叫。不哭泣。觉得人不该如此，晓得人该当如何。这"晓得"，源自他拥抱终生的文艺复兴之梦："雷奥纳多说/知得愈多，爱得愈多/爱得愈多，知得愈多。"

问题是：谁知？知谁/什么？谁爱？爱谁/什么？

对米修而言，上帝隐匿，得救之路已断，"知"与"爱"的主体和客体皆已沉沦——"我们的路是丧家之犬的路"。

对木心而言，"知"与"爱"的主体与客体，即是文艺复兴式的"全人"；人要做的，无非是习得与超越。他坚信人能得救，得救之路即在他拒绝承认却永活于心的神恩——美的创造与肯定中。

亨利·米修认为西方文明已到尽头，于是寻路，来到亚洲，来过中国，自称"一个野蛮人在亚洲"。他惊喜于汉字之美、书法之美："一条线遭遇一条线，一条线避开一条线，线的奇遇。""在书法——时间的艺术，线性的奔跑的表达——之中，令人起敬的（除了和谐、活力、控制力之外）是自发态，几近爆破。"创造性的误读，造成他的画。这些名为《无题》的涂鸦，像出自一枚中国书法的天真粉丝之手——不知其意、纯形式地理解和总结中国书法的"语法"，并以这独属于他的"语法"，用踊跃、无序、浓淡和方向不一的"线"，勾勒能量的运动、内心的宇宙。这是一个拒绝交流的新天新地，一个现代主义者的意义闭环。

木心不同。木心似乎站在米修寻索的答案中。他像是历尽磨难重返伊甸园的孩子，毫无敌意和愤恨地撷取着一切美——内与外，真与幻，古与今，中与西……他的转印画废弃了中国的传统笔墨，只在"印迹"的"偶然"与"心象"的"必然"之间作画。单色。尺幅微小。物象浩瀚、神秘、氤氲而清晰。每个局部都易辨——无非是山、树、云、水、石、夜、光……但它们出人意料的全景式组合，却构成幽深沉郁、难以言喻的灵魂图景。不似米修的画，粉碎最基本的共识单位。

米修与木心，是两种面对"现代"的精神方式。

木心"三维"：存在之雄心

11月15日下午，"木心美术馆五周年音乐会"在乌镇大剧院举行。宛如一个家族聚会，在巴赫、贝多芬、舒伯特、肖邦、圣桑、普契尼、拉赫玛尼诺夫的乐声中，间以木心的诗作朗诵，以及作曲家高平根据木心乐谱再编创的《叙事曲》。音乐会曲目都有着轻柔如风如月光的调性，演员林栋甫朗诵的木心诗作《〈凡·高在阿尔〉观后》《歌词》穿插其中，如此和谐，情同唱和，木心的文字终于找到了属于自己的背景、色调和友伴。高平和史鑫演奏的《叙事曲》，主题和动机来自木心——婉转低回的新古典风，闪烁着轻盈而忧郁的怀想，与反抒情无调性的当代音乐异路。

倾听时，想起木心的句子："在文学上，他是个音乐家，在绘画上，他是个魔术家。"

文学、绘画、音乐，是木心的三维，这也是为什么称他为"文艺复兴式的艺术家"——只有文艺复兴式的艺术家，才如此"全面地发展"人之潜能，才对人之存在抱有如此广大的雄心，才会创造如此滋养灵性的艺术，才对人之得救抱有如此确切的希望：

"上帝把地球恩惠了人类，孩子们，你们要爱惜啊。……邻人即天堂。我们原先进的是地狱的前门，地狱已经走完，站在地狱的后门口，望见的是满天的星星，每一颗都在恭候你，向你问好，并且祝贺。"

这段话印在木心美术馆序厅的墙上，选自木心遗稿。这是"人"的废墟之上，一位汉语诗人-艺术家孤独的修补与重建。他是一厢情愿，还是会唤来更多的后来者？未来会给出答案。

对于一个不再有故乡的人来说，写作成为居住之地。

　　　　　　　　　　　　——阿多诺

你变换着钥匙，你变换着词，

它可以随着雪片飞舞。

而怎样结成词团，

靠这漠然拒绝你的风。

　　　　　　　　　　——保罗·策兰

木心：带根的流浪诗人

孙　萌

诗人、中国艺术研究院教授

　　木心的散文我是当成诗来读的，他的小说，究其实，也是叙事性散文，至于他的俳句，就是诗。木心文字表述的清新与造语的奇崛，快如闪电般的感兴，轻松自然的行文结构，优美余裕的风致，无疑是属于诗的。在由《哥伦比亚的倒影》《琼美卡随想录》《温莎墓园日记》组成的诗性王国中漫步，感觉庄严、凄美而又神圣。

　　木心一生追求"自然生活"。他在《两个朔拿梯那》中打开了自己的郁结："我就是受苦吃亏在老是要想到什么是应该的，什么是不应该的。"索尔仁尼琴曾说过："艺术家之有别于常人的，仅仅在于其感觉敏锐；他较易察觉世界上的美与丑，并予以生动描绘。在重重挫折中，处于社会最恶劣情况下的艺术工作者即使经历了贫困、疾病以至牢狱的折磨，亦能保持内心的稳定和谐。"这种敏锐也无时无刻不在纠结着木心，成为他痛苦的根源，也成为快乐的根源。木心穿过他自身的孤独，从严酷与噪音的不和谐中走出来，在丰富而又痛苦的经验之上，达到了人与大地的和谐。在他的文字中，心灵的超现实的结构部分异常清晰，显出形而上的精神。在《迟迟》中，他写自己有一天老得不能再老，派人去请神甫来，他倚枕喘然对神甫说："不不，不是做弥撒，您是很有学问的，请您读一段莎士比亚的诗剧，随便哪一段，我都不能说已经看过了的。""神甫读了罗密欧与朱丽叶的阳台对话，我高兴地谢了，表示若有所悟。"这种形而上的精神是一种诗性，就像他自己说的"为地球摄像，得在太空行事"。木心在孤独中展现自己，向四面八方扩展，他的宿命不是逃离，而是奔向，奔向苏醒的新陆地，他站在那里，脚下聚集着巨大的能量，穿越身体后轻轻地流淌。

木心文学的底色在于他的人文精神。他担起正在慢慢缺失的责任，为我们写出爱心、同情、牺牲、忍耐、正义和尊严。他在宇宙、物质和生命的真实中寻求庸常生活中基本的、持久的、不可或缺的东西，以惊人的毅力，沉重而又轻盈地飞翔在过去、现在与未来之间，气定神闲地调遣汉语的方块字，为我们捧出"盈盈然"的文学之水，这一切来源于木心的纯良。试看他喜欢的人："中国古代人，能见于史册的，我注目于庄周、屈原、嵇康、陶潜、司马迁、李商隐、曹雪芹……他们的品性、才调，使我神往。"（《我友》）再看他厌恶的事："……我恨西班牙，不管你孕育了多少个戈雅、毕加索，你为何还要斗牛。"（《心脏》）木心又是如何认识人文主义的呢？《问谁》中这样说："人文主义，它的深度，无不抵于悲观主义；悲观主义止步，继而起舞，便是悲剧精神。"

我们再反观木心的文学，发现这底色之上的色彩竟是焕然的，这是因为木心的乐观。这乐观根植于他的童趣和幽默。在他的文章中我们不时发现木心的率性而行，天真烂漫，甚至顽皮。木心是个懂幽默会幽默的有"趣"的人，读他的文章时，心是微笑的。他的文章中时有这样的句子跳出："鹤立鸡群，不是好景观——岂非同时要看到许多鸡吗"，"晾在绳索上的衣裳们，一起从午后谈到傍晚"，"俄罗斯的文学像一床厚棉被"，等等。《美国喜剧》的开篇，描绘了那位女士的白衫白裙白袜、黑高跟鞋黑绸腰带黑皮包黑草帽后，笔锋一转，"我笑了一下，为了风格，宜涂黑的唇膏"，木心还有点"坏"。而几篇写到自己牢狱生涯的散文，用的题目竟是《很好》《笑爬》，一个苦中作乐的木心。

在《风言》里，木心对昨日艺术今日艺术的刻镂，更是让人会心：

情理之中，意料之外。这是昨日之艺术。

情理之中之中，意料之外之外。这是今日之艺术。

明日之艺术呢，再加几个"之中""之外"。

再加呀。

木心自己是怎样看待"幽默"的呢？

有人说：其他的我全懂，就只不懂幽默。

我安慰道：不要紧，其他的全不懂也不要紧。

当然，木心的幽默绝不只是语言的游戏，他是站在超远的立场上做冷静的旁观。因为幽默，必须先有深远的心境。这是一种剔去讽刺的心灵启悟和关怀，是一种大爱后的清醒，其远见和深意，绝不是有人诟病的"冷"。能说出"在文学上，推倒法利赛人的桌子"的人怎么会是一个"冷"的人呢？木心在暗处用他的文字隐隐发光，用他光明磊落的隐私为艺术正名。木心不冷，木心很温暖；木心也不烈，就像他的名字。这是一种品质。

木心的散文精髓在于他观念上的套层结构。台湾作家郭松棻在分析木心时写道："我觉得他写到自己的经历时，他的第二主体在看，在嘲笑，嘲笑自己，同时也嘲笑到历史的时刻。"在《带根的流浪人》一文中，木心也不无感慨地说："天空海阔，志足神旺，旧阅历得到了新印证，主体客体间的明视距离伸缩自若，层次的深化导发向度的扩展。这是一种带根的流浪人。"此番肺腑之言，是木心借昆德拉之杯，浇自己心中块垒。

我们再看木心的诗风，这风格，是那样的旧，又是那样的新。

阅读木心，我们会感到汉语传统的引力，是的，那滴水的小镇和轻盈的植物让我们想起《诗经》《楚辞》的语言精神，汉蓝天，唐绿地，情绪是魏晋式的，充满公安竟陵的心性。木心敞开襟怀，表现自己的活力，使得古代的血液能充沛地流到我们体内。木心俯仰自得，诗心如日月，同花朵、藤叶、飞鸟、果实交往，树里闻歌，枝中见舞，它们说出的不仅仅是岁月的语言，彩色的天空，伴着果园的香气，更为重要的，木心要赞美的，是那块土地：中国。远在异乡的木心对自己的祖国有一种远景般的透视：家乡古镇的社戏，曳荡的乌篷船，莫干山的竹秀，江南的雪景，亭子间的风情，烟囱上的新月，静静的下午茶……这种深远的心境，形成其疏淡俊逸的美学，这忧郁而又多情的热忱，带着无限的乡愁向我们袭来。

木心对细节总是充满敬意，既细且清，让人有真切的感受，与他的直觉相通。在《竹秀》中木心写道："……不良的是融雪之日，融雪之夜，檐前滴滴答答，儿时作诗，称之为'晴天的雨声'。滴滴答答，极为丧气，像做错了事，懊悔不完了。"在滴答声中我们也和他的心一起静下来、暗下来。《明天不散步了》中，木心这样来看待琼美卡区的屋子："介乎贵族传奇与平民幻想之间，小布尔乔亚的故事性，贵族下坠摔破了华丽，平民上攀遗弃了朴素，一幢幢都弄成了这样，在幼年的彩色课外读物中见过它们。"他怎么能把那一上一下把握得这么精准，令人惊叹。木心擅长写人，也是以细节为主。如写啜泣的同车人，"他挥动伞……挥成一个一个的圆圈，顺转，倒转……吹口哨，应和着伞的旋转而吹口哨，头也因之而有节奏地晃着晃着……"；写《上海赋》里的服装店师傅，"他手捉划粉，口衔别针，全神贯注，伶俐周到，该收处别拢，该放处画线，随时呢喃着征询你的意见，其实他胸有成衣，毫不迟疑"；在《此岸的克利斯朵夫》中，写姓曾的四川同学，"胸肌间有小十架晃动不已的那个，正走着罗丹的路"，寥寥一笔，人物形象跃然纸上；写自己和席德进，"白球衫白短裤白麂皮快靴，我这一身白必然惹他生气。他的毛蓝土布短衫草绿军裤橡胶鞋，也不符我审美准则"，这种笔墨情调，让人想起刘义庆《世说新语》，而出镜的方法又和卓别林的默片如出一辙。木心把语言的、绘画的和电影的炫耀而多变的技巧应用于自己的文学，让人觉得更像魔术师——点石成金。木心自己也说："最好的艺术是达到魔术的境界的那种艺术。"

木心又很新，这新，源于他的现代性。木心说："到了现代，西方人没有接受东方文化的影响，是欠缺、遗憾，而东方人没有接受西方文化的影响，就不只是欠缺和遗憾，是什么呢——我们不断地看到南美、中东、非洲、亚洲的那些近代作家、艺术家，谁渗透欧罗巴文化的程度深，谁的自我就完成得出色，似乎没有例外。"木心又说："五四以来，许多文学作品之所以不成熟，原因是作者的'人'没有成熟。"是的，有"自我"、有"个人"是一个从事文学艺术的人现代性的标志，有了"自我"才能超越"自我"，有了"个人"才能超越"个人"。现代汉语不全都是"现代性汉语"，古代汉语倒往往是"现代性汉语"，比如《诗经》，比如先秦的《庄子》。

木心的新还源于这种现代性之上的"新感受力"。"新感受力"不是别的，它是一种怀疑的智慧，同时，它也是一种带来愉悦的智慧，因为它不想对思维强加一种秩序。"新感受力是多元的；它既致力于一种令人苦恼的严肃性，又致力于乐趣、机智和怀旧。它也极有历史意识；其贪婪的兴趣（以及这些兴趣的变换）来得非常快，而且非常活跃。"[①] 木心是一个秉持怀疑精神传统的智者，他认为"怀疑的可知性，是从自身出发，遍及万象，又回返自身"。如在《遗狂篇》中，木心表现出对幻想与冥思近乎天然的亲切感，纵横四海，用疯狂的想象把世界文化和中国的民间文化结合起来，越过国界与时代，从远古向我们走来，神奇而又真实。《哥伦比亚的倒影》中，其感觉的敏感化和对视觉的扩大与推进，让人想起里尔克的诗句：

即使池中倒影

常在我们面前模糊：

也要认识这个映像。

正是在这双重灵境

---

① ［美］苏珊·桑塔格：《反对阐释》，程巍译，上海：上海译文出版社，2003年，第352页。

声音才显示出

永恒而慈祥。

　　毫不奇怪，木心这种全面性和奇迹性的声音发出后，会让今天的众人积养多年的感受力受挫。这种感受力，也就是阅读经验。木心的文字给人的异样感和陌生感、诸多的意外和刺激，像一个"天外来客"，带来汉语语言的新美学，让我们重新思量母语的生态。

　　木心文学的真正价值，是他衔接了古典汉语传统与"五四"传统，和为数不多的几个文学家共同组成汉语断层地带的桥梁。他的人生哲学是建立在传统的基础上的。事实上，传统与创新二者不是你死我活、非此即彼，而是相互联系、相互依存的。任何形式的创新都建立在传统的基础之上。"传统"是过去、现在、未来不可分割的一种生生不息的运动，绝不是静止不动。诗人艾略特曾论述过传统与个人才能的关系，认为传统含有历史的意识，历史的意识又含有一种领悟，不但要理解过去的过去性，而且还要理解过去的现存性，历史的意识不但使人写作时有他自己那一代的背景，而且还要感到从荷马以来欧洲整个的文学及其本国整个的文学有一个同时的存在，组成一个同时的局面，这个历史的意识是永久和暂时结合起来的意识，就是这个意识使一个作家成为传统性的，使一个作家最敏锐地意识到自己在时间中的地位、自己和当代的关系。木心之所以"成为"木心，"凌云健笔意纵横"，与他精深的国学教养和博奥的西学积淀有关，与他的"平生最萧瑟"

有关。至于他的"暮年诗赋动江关"，绝不仅仅是现时的胜景，"诗人，任何艺术的艺术家，谁也不能单独的具有他完全的意义。他的重要性以及我们对他的鉴赏就是鉴赏对他和已往诗人以及艺术家的关系"①。木心是一个通道，是一个出口，也是一个入口。木心在文学史上的地位及影响，要在长远的展望中才可以评价，需要足够的时间和空间才会显现。

在《琼美卡随想录》的最后，木心写道："当一个人历尽恩仇爱怨之后，重新守身如玉，反过来宁为玉全毋为瓦碎，而且通悟修辞学，即用适当的少量的字，去调理烟尘陡乱的大量人间事——古时候的男人是这样遣度自己的晚年的，他们虽说我躬不悦，遑恤我后，却又知优哉游哉聊以卒岁，总之他们是很善于写作的，一个字一个字地救出自己。"一个受神眷顾的人，救出的又岂止是他自己。

木心说："我希望我的作品像钻石一样，有多个切面，切面越多钻石的光芒越强，而不是像金字塔一样，只有一个尖顶。"

木心的"野心"是做一位难以穷尽的文学家，有无数个侧面。

这位如今近八十高龄还在写作的"流浪人"用他的一生坚持着行走，而不是爬坡。通过这样的行走，"走到词，望到家乡的时候"（策兰语），走到生命的本源。

在此，我还有个私心，就是期待着木心诗集的出版——《西班牙

---

① ［英］艾略特著、卞之琳译：《传统与个人才华》，《现代艺术札记·文学大师卷》，何太宰选编，北京：外国文学出版社，2001年，第60页。

三棵树》《巴珑》《我纷纷的情欲》《会吾中》，我期盼着它们的到来。
还想欣赏他的"诗外"功夫：他的绘画，他的音乐，还有那一手漂亮
的毛笔字……

写于 2006 年 8 月 5 日

2021 年 9 月修订

2015年8月，《木心谈木心:〈文学回忆录〉补遗》面世，封面上素淡的底色、繁体的字迹，都与读者心目中的木心在审美趣味、格调上极为相契。展读内页，木心在谈论自己的创作时依旧有着惯常的老顽童般的诙谐，而他创作时"锱铢必较"的炼字造境之力为崇奉其文字风格的读者揭开了面纱的一角，让读者得以窥见其笔墨来处。同时，这种三五知己间的私聊，最真切地呈现出文字背后的作者。这个立体的、有血肉的木心，不是之前被粉丝捧上神坛的木心，而是俏皮之旁有狡黠，才华之外有傲慢，唯美之中有矫情。历经九年，"挚爱文学到了罪孽的地步"①的木心终于从文字的沉沉雾霭中走出，给了关注他的读者一个较为清晰的亮相。

在2006年陈丹青将木心作品介绍给内地读者后，木心的形象几乎始终是朦胧的。从他的字里行间，读者很难读出他自己的心路与身世。根据有限的背景资料，木心出国前无疑是受过大磨难的，然

木心：清雅慵懒的顾影水仙

丰　云

德州学院教授

① 陈丹青：《后记》，《文学回忆录》，木心讲述、陈丹青笔录，桂林：广西师范大学出版社，2013年，第1097页。

在其作品中，他甚少表达这些磨难。与同时期移居国外的作家们相比，他的笔下没有血泪控诉和尖锐批判，也并不直白宣泄公子落难的酸楚和忧伤。他的诗文中对自己在"文革"中的遭际几乎绝口不提。这绝口不提，诚然有旧时代世家子弟的那份高傲在其中，但背后无疑也有着冰坚不化的耿耿于怀、难以释然，是终其一生没有平复的精神伤痛。陈丹青所记录的木心临终的谵妄之语："不要抓我……把一个人单独囚禁，剥夺他的自由，非常痛苦的……"可以说正是他伤痛之深的佐证。木心笔下多隐晦、迂回、欲言又止的简短句式，很难说没有这剧烈苦痛所造就的下意识留白。作为一个旅居美国二十多年的画家，他用富于古典意蕴的文字成功地把一个具象的、历经坎坷的华人移民孙璞隐藏在作品背后，塑造出一个空灵诗意的作家和艺术家木心。

这个诗意盎然的木心聪明、博学、文采斐然。他的小说作品数量不多，却每每有着油画般的丰富层次与光影色彩；他的随笔，短如俳句，充满隽永之句，且古意氤氲；他的诗歌，意境深远、体式多变；而在他的散文和洋洋大观的《文学回忆录》中，评点文学、艺术、宗教、哲学，乃至伦常世事，多有睿智之语，往往一语道破本质，时常令人不禁莞尔或者悚然而惊。《素履之往》中《伪善与真恶》《两种文化》《一饮一啄》等篇什，尤为精致。而诸多散落在字里行间的警句，则如闪闪亮钻，总是夺人眼目：

"没脚没翅的真理，争论一起，它就远走高飞。"①

"生命好在无意义，才容得下各自赋予意义。""琅琅上口的成语，最消磨志气。"②

"逾度的雅，便是不可耐之俗。"③

"懦弱会变成卑劣。懦弱，如果独处，就没有什么。如果与外界接触，乃至剧烈周旋，就卑劣起来，因为懦弱多半是无能，懦弱使不出别的手段，只有一种：卑劣。而，妙了，懦弱自称温柔敦厚，懦弱者彼此以温柔敦厚相呼相许相推举，结果，又归于那个性质，卑劣。"④

自然，聪明太过的人，通常喜欢自我激赏。于是木心笔下，常隐然现出居高临下之态，于语词游戏中泼洒才情，睥睨世人。他的行文中时常出现的拆字游戏般的世情解析就是最好的例证："门外汉有两种，入不了门，又不肯离门而去，被人看在眼里，称之为门外汉，如果不在门前逗留，无所谓内外，汉而已。另一类是溜进门的，张张望望，忽见迎面又有一门，欣然力推而出——那是后门，成了后门的门外汉。后门的门外汉绝不比前门的门外汉少。'哈佛大学'的新解是：有人在此'哈'了一下，没有成'佛'。"⑤而如"肉麻到无肉可麻""而且相互而且""文艺腔，有腔而无文艺""艺术并非'艺术是……'"等讥讽戏谑之语，在

① 木心：《琼美卡随想录》，桂林：广西师范大学出版社，2013年，第71页。
② 木心：《素履之往》，桂林：广西师范大学出版社，2013年，第101页、第140页。
③ 木心：《琼美卡随想录》，桂林：广西师范大学出版社，2013年，第80页。
④ 木心：《即兴判断》，桂林：广西师范大学出版社，2013年，第40页。
⑤ 木心：《素履之往》，桂林：广西师范大学出版社，2013年，第120页。

他的文字间随处可见。

尽管木心在评点文学时对唯美主义，特别是其代表王尔德不乏尖锐的贬抑之论，但木心论人论艺的刻薄讥诮，其实也颇有王尔德之风：

"文学家主写作，写作以外的活动，即使是'文学活动'，意义也平常——但出现了专以文学活动取胜的文学家。""女人守口如瓶，然后把瓶交给别人。"①

"不谦而狂的人，狂不到哪里去；不狂而谦的人，真不知其在谦什么。"②

"大学者，什么都有，都是独创的，他所有的都是别人独创的。"③

"当愚人来找你商量事体，你别费精神——他早就定了主意的。"

"几许学者、教授，出书时自序道：'抛砖引玉。'于是，一地的砖，玉在哪里？"④

尤其当木心说"在接触深不可测的智慧之际，乃知愚蠢亦深不可测。智慧深处愚蠢深处都有精彩的剧情，都意料未及，因而都形成景观。我的生涯，便是一辈子受智若惊与受蠢若惊的生涯"⑤时，读者仿佛能看到他嘴角那抹似笑非笑的促狭。

木心并不讳言自己的刻薄，他认为："生活上宜谦让宽厚。艺术上应势利刻薄。"因为在他的艺术观念中："'温柔敦厚'，好！也别怕'尖'

---

① 木心：《素履之往》，桂林：广西师范大学出版社，2013年，第80页、第142页。
② 木心：《琼美卡随想录》，桂林：广西师范大学出版社，2013年，第5页。
③ 木心：《即兴判断》，桂林：广西师范大学出版社，2013年，第60页。
④ 木心：《素履之往》，桂林：广西师范大学出版社，2013年，第11页、第56页。
⑤ 木心：《素履之往》，桂林：广西师范大学出版社，2013年，第97页。

和'薄'，试看拈针绣花，针尖、缎薄，绣出好一派温柔敦厚。"①在《文学回忆录》以及论及文学的随笔中，木心评介中外名家名作，便时可见这种尖锐的"审美刻薄"："卡夫卡的《城堡》等等，命意都极好。然而难怪他临终嘱咐至友将遗作全部付之一炬。"②他论中国诗的格律为"文字游戏，做作，不真诚，不自然，但实在是巧妙，有本领"，其实，木心独特的文字风格，在疏离于当下的高古之中亦不乏刻意的"凹造型"之感。木心说"文学，有本事把衣服脱下来"，但木心自己的作品又何尝没有"峨冠博带"、珠翠满头的时候呢？木心说，"如汉家陵阙的石兽，如果打磨得光滑细洁，就一点也不好看了"③，但木心却又在拼命地打磨自己的文字，时刻不忘彰显自己的学问才情。此所谓"只缘身在此山中"吧。正如李劼所说："木心过于自恋，看透人世看透世人，却始终看不透自己。"④

木心曾说："刻薄是伤心激出来的。"⑤那么，他的"凹造型"是孤寂沤出来的么？旅居异域二十余年，在汉语文学的边缘处，他写下了大量的文字，却知音寥寥。即使被台湾誉为"三十年来海峡两岸第一人"，他仍不舒服，因为"地方那么小，时间那么短"。而他自认自己的某些

---

① 木心：《琼美卡随想录》，桂林：广西师范大学出版社，2013年，第75页。
② 木心：《即兴判断》，桂林：广西师范大学出版社，2013年，第91页。
③ 木心讲述、陈丹青笔录：《文学回忆录》，桂林：广西师范大学出版社，2013年，第254页、第177页、第646页。
④ 李劼：《木心论》，桂林：广西师范大学出版社，2015年，第10页。
⑤ 木心：《温莎墓园日记》，桂林：广西师范大学出版社，2013年，第87页。

文章"和唐宋八大家比，不惭愧"①。对"迥然绝尘、拒斥流俗"②的评语也是欣然首肯的。这份鲜见的自信抑或是自负着实令人讶异，仿佛一株摇曳的水仙，在太平洋边顾影。

其实，移民作家的特质中往往都有着各式的"疏离"感，疏离于故国的旧情旧事或者疏离于移居国的现世烟火，而木心的疏离不止于此，他在精神上甚至是疏离于时代的，被学者孙郁视为"民国的遗民"："这个民国的遗民，在暗暗与东西方古老的灵魂对谈，血脉从未交叉在同代人的躯体里。这个遗老式的人物保留了'五四'时期脆弱的温床，极其细心地呵护着那个残破的存在。"③其实，木心不只是"民国的遗民"，他的疏离已经远到一个世纪之前，"十九世纪所期望的，可不是二十世纪这样子的"④，乃至远到古代世界。故此，木心的文字之中时常回荡的是"今不如昔"之叹。在他看来，无论是现代哲学还是现代文学、艺术，都在每况愈下，无以为继：

　　"思想像管子，只要不断，就越拉越细。……盖思想之妙玄，全在于运力拉而不断，若说近代思想家或有强过古代思想家之可能，庶几乎昔粗今细，细之又细，无奈快要断了，那将是无以为继的。"⑤

---

① 木心讲述、陈丹青笔录：《木心谈木心：〈文学回忆录〉补遗》，桂林：广西师范大学出版社，2015 年，第 85 页、第 68 页。

② 木心：《鱼丽之宴》，桂林：广西师范大学出版社，2013 年，第 92 页。

③ 孙郁：《木心之旅》，《读书》2007 年第 7 期。

④ 木心：《素履之往》，桂林：广西师范大学出版社，2013 年，第 42 页。

⑤ 木心：《素履之往》，桂林：广西师范大学出版社，2013 年，第 73 页。

"有情操的宗教，有风度的哲学，自来是不多的，越到近代，那种情操那种风度，越浮薄衰弹……"①

"现代艺术/思无邪/后现代艺术/思有邪/再下去呢/邪无思。"②

"往过去看，一代比一代多情；往未来看，一代比一代无情。多情可以多到没际涯，无情则有限，无情而已。"③

种种慨叹，正是坐实了木心的"遗民"心境和自觉与文学艺术的主流保持距离的移民心态。木心在《文学回忆录》中评点陶渊明"不是中国文学的塔尖。他在塔外散步"。所谈的正是一种"疏离感"。而他自己自承认同和追求陶渊明的境界，"我走过的，还要走下去的，就是这样的意象和境界"④。

与心态、精神的疏离感相契，木心为文，往往文白相间、力求高古，风格疏离于当下。因而褒贬参半，不以为然者谓之"穿着长袍的文字"，赏识者谓之"远奥精约"，称赞其"繁复微妙的语言乃是对当代汉语文学的挽救式的贡献"⑤，是"中文写作的标高"⑥，学者孙郁认为木心在"修辞上的精心设喻、义理的巧妙布局、超越己身的纯粹的静观等"都

① 木心：《素履之往》，桂林：广西师范大学出版社，2013年，第48页。
② 木心：《素履之往》，桂林：广西师范大学出版社，2013年，第150页。
③ 木心：《琼美卡随想录》，桂林：广西师范大学出版社，2013年，第25页。
④ 木心讲述、陈丹青笔录：《文学回忆录》，桂林：广西师范大学出版社，2013年，第240页。
⑤ 李静：《"你是含苞欲放的哲学家"——木心散论》，《南方文坛》2006年第5期。
⑥ 陈丹青：《我的师尊木心先生》，《退步集续编》，陈丹青著，桂林：广西师范大学出版社，2007年。

是当代作家难以做到的。[1]李劼甚至隆重到将木心视为中国的但丁，是
"中国式文艺复兴的启明星"。[2]（自然，引木心为同道者也是一样地喜欢
自我激赏，李劼在评点木心之余，总不忘彰显自己的博学与深刻，以及
遗世独立的孤高，所谓"人类的远房亲戚"和"不小心降生在这个星球
上的外星人"[3]，确是自诩的好辞藻。）

目下，颇有一些崇尚传统文化者推广所谓代表中国古代服饰之美
的"汉服"，但无论怎样溢美，"汉服"也只是一种接受范围有限的戏剧
化存在。这正像木心之文字，虽风范独特，但"宽袍大袖"的韵致，也
自然"像古代衣冠，美则美矣，不为现代生活所许可"[4]。如学者张柠所
言："木心的文学语言有其美学意义，但不能任由大众媒体借助传播强
势，给公众造成错觉，认为木心的创作就是新文学的标准。"因为，"文
学评价标准遵循'历史'和'审美'的辩证法，语言不过是其中的一项
指标，作品形式与时代精神之间的内在关联性、叙事结构、思想容量、
精神穿透力，都需要全盘考虑。"[5]

2013年，《文学回忆录》出版，坊间再度惊叹，引发又一轮木心阅
读和评价热潮。读者既叹个性化文学史的现世，也叹陈丹青做笔记的

---

[1]　张柠、孙郁：《关于"木心"兼及当代文学评价的通信》，《文艺争鸣》2015年第1期。

[2]　李劼：《木心论》，桂林：广西师范大学出版社，2015年，第98页。

[3]　李劼：《木心论》，桂林：广西师范大学出版社，2015年，第99页。

[4]　木心讲述、陈丹青笔录：《木心谈木心：〈文学回忆录〉补遗》，桂林：广西师范
大学出版社，2015年，第21页。

[5]　张柠、孙郁：《关于"木心"兼及当代文学评价的通信》，《文艺争鸣》2015年第1期。

功力之强。笔记的巨细靡遗，从一个侧面见出陈丹青对老师木心的崇拜之深。木心的文学影响在内地的逐步展开，与陈丹青数年间的不懈努力密不可分。从单行本《哥伦比亚的倒影》到两辑十三册的作品集，再到《文学回忆录》以及《木心谈木心：〈文学回忆录〉补遗》，陈丹青以画家的耐心循序渐进地为内地读者勾勒出一个立体的、血肉丰满的木心艺术肖像。

　　木心的《文学回忆录》作为个人化的文学史解析，自然是不乏灼见，瑰丽如"孔雀开屏"，但仍不免被质疑为"不专业"，露出了"孔雀的屁股"。[1]学者张柠评价是较为客观的："与目前流行的文学史写作那种僵化无趣的面孔相比，它有生命温度，显得气韵生动、活泼可爱。但可爱与可信总难以兼得。文学史或者文学史话，作为专门史的范畴，总是先要求可信，然后才可以去追求可爱。"因此，他认为，"木心那些感悟性很强但边界模糊不定的评价文字，也依然只能当散文读"[2]。

　　相比《文学回忆录》中灼见与讹误并存的教导范儿，《木心谈木心：〈文学回忆录〉补遗》是一次坦率的文学自白。木心面对知己朋友，和盘托出了自己的创作路径和创作心理。这些对谈的面世，让他从当下粉丝营造的诗意雾霭中缓缓现身，走下圣坛，还原自己。他的"谈"，谈出了营造诗意时自己埋藏的曲折心思，谈出了回答媒体访谈时过度的机警和狡黠，谈出了华丽行文背后多多少少的矫情，谈出了自己按捺不住

① 李劼：《木心论》，桂林：广西师范大学出版社，2015年，第8页。

② 张柠、孙郁：《关于"木心"兼及当代文学评价的通信》，《文艺争鸣》2015年第1期。

卖弄才情的一分得意和俏皮。木心说过："傲慢是天然的，谦逊只在人工。"[1]当才子躲开公众视线时，天然的傲慢便如水波涌动，流泻四方。有此一篇自白，我们方得以见识到写作者层次丰富、色彩斑驳的内在世界。这种自白应该说是罕有的文学史研究的"方志"型的文献，值得细细体味。

水仙一样的木心，无疑是清雅的、遗世独立的，自然也是孤芳自赏、顾影自怜的，甚至还是有几分慵懒的。木心写作似乎尚短避长，他说过："越短的刀子越刺得深。"综观其作品，短章居多，无论是小说还是散文，都是戛然而止的行文节奏。很多随笔篇什，像是灵感一闪的神来之句的集合。这些神来之句，仿若虚掩的门户中流出的点点灯光，映出了室内的绰绰人影，让人窥见几分室内的俊逸风姿。如梁文道所说："木心是一位'金句'纷披的大家。……他的一句句识见，有如冰山，阳光下的一角已经闪亮刺眼，未经道出的深意，深不可测。"[2]然而，深意毕竟是"未经道出"，那么到底如何"深不可测"就是见仁见智的了。木心的戛然而止，是有节制的留白，是水面的冰山，但未尝不也是一分慵懒，懒得说透，懒得与世俗过度交接，兴尽则止。故而他曾经有过的诸多大篇幅写作计划，均未得成。李劼评论木心之懒说："木心的懒，并非不想做什么，而是很想做而做不动。这种懒不是心理的，而是潜伏在

---

[1]　木心：《素履之往》，桂林：广西师范大学出版社，2013年，第22页。

[2]　梁文道：《文学，局外人的回忆》，《文学回忆录》，木心讲述、陈丹青笔录，桂林：广西师范大学出版社，2013年。

生命遗传基因里的因素。民国的贵族，大都生活在这样的慵懒之中。与此形成对照的是，江湖造反者却朝气蓬勃。今人再为民国贵族唱挽，都不能不正视他们的慵懒，一如再反思或批判江湖造反，都不得不承认人家的生命力旺盛。"①

由此，不管是将木心视作当代文学的沧海遗珠，还是太平洋岸边顾影自怜的那喀索斯，其实内里都有相通处，就是那充塞于内的一股浓浓的慵懒和遗世独立的淡然。这股慵懒和淡然氤氲在其老派绅士的礼帽之上、手杖之下，以及徐徐散开的香烟之雾中，更在其那双退得很远的眼睛里。

陈丹青在《文学回忆录》后记中提及，木心在文学课结课时的演说中曾引用瓦莱里的诗句："你终于闪耀着了么？我旅途的终点。"多年前的这句引用，仿佛一句判词，为他自己的文学声名做了前瞻。而今，诗人远行，世间的旅途行尽，终点处的闪耀是否是他之所求所愿，没有人真正知道。

---

① 李劼：《木心论》，桂林：广西师范大学出版社，2015年，第109页。

领略汉语之美

林少华

翻译家、中国海洋
大学教授

国庆中秋八天长假，看了八天木心：随笔、小说、诗、《文学回忆录》。又想知道别人怎么看木心，于是上网淘了《读木心》《爱木心》《木心纪念专号》等几本旧书，有一本旧得俨然出土文物，但还是让我大喜过望，当晚就独斟独酌三两白干。如此边酌边看，边看边酌，八天看下来，彻底看成了木心的"粉丝"。

诸位当然知晓，阴差阳错也好，时来运转也好，反正我翻译的村上很受欢迎，我也因此浪得一点点浮世虚名。就有人以为我是村上君的粉丝，两人关系多么"铁"。我固然喜欢村上敬爱村上，但说实在话，谈不上多么"粉"多么"铁"。主要原因，是我担心那可能会影响我作为译者，尤其是作为研究者的公允立场。次要原因呢——可别告诉村上啊——是他没请我喝上几两，哪怕一两！见了两次面，有一次还是我从东京远郊屁颠屁颠跑去城里单独见他的。满心以为他会领俺去东京老字号"料亭"（日料餐馆），两人盘腿坐在榻榻米上，一边跟油头粉面的艺伎眉来眼去，一边喝个一醉方休。岂料从头到尾都干巴巴坐在他的事务所用日语交谈，简直成了座谈会！你想，若是村上君来青岛或来上海译文出版社或上海作协，我们肯定呼朋唤友觥筹交错，非把哪个喝到桌子底下去不可，是吧？

这么着，我绝不是村上的粉丝，但绝对是木心的粉丝。当代读书人中，我佩服陈寅恪——教授中的教授；也佩服钱锺书——学者中的学者。但就距离感来说，他们遥远得好比房间里的节能灯之于天上的启明星。而木心，则像是坐在我面前的长辈，或推心置腹娓娓而谈，或引经据典点豆成兵，忽而过关斩将一骑绝尘，忽而春风满面携酒而归，大有相见恨晚之感。我甚至感到惊奇，自己居然曾和这样的人生活在同一世间、同一时空！

是的，他不是学者，却对古今之学如数家珍；他不是教授，却一个人轻松包讲世界文学史；他走过泥路，鞋底却不沾泥；他穿过风雨，衣服却未淋湿；他见过沙尘，眸子却始终澄澈；他经历过那么多坎坷与不幸，却全然不失悲悯、优雅与从容。尤其，他以一介布衣笑傲王侯，平视所有中外巨人——确如他的夫子自道："难得有一位渺小的伟人，在肮脏的世界上，干净地活了几十年。"面对这样的人，我怎么能不成为粉丝！

我无法丈量木心的整个成就，手中的任何尺子都不够用。这里只能斗胆说两句木心的文体。木心是文体家。木心心仪鲁迅，说鲁迅是文体家。"在我的后园，可以看见墙外有两株树，一株是枣树，还有一株也是枣树。"（《秋夜》）别说一般人，就连中学语文老师也有人不解其妙，甚至觉得是废话，故弄玄虚。但木心提醒我们，此乃"天才之迸发，骤尔不可方物"。而这样的句子在木心笔下比比皆是。且看一个和上海有关的例子，《上海赋》："春江水暖女先知，每年总有第一个领头穿短袖旗袍的，露出藏了一冬天的白臂膊，于是全市所有的旗袍都跌掉了袖子似的，千万条白臂膊摇曳上街……领子则高一年低一年，最高高到若有人背后相呼，必得整个身体转过来……作领自毙苦不堪言。申江妖气之为烈于此可见一斑。"喏，由春江而申江，"作领自毙"，妙不可言！再看和任何人情感都有关的一首小诗："十五年前，阴凉的晨，恍恍惚惚，清晰的诀别。每夜，梦中的你，梦中是你。与枕俱醒，觉得不是你，另一些人，扮演你入我梦中。哪有你，你这样好，哪有你这样你。"（《哪有你这样你》）你看，"与枕俱醒"，石破天惊。"哪有你这样你"，岂非"两株枣树"的投胎转世！篇幅所限，最后看木心如何巧用宋词："区区人情历练，亦三种境界耳，秦卿（秦观）一唱，尽在其中：初艾——新晴细履平沙。及壮——乱分春色到人家。垂暮——暗随流水到天涯。"（《素履之往》）驾轻就熟，得心应手，才气四溅，灵感迸发，上接王国维治学三境界而焕然一新。

当下，由于网络语言、手机文体的大行其道，国人的语言表达与审美感受正朝着弱智方向突飞猛进——在这种情况下，木心告诉我们汉语是多么优雅、高贵、富丽、神奇、微妙！木心尝言："世界文化的传统中，汉语是最微妙的，汉语可以写出最好的作品来。"

何等坚定而深切的文化自信！

各种悲喜交集处

出门前，从书架上抽出《琼美卡随想录》，带着木心去南京。闻说周日在乌镇将有一场追悼会，可惜我于周六便要赶回香港陪大女孩过圣诞，停留不了。

而且想象中的木心应该不会渴望更不会稀罕谁去追悼他，但也不会坚决反对，他应是淡然恬然的，年轻时如斯，活到八十四岁了，更必如斯。

他在书里不是感叹过吗：

"蒙田，最后还是请神父到床前来，我无法劝阻，相去四百年之遥的憾事。"

可见他对生命风格的一致性看得颇重，尤其对生命尽头的操守，更重，所以在淡然恬然的木心的追悼会上如果大家又哭又号又叹又哀，他肯定摇头，不知道应该对朋友们说些什么。

有好长的时间误以为木心是"台湾作家"，因为一直在台湾报纸副刊上读他的文章，那时候，他已远走美国，不归，不愿归，但仍继续写作和画

木心三帖

马家辉

作家、评论家

画和思考，文章刊登出来，20世纪80年代，我是台大学生，每回读后都惆怅半天，连面对女朋友都说不出话来。

怎么说呢？木心在报上发表的大多是语录式的短散文，任何一句、两句、三句，是中年的他的个人感悟，却成为年轻的我的思考启发，似懂不懂，若虚还实，足够放在心头咀嚼半天。

是的，咀嚼，木心说过：

"快乐是吞咽的，悲哀是咀嚼的；如果咀嚼快乐，会嚼出悲哀来。"

那时候的我只觉这位英俊的作家很有玩弄字词的本领，唯有当活到某个年纪，才真明白他在说些什么，但到了那个年纪，欲辩已忘言。

是的，英俊，木心之于年轻的我的另一个吸引自是他的俊朗，脸部五官像雕刻出来的石像，笔挺，坚毅，另一个有着如斯脸容的中国作家是民国的邵洵美，美得令人舍不得不看却又不敢注视太久，怕会沉溺。

邵洵美也像木心一样写诗，也画画，但前者有妻有情人，后者呢，据说是耽美界的同志，美得只爱属于他的性别的物种。

所以当木心谈及拜伦之死，意见是死得其所也死得其时，万一他鸡皮鹤发地活到老年，简直破坏西方文学史的美感。

依此逻辑，木心其实活得已经够久够长，毕竟八十四岁了，老来又能回到故乡看山看水，老去，逝去，告别中国文学史，依然能够为中国文学史留下美感，已经是很大很大的功绩与奇迹。

别了，木心，他写过：

"如欲相见，我在各种悲喜交集处。"

那就让我们去该地寻他，一定寻找得到，因为，谁都有悲喜交集，谁都逃不脱这生命的宿命。

不知道如何是好

在南京的演讲活动结束后，好些本来要飞回北京的朋友都改变了计划，改往乌镇，出席木心先生的追悼会。

他们问我去不去，我说香港有事，没法去，其实是在心里坚持那个想法，木心应该不会高兴朋友为他追悼些什么的，别打扰他了，虽然他已离开人间。

但又或者木心先生也不会反对朋友为他追悼，他是淡然得无所谓，自己的离世，朋友的哀伤，反正人间无秩序，自己喜欢怎样就怎样。

木心不是在《很好》文内写过吗？

"昨天我和她坐在街头的喷泉边，五月的天气已很热了，刚买来的一袋樱桃也不好吃，我们抽着烟，'应该少抽烟才对'。满街的人来来往往，她信口叹问：'生命是什么呵？'我脱口答道：'生命是时时刻刻不知如何是好。'"

既然不知道如何是好，那便做什么都好也或都不好。你想就去做吧，做什么都可以，只要自在如意。

木心眼中的"如意"是这样的：

"集中于一个目的，作种种快乐的变化。或说：许多种变化着的快乐都集中在一个目的上了。"

木心如此定义快乐：

"迎面一阵大风，灰沙吹进了西泽的眼皮和乞丐的眼皮。如果乞丐的眼皮里的灰沙先溶化，或先由泪水带出，他便清爽地看那西泽苦恼地揉眼皮，拭泪水。之前，之后，且不算，单算此一刻，乞丐比西泽如意。世上多的是比西泽不足比乞丐有余的人，在眼皮里没有灰沙的时日中，零零碎碎的如意总是有的，然而难以构成快乐。"

读木心文章，感受到强烈的"境界"二字。

他仿佛站在一个位子，察看我们，而这个"我们"，理所当然地包括他自己；偶开天眼，红尘里，他亦是可怜的眼中人。

所以木心也曾说：

"不幸中之幸中之不幸中之幸中之……谁能置身于这个规律之外。理既得，心随安，请坐，看戏（看自己的戏）。"

一位看戏的人走了，他从别人的戏里看出自己的戏，也从自己的戏里映照别人的戏，用文字记录下来，幕闭了，幸好仍有文字，给我们留下了许多说说唱唱的痕。

木心写过一篇《不绝》，开首道：

"一个半世纪彩声不绝，是为了一位法国智者说出一句很通俗的话：人格即风格。十八、十九世纪还是这样的真诚良善。"

由是他抒发了一些关乎现代的感慨。

是的，除了境界，就是格。有格，木心告别中国，中国告别木心的格。

哪有你这样你

南京的气温是零下三摄氏度，对我这南人来说，已是致命之寒，出门必须穿上男装丝裤；嗯，对了，南京之于北京，亦是"江南"，但彼"南"终究属于我们的"北"，至少在香港，没有"零下"这个可怕的概念。

于是穿上丝裤的我这南人便很容易摆乌龙。

好几次了，换装准备离开酒店房间，穿上大衣，伸手开门，无意间低头一看，始发现原来忘记穿外裤。假如没有这个"无意间"，往搭电梯，电梯门打开，站在里面的人恐必笑得弯腰流泪。

尴尬之事常有，有时候并非发生在自己身上，但作为旁观者，我也尴尬得不知道如何是好。

像有一回，在男厕遇见其他部门的同事，站着聊了两分钟，离开时忽然看见他的裤裆湿了一大片，极明显，很可能是尿尿时不小心，或是洗手时被水龙头喷到而不自知，总之，难看，回到办公室时肯定惹笑。

于是我便非常挣扎，不知道是否应该提醒他。

想说，但说不出口，不希望看他在我眼前显现窘态；不提醒，又好像眼睁睁看着他稍后出丑，等于看见别人快堕进陷阱而不阻拦。

结果我是保持沉默。

自我安慰，说不定他直接回到房间，不会遇见任何人，何苦要我把糗事揭穿。

我向来是个短视的人，只顾眼前一刻的快乐如意，日后的愁，管他的，日后再说了。

所以我很容易感动于一些好心地的人，自己做不到，唯有羡慕的份儿。

像在办公室看见男同事的西装肩上满布头皮，我通常懒得提醒，但当看见有其他同事提醒他，我便忍不住在心里暗道，呀，这是一个好人，我们的办公室毕竟有好人。

然而说到底，我对好人的欣赏感动依然远低于我对诗人的崇拜仰慕。如这两天说了又说的木心先生，他的诗，他的情诗，令人根本忘记了什么是好什么是坏，在文字面前，好坏让路，最重要的是时间能够凝固于美丽的瞬间。像他说：

十五年前

阴凉的晨

恍恍惚惚

清晰的诀别

每夜，梦中的你

梦中是你

与枕俱醒

觉得不是你

另一些人

扮演你入我梦中

哪有你，你这样好

哪有你这样你

——木心《哪有你这样你》

因为木心去世的缘故，因为圣诞新年交替的缘故，我重读了《我纷纷的情欲》里的一些诗，在旅途中，读得恍恍惚惚，在飞机上，缓缓睡去。

醒来时香港已在脚下，你在家里，我或许也在你的梦里。

木心册页

胡 竹 峰

作家、安徽省作协
副主席

若论参宰罗马，弼政希腊，训王波斯，则遥远而富且贵，于我更似浮云。

——木心《遗狂篇》

明天又明天

时而昂奋

时而消沉

明天又明天

回想往日平静

如澄碧长空

把事业的五色风筝

奔跑着引高送远

如今手执风筝的牵线

抬头只见你的容仪

——木心《廿一日》

容 仪

秋日。午饭后。阳光大热。两人一路闲逛，

走过文具店，穿过路口到了博物馆。朋友说他见过木心。

哦？

1980年前后，去上海姨夫家玩。汾阳路上，工艺美术所旁，普希金雕像"文革"时被砸了，还没重建。迎面一个中年人，跨步如飞，穿风衣，太招眼了。那时候，上海街头也不见多少好看的衣服。姨夫和他打招呼，喊老孙。木心姓孙吧。

对，原名孙璞，璞玉的璞。

那眼神真不一般，如一道光射过来。你看，几十年了，还记得。

见过不少照片，眼睛瞳瞳，目光炯炯啊。你们说过话吗？

说了几句，后来又见过。问我读什么书，家是哪里的。

嗯。

姨夫和他熟，说他是怪人，读了很多书。

怪人？唔。姨夫呢？

早些年去世了。

哦……

上车，一阵温热、短暂的沉默。话题转向了别处。

照片上中年的木心我见过，戴礼帽，眉眼略藏在阴影里，目光坚毅，一脸决然，嘴唇抿得紧紧的。照片里的木心，直到晚年，眼睛依旧是透亮的。只不过，除了透亮，眼神亦慈亦悲。

木心的模样，真是俊俏，潇洒风流，丰神俊朗。相貌好不如气质好，气质好不如风度好，木心是相貌气质风度样样皆好。木心的相貌有名士气，又难得不见丝毫轻狂。名士一轻狂，总觉得是摆出样子来愤世嫉俗的。可不可以这么说，容颜是木心的另一本艺术册页。木心留存的相片很多，越老越好看，像古玉杯盘，光彩溢出。

木心不同时期的照片有不同的风采，少年时候清秀，青年时候敏感，中年时候儒雅，老年时候斯文，黑白分明，清清爽爽。有帧1946年的照片，木心穿学生装，戴白手套，斜站着，身边两位穿长袍的男子也颇不俗，但没有十九岁木心的那一份置之度外。这照片初次给木心看，他完全不能辨认。第二天认识了："噫！……是我呢！神气得很呢！"

木心的照片，越到老越随便家常，但他那张脸却不一般，骨相清峻，两眼到老不昏聩。哪怕最后几个月，躺在医院的病床上，那眼睛兀自黑漆漆一点。木心说唯有极度高超的智慧，才足以取代美貌。木心老年的相貌有仙风道骨的智慧，目光逼人，眼里有智者之光。

纪录片中的木心拄拐，缓缓走在大雪中的小园里。轻松，潇洒，袖子一挥仿佛看得到他手上卷着一册线装书临风低吟的神情，那时候他是卧东怀西之堂的主人。拄拐的木心，失了过去所无的步履，多了过去所无的分量。

《红楼梦》里，元春送贾母的礼单即有沉香拐拄。拐杖，实则杖要高过人头，累了可以扶一扶它，拐只可以挂。过去乡下有不少人用拐，多是用苦竹或者杂木做成的。

木心旧照，有雪地留影。纪录片中大雪纷纷，木心穿一身黑色的大衣，老得艳亮照人。寒空中的雪，静而优美，凝聚着冷冷的力，是木心其人，也是木心之文。

百年以来，那么多作家画家，鲁迅、胡适、周作人、齐白石、于右任、林语堂诸贤都有好相貌，木心也和他们一样。中年的木心，英气勃勃，到了老年，英气收敛了，透出极圆融的慧气，让人觉得大人物毕竟是大人物，有说不清的东西在里边。好容仪也是一个人的境界，好容仪是一个人的文章。文章是纸上的容仪，容仪是地上的文章。

文　章

木心把文章当文章来写，《文学回忆录》里涉及学问，也是为文为艺者的自说自话，有一点俏皮在里边，那俏皮立意甚诚。

《文学回忆录》是智者之书，眼界高，得意不忘形。中国文学是木心的餐具，欧洲文学是主食，美洲文学是蔬菜，日本文学是点心，其他地区的文学是肉食。一个人读了那么多书，而且打通了那些关节，前人栽树，后人乘荫。木心有句话对我的写作有警示：

> 如果司马迁不全持孔丘立场，而用李耳的宇宙观治史，以他的天才，《史记》这才真正伟大。

《文学回忆录》有流水汤汤、光影粼粼的好，一来是那一段历史的别裁，二则是个人的别裁。说的都是文事艺事，写出来也字字都是自己，样样稔熟于心。木心像一只飞在文学艺术星空的大鸟，对一切都平视甚至俯视。

沈从文八十岁生日，汪曾祺写诗贺寿，中有一联："玩物从来非丧志，著书老去为抒情。"流寓海外的诸多作家，大多如扁舟浮于浪间，起伏无定，写出的文章，为怀旧，为衣食，为消遣。木心的文章没有怀旧气，没有衣食气，也不见多少闲气。木心为美和艺术写作，著书老去为抒情也是有的。

木心的文章越细屑越好，他不写长篇最可惜。若木心做长篇，就像龙门大佛石质换了玉质。

木心的小说，开门关门，衣食住行，男人女人，写出人生光亮的明灭。唯其家常，方才感人。我们现在写小说，多少作家最不会家常，最不懂世道人心。张爱玲笔下许多精彩的描写更多的是需要与众不同的感受力，并非观察力，木心的感受与众不同，所以才有木心。

木心的文章是经营出来的，胸中有丘壑，字字句句生香活色，别人不容易学得来。他的天才性发展得很好，尽管晚熟，毕竟熟了。木心的文章初看是出水芙蓉，再看则烟波浩渺。每每读他的书，如逛园子，弄不清从哪里进门的，又如何穿径过桥走回廊到初始，像是醒来忆梦，一部分清楚，一部分恍恍惚惚。

读木心有时候仿佛梦游，有时候仿佛洗澡。梦游时若有若无，进入人生幻境。洗澡，春夏秋冬都是痛快事。当然，不喜欢洗澡的人例外。

微生尽恋人间乐，只有襄王忆梦中。一个俗世的老贵族，又风趣，又诚恳，又尖锐，又敦厚，偶尔化身李商隐诗中的襄王，这一点很难得。中国人的思想大抵是道家的、儒家的，乐不思蜀，活在当下，文章失却了一份美丽。如果木心不是受了一点佛教影响、尼采影响，文章里恐怕要损失好些好看的字面。

一些人的文学没有价值，一些人的文学只有价值，木心的文学有文学的价值或者说是有价值的文学。这么说，玄虚了，木心的文学在文学价值之外。

木心的文学我最喜欢《童年随之而去》。

童年随之而去

木心有中国古典的审美，有西方古典的修养，又有现今的思考。一方面把现代融入传统，另一方面将西方的技巧融入汉字的表达。木心作品现实感与历史性兼具，文学性与思想性兼具，意识流也是中国式的。他写出了那么富于想象的文本，写满了敏感、玄思、哀愁、内敛、悲悯，这是一般作家所没有的。尽管木心作品没有《红楼梦》的气势，深刻性也不及鲁迅，但他作品的切入角度、行文的独特以及弥漫的一层雾气贯穿了神性，是旁人无以类比的。

《童年随之而去》是小说是散文，是自然生长的文学，仿佛春天的竹笋，眼看着一夜之间蹿高了许多。

没有多余的话，开头两句全然罩住文章的意思。

孩子的知识圈，应是该懂的懂，不该懂的不懂，这就形成了童年的幸福。我的儿时，那是该懂的不懂，不该懂的却懂了些，这就弄出许多至今也未必能解脱的困惑来。

不满十岁，我已知"寺""庙""院""殿""观""宫""庵"的分别。当我随着我母亲和一大串姑妈舅妈姨妈上摩安山去做佛事时，山脚下的"玄坛殿"我没说什么。半山的"三清观"也没说什么。

前一句跌宕自喜，后一句收回来了。荡得开，收得紧，最后一句滴水不漏。

将近山顶的"睡狮庵"我问了：

"就是这里啊？"

"是啰，我们到了！"挑担领路的脚夫说。

我问母亲：

"是叫尼姑做道场啊？"

母亲说：

"不噢，这里的当家和尚是个大法师，这一带八十二个大小寺庙都是他领的呢。"

我更诧异了：

"那，怎么住在庵里呢？睡狮庵！"

母亲也愣了，继而曼声说：

"大概，总是……搬过来的吧。"

庵门也平常，一入内，气象十分恢宏：头山门，二山门，大雄宝殿，斋堂，禅房，客舍，俨然一座尊荣古刹，我目不暇给，忘了"庵"字之谜。

且行且话，文字清凉如清水缓缓润过沙滩，自有一番韵味。褪去才气的锋芒，以对白开始，走向内心。不说拉长声音，而用"曼声"，"曼声"二字勾出母亲面目。

我家素不佞佛，母亲是为了祭祖要焚"疏头"，才来山上做佛事。"疏头"者现在我能解释为大型经忏"水陆道场"的书面总结，或说幽冥之国通用的高额支票、赎罪券。阳间出钱，阴世受惠——众多和尚诵经叩礼，布置十分华丽，程序更是繁缛得如同一场连本大戏。于是灯烛辉煌，香烟缭绕，梵音不辍，卜昼卜夜地进行下去，说是要七七四十九天才功德圆满。

当年的小孩子，是先感新鲜有趣，七天后就生烦厌，山已玩够，素斋吃得望而生畏，那关在庵后山洞里的疯僧也逗腻了。心里兀自抱怨：超度祖宗真不容易。

对话久了，来点议论。对话是点心，议论是蔬菜。我们吃饭，常常是吃菜，讲究的饭更是吃菜。

我天天吵着要回家，终于母亲说：

"也快了，到接'疏头'那日子，下一天就回家。"

那日子就在眼前。喜的是好回家吃荤、踢球、放风筝，忧的是驼背老和尚来关照，明天要跪在大殿里捧个木盘，手要洗得特别清爽，捧着，静等主持道场的法师念"疏头"——我发急：

"要跪多少辰光呢？"

"总要一支香烟工夫。"

"什么香烟？"

"喏，金鼠牌，美丽牌。"

还好，真怕是佛案上的供香，那是很长的。我忽然一笑，那传话的驼背老和尚一定是躲在房里抽金鼠牌美丽牌的。

议论多了，开始对话。"跪在大殿里捧个木盘"云云，有孩子的呆头呆脑与不厌其烦。金鼠牌，美丽牌，都是旧日风物。怀旧气不知不觉间有了，怀旧只能点到为止，多了文章太陈，少了文章太新。

接"疏头"的难关捱过了，似乎不到一支香烟工夫。进睡狮庵以来，我从不跪拜。所以捧着红木盘屈膝在袈裟经幡丛里，浑身发痒，心想，为了那些不认识的祖宗们，要我来受这个罪，真冤。然而我对站在右边的和尚的吟诵发生了兴趣。

又是孩子话。孩子话让文章多了喜气。好作家有两颗心：一颗童心，一颗诗心。好的作家给人的突出感觉就是非常天真，全部的复杂都用在揣摩那些形而上的问题、一些复杂的思想问题哲学问题文学问题，在世俗层面上很是天真。

"……唉吉江省立桐桑县清风乡二十唉四度，索度明王侍耐唉嗳啊唉押，唉嗳……"

我又暗笑了，原来那大大的黄纸折成的"疏头"上，竟写明地址呢，可是"二十四度"是什么？是有关送"疏头"的？还是有关收"疏头"的？真的有阴间？阴间也有纬度吗……因为胡思乱想，就不觉到了终局，人一站直，立刻舒畅，手捧装在大信封里盖有巨印的"疏头"，奔回来向母亲交差。我得意地说：

"这疏头上还有地址，吉江省立桐桑县清风乡二十四度，是寄给阎罗王收的。"

没想到围着母亲的那群姑妈舅妈姨妈们大事调侃：

"哎哟！十岁的孩子已经听得懂和尚念经了，将来不得了啊！"

"举人老爷的得意门生嘛！"

"看来也要得道的，要做八十二家和尚庙里的总当家。"

母亲笑道：

"这点原也该懂，省县乡不懂也回不了家了。"

我又不想逞能，经她们一说，倒使我不服，除了省县乡，我还能分得清寺庙院殿观宫庵呢。

通过姑妈舅妈姨妈们的对话反观我心我相。对话如繁花乱开，繁花好看正好在乱上，这一段也好看在乱上。

回家啰！

松弛一下，疏可走马，下面开始密不透风。

脚夫们挑的挑，捐的捐，我跟着一群穿红着绿珠光宝气的女眷们走出山门时，回望了一眼——睡狮庵，和尚住在尼姑庵里？庵是小的啊，怎么有这样大的庵呢？这些人都不问问。

家庭教师是前清中举的饱学鸿儒，我却是块乱点头的顽石，一味敷衍度日。背书，作对子，还混得过，私底下只想翻稗书。那时代，尤其是我家吧，"禁书"的范围之广，连唐诗宋词也不准上桌，说："还早。"所以一本《历代名窑释》中的两句"雨过天青云开处，者般颜色做将来"，我就觉得清新有味道，琅琅上口。某日对着案头一只青瓷水盂，不觉漏了嘴，老夫子竟听见了，训道："哪里来的歪诗，以后不可吟风弄月，丧志的呢！"一肚皮闷督的怨气，这个暗苍苍的书房就是下不完的雨，晴不了的天。我用中指蘸了水，在桌上写个"逃"，怎么个逃法呢，一点策略也没有。呆视着水渍干失，心里有一种酸麻麻的快感。

书房的桌上用水写"逃"，课堂的桌上以刀刻"早"。这一篇文章是木心的旧事重提。鲁迅的《朝花夕拾》原名《旧事重提》。

我怕作文章，出来的题是"大勇与小勇论""苏秦以连横说秦惠王而秦王不纳论"。现在我才知道那是和女人缠足一样，硬要把小孩的脑子缠成畸形而后已。我只好瞎凑，凑一阵，算算字数，再凑，有了一百字光景就心宽起来，凑到将近两百，"轻舟已过万重山"。等到卷子发回，朱笔圈改得"人面桃花相映红"，我又羞又恨，既而又幸灾乐祸，也好，老夫子自家出题自家做，我去其恶评誊录一遍，备着母亲查看——母亲阅毕，微笑道："也亏你胡诌得还通顺，就是欠警策。"我心中暗笑老夫子被母亲指为"胡诌"，没有警句。

轻舟已过万重山，人面桃花相映红，虽是文字游戏，中有心绪。

满船的人兴奋地等待解缆起篙，我忽然想着了睡狮庵中的一只碗！

儿童心性，才会想起碗。碗之一事，文章的线头又拽回到过去。好文章是迂回的，一览无余少了回味。

　　在家里，每个人的茶具饭具都是专备的，弄错了，那就不饮不食以待更正。到得山上，我还是认定了茶杯和饭碗，茶杯上画的是与我年龄相符的十二生肖之一，不喜欢。那饭碗却有来历——我不愿吃斋，老法师特意赠我一只名窑的小盂，青蓝得十分可爱，盛来的饭，似乎变得可口了。母亲说：

　　"毕竟老法师道行高，摸得着孙行者的脾气。"

　　我又诵起："雨过天青云开处，者般颜色做将来。"母亲说：

　　"对的，是越窑，这只叫碗，这只色泽特别好，也只有大当家和尚才拿得出这样的宝贝，小心摔破了。"

这里有《红楼梦》对白的韵味。

　　每次餐毕，我自去泉边洗净，藏好。临走的那晚，我用棉纸包了，放在枕边。不料清晨被催起后头昏昏地尽呆看众人忙碌，忘记将那碗放进箱笼里，索性忘了倒也是了，偏在这船要起篙的当儿，蓦地想起：

　　"碗！"

　　"什么？"母亲不知所云。

　　"那饭碗，越窑盌。"

"你放在哪里？"

"枕头边！"

母亲素知凡是我想着什么东西，就忘不掉了，要使忘掉，唯一的办法是那东西到了我手上。

"回去可以买，同样的！"

"买不到！不会一样的。"我似乎非常清楚那盌是有一无二。

"怎么办呢，再上去拿。"母亲的意思是：难道不开船，派人登山去庵中索取——不可能，不必想那碗了。

去泉边洗净，藏好。临走的那晚，我用棉纸包了，放在枕边。轻轻地，用"藏"字、"包"字，见惜物之情。

我走过正待抽落的跳板，登岸，坐在系缆的树桩上，低头凝视河水。

小时候有了心思，我也低头凝视河水。很多儿童有了心思，多好低头做凝视状。

满船的人先是愕然相顾，继而一片吱吱喳喳，可也无人上岸来劝我拉我，都知道只有母亲才能使我离开树桩。母亲没有说什么，轻声吩咐一个船夫，那赤膊小伙子披上一件棉袄三脚两步飞过跳板，上山了。

文章之锦绣以朴素之笔写来，锦绣在"三脚两步飞过跳板"，朴素亦在"三脚两步飞过跳板"。

杜鹃花，山里叫"映山红"，是红的多，也有白的，开得正盛。摘一朵，吮吸，有蜜汁沁舌——我就这样动作着。

"蜜汁沁舌"，能读出儿童心里之急不可待。"沁舌"二字味厚。平白无奇的一句话，因为"沁"字，文气放荡了。"立身先须谨重，文章且须放荡。"梁简文帝萧纲说的。周作人《文章的放荡》云："文人里边我最佩服这行谨重而言放荡的，即非圣人，亦君子也。"

船里的吱吱喳喳渐息，各自找乐子，下棋、戏牌、嗑瓜子，有的开了和尚所赐的斋佛果盒，叫我回船去吃，我摇摇手。这河滩有的是好玩的东西，五色小石卵，黛绿的螺蛳，青灰而透明的小虾……心里懊悔，我不知道上山下山要花这么长的时间。

河滩上好玩的东西，五色小石卵，黛绿的螺蛳，青灰而透明的小虾冲淡不了山上的碗。

鹧鸪在远处一声声叫。夜里下过雨。

是那年轻的船夫的嗓音——来啰……来啰……可是不见人影。

鹧鸪叫，雨声，船夫的嗓音，都是声音，声声入耳，天地万物来了。

他走的是另一条小径，两手空空地奔近来，我感到不祥——碗没了！找不到，或是打破了。

"两手空空""奔"，皆船夫之心。

他憨笑着伸手入怀，从斜搭而系腰带的棉袄里，掏出那只盌，棉纸湿了破了，他脸上倒没有汗——我双手接过，谢了他。捧着，走过跳板……

"棉纸湿了破了，他脸上倒没有汗"，这是小说家的观察。一段动态的文字，写得极静。更静的笔墨跟着来了：

一阵摇晃，渐闻橹声欸乃，碧波像大匹软缎，荡漾舒展，船头的水声，船梢摇橹者的断续语声，显得异样地宁适。我不愿进舱去，独自靠前舷而坐。夜间是下过大雨，还听到雷声。两岸山色苍翠，水里的倒影鲜活闪袅，迎面的风又暖又凉，母亲为什么不来。

"母亲为什么不来"，如此漾开一笔，仿佛晨风吹散竹叶。不只是文学意味了，还有情味，更有人的心理。

> 河面渐宽，山也平下来了，我想把碗洗一洗。
>
> 人多船身吃水深，俯舷即就水面，用碗舀了河水顺手泼去，阳光照得水沫晶亮如珠……我站起来，可以泼得远些——一脱手，碗飞掉了！
>
> 那碗在急旋中平平着水，像一片断梗的小荷叶，浮着，衍着，向船后渐远渐远……
>
> 望着望不见的东西——醒不过来了。
>
> 对母亲怎说……那船夫。

"醒不过来了"，心里还想着"对母亲怎说……那船夫"。这是文字的人情之美。

> 母亲出舱来，端着一碟印糕艾饺。
>
> 我告诉了她。
>
> "有人会捞得的，就是沉了，将来有人会捞起来的。只要不碎就好——吃吧，不要想了，吃完了进舱来喝热茶……这种事以后多着呢。"
>
> 最后一句很轻很轻，什么意思？

用儿童的眼光写，非得加上"什么意思"不可。

　　现在回想起来，真是可怕的预言，我的一生中，确实多的是这种事，比越窑的盌，珍贵百倍千倍万倍的物和人，都已一一脱手而去，有的甚至是碎了的。

从儿童视线里回来，以老人心态落墨，命运感出来了。不是声色灵肉的史诗，态浓意迟轻轻一点，多少人事沉浮。

我过去说过，木心的散文仿佛一支大羊毫毛笔蘸满浓墨写出的草书，其语言像正午阳光下的树影，斑斑驳驳。读木心散文，得会意。不会意，摸不进门。木心的诗歌是黑白木刻，有庄严感，读得出肃穆。木心的小说是工笔画长卷，是可以把玩的。

　　那时，那浮氽的盌，随之而去的是我的童年。

结尾一句淡淡的喟叹，不绕梁，余味不绝。

余味不绝

木心的手帖，出入中西，拈出一个又一个短章，片言折狱，举重若轻，游刃有余，有一流见识。那些短句子里潜伏着隐秘的典故，慢点读，才觉得大有余味。木心对事物的感觉、描述与见解，那些联想、想象、比喻，让人惊奇之后，有顿悟的快感与会心的一笑。

木心的手帖有文本之美，解与不解，似与不似，好文章从来如此。说得出好的就不是好文章。好文章简直来自天外，木心让文字之兽飞翔了。

每每有人让推荐一本木心作品，我总说《素履之往》。

余味不绝的还有木心的书法。

如果对木心的审美趣味做些关注，不可忽略他的书法。木心书法，是才情之书，是随意之法，散散松松里尽是法度，如满天星斗，似秋江半月，更像一个人坐在八仙桌旁饮茶。

木心的墨迹，包括部分手稿，在不经意间书写出内心，有自负有内敛，举重若轻，厚思以轻灵出之，不折不扣，条理分明，不拘不泥，一笔带过，悲悯之心含而不发，在个性气质的流露上绝无障碍。我见到的几幅都可以作他的心迹看，有时会稍嫌用笔轻了些，却又觉得轻些好，轻轻道出的是他内心的寂寞。

木心的字，两字概之，曰：斯文。

在一朋友家见过几封木心信札，有竖写的，有横写的，一律繁体字，笔迹古奥敦厚，能感受到书写者的刚与柔。录下其中一款，以为纪念：

　　多谢赐茶

　　欣慰奚如

余志茶

独钟清清

亟盼来信

以解悬念

悬　念

木心作为一个知识人，处在社会的动荡中，身上有许多交叉小径，每一条都能让他自己迷失，木心偏偏没有迷失。这是木心的悬念。

木心的家乡在长江以南，相对于黄河流域文化而言，处在一个旁观者、边缘者的文化位置上。这点造就了特殊的文化立场与文化视角，他的作品，能读出非常明确的清醒，即便是写犹豫彷徨也是澄澈的。

悬念解开。

20世纪六七十年代，木心身陷囹圄。很多年之后，忆及往昔，老人说，当时觉得许多人都跟着我一起下去，托尔斯泰、莎士比亚他们都跟我下地狱。

悬念解开。

解　开

木心之绳索绑缚过我，时间的钥匙解开了。

我反对模仿，但木心又的确影响了我。把影响拆开说，似乎更好——影是日影，响是响箭，木心是一支飞在日影中的响箭，射不到我了。但他的日影照耀了我，给我温暖，他开弓的响箭之声犹在耳边，让我知道艺术永存。

论年龄、成长环境，木心算民国人物，但写作蕴涵衔接了西方文明深处的年轮，不论思想，还是手法。

木心去世很多年了，这些年我经常想起他——如果三十岁的胡竹峰能见见八十岁的老人家。

老人家

经常有人问木心属于什么家，诗家、散文家、小说家、画家、学问家？当下有木心这样的诗家、散文家、小说家、画家、学问家吗？不知道，我总是回答说老人家。不愿意把木心脸谱化。"代"和"群"不重要，为什么要将木心划进一个群体？群体已经太多了，让人家在一旁抽烟喝茶吧。

没有和木心风格相近的作家，起码目前没看到。鲁迅一分，周作人五钱，红楼梦半场，金瓶梅二枝，老庄两瓣，京剧昆曲评弹各一本，李白杜甫苏东坡张岱二两，水墨一方，八大与金农三点，约等于木心。这是过去的话，其实还有半场《神曲》，一抹尼采，两卷《圣经》，三曲歌德，四枚雨果……

在我眼里，木心是一个把散文当散文来写，把诗歌当诗歌来写，把小说当小说来写的人。木心的文学不是当下的文学，他用一己之力渡过了时间之河。文学视野和版图像一座神庙，木心是游客，手握烟斗，东看看，西走走。游客是不需要位置的，就好像你我去庙里，看看木刻的罗汉，看看镀金的佛陀，看看石雕的菩萨，我们不会想要坐到那个位置上去。

我心中的木心应该不是木心，是非木心，另一个木心。羞涩、热情、怯懦、勇敢，天马行空，独来独往。木心是庄子文章中的北冥之鱼，是苏子文章中的清风徐来，是张岱文章中的繁华落尽，是鲁迅文章中的花言巧语，是巴黎圣母院的钟声，是哈代笔下的露，是川端康成笔下的雪……

木心应该是一个非常好强争胜的人，拼命读书，写了那么多作品，希望名满天下，也愿意躲进小楼。他了不起的地方是让文学回归到文学，认识到人生之大限，青春难葆，天命不可强求，只有化为艺术才能长存。

木心的思想，一是风风火火走向世界的物质性渴望，类似尼采所说的"酒神精神"；一是清清爽爽走向内心的精神性追求，类似尼采所说的"日神精神"。走向世界，故追求成功。走向内心，故期望超越。木心这个人，释道儒都懂，一言难尽。

木心写作这么多年，通过文字让自己变得大无畏与无所谓了。一个人大无畏容易，一个人无所谓也容易，大无畏中无所谓，无所谓中大无畏不容易，这是木心的禀赋。木心是灿烂的，神当归其位。他的一套文集摆在我书架上，奉若大贤。

辑 三

1927年生的木心没有写启示录的雄心，所以他在《散文一集》的"序"中自称"羡慕那个开始动手就造出废墟的人"，也许这也是他谦虚的自许吧？他只想平淡地叙说一些印象、一些杂感，用一种很个人化的方式把这些印象和杂感串联起来。他是个道地的散文家，其散文集命名如《散文一集》，就是很典型的散文题目——中性、随性且带点潦草的飘逸感。在书中，他也建筑了一些堡垒，把内心深处的东西潜藏进去。但是，在大部分时刻，他总是流露出极度的个人色彩，强烈而鲜明的"我"随处可见。包括写景，都常常戴上他个人专属的滤镜。因此，书中的景物、事件，其实更近似用现代画家的笔所描绘出来的，充满了个人的意识和情结。若稍为夸张点说，木心是一个散文家、一个寓言家、一个现代主义者、一个无神论者、一个存在主义者——这点似乎与作为一个无神论者的木心有很大的关联——一个游客，更是一个爱掉书袋、爱抱怨世界，也能默默承受一切丑恶与华美的男人。木心仿佛一艘潜水艇，在每个

木
心
论

郑明娳

作家、学者

舱房中摆置不同色彩的心事，每一篇散文都打开一扇厚重的水密门，里边呈现相异的场景和解说。

木心散文的景观大致上是纤巧的。尽管作者用心地谈宗教哲学，又带引读者参观世界上许多不同的地方，介绍各种模样、各种心态的人类。但是他的格局笼罩在个人化的阴影下，一切事物都缩影成了小人国里的模型，被精巧地摆布着。好在散文这种文类，原本也是以经营心灵的精致工业为正宗。也因此，造就了木心趋近英美式散文的风格：知性强烈，谈天说地中不忘援引学问，时时显现作者的见地及经历。木文结构甚为松散，避免陷入矫饰造作的劣境，文字则在平易自然中仍不失新颖活泼。此外，他还常带给读者一些颇耐咀嚼的警句，以及奇特的思考方式。

木心散文的语言极为干脆，也极为干燥，这似乎是20世纪80年代兴起的知性散文家的共同癖好。木心、林燿德等都市化散文家，都饱含知性的魄力和周旋于具象与抽象之间而出入自得的能力。在《林肯中心的鼓声》中，我们看到这么简洁而有速度感的描写：

> 我扑向窗口，猛开窗子，手里的笔掉下楼去，恨我开窗太迟，鼓声已经在圆号和低音提琴的抚慰中作激战后的娇憨的喘息……

一连串的短句，把急促的心情引带出来。在引文中最后一句长达二十六字，在冗长的句型和音义组合中，又透露出惆怅绵延的失意感。

这样精巧的铺陈，与其说是作者刻意的安排，毋宁说是散文家充分把握了文字的奥秘，而不自觉地把心理节奏和文字的音义、造型融贯在一起，再看《大西洋赌城之夜》的开头一段：

> 车经荷兰隧道，登新泽西，一路平原景色，河流蓝，草地绿，颇似中国江南。近大西洋城的高速公路两旁，孟夏草木长，苍翠连绵，更引人遐思，恰如行临故乡了。

这样的写景文字，明畅简洁，几笔勾勒，便浮现出巨幅图像。不过，它是素描，而非工笔，比诸晚明小品中的写景佳作，绝对难以超越，与抒情名家如陆蠡将情景和理趣融合无间的高妙成就，也无法并驾齐驱。实在说，写景文字并非木心散文的重点，它是他建立思想与智慧的背景。与其他都市派散文家一样，木心不但在处理现代都市不断重复的造型上，对于自然，他也有一种不经心的处理手法。

在句型结构方面，木心也独具特色：

> 她换了装，纤指梳弄金发，掉下一丝在雪白的桌巾上，以为我会拣来揣在胸袋里——我认为两个人午餐比一个人午餐更像"午餐"些。(《大西洋赌城之夜》)
>
> 倒是陀思妥耶夫斯基：赌徒、囚犯、作家、丈夫、基督徒、无神论者……一直做到世界四大智星之———风光明媚的夏日大西洋

之滨，梦游到风雪交加的涅瓦河边。我该去找淡水，冲掉身上的盐分。浪子回家。（同前文）

上述引文中使用破折号，两端的文义竟是风马牛不相及，意义上的跳脱非常厉害。用更大的角度来看，段落与段落、子题与子题之间的乖离性也很大。例如《两个朔拿梯那》中，各子题及段落几乎是用拼贴的艺术手法剪接出来的。这种手法可能肇因于两个因素：其一是作者意识流的写作习惯；其二是作者受到现代艺术观念的影响。对于一般的读者而言，读惯了常态散文中叙事的秩序性，自然惊悚于木心的突兀了。其实他力求的是个人思考流程的呈现，这种类似自我分析和自我记录的特性，尤其可以在《空房》一文中得到强烈的提示。木心仔细地把他判断事理及观察环境的心理经过描写下来。《空房》一文结尾的惶惑，正是木心式的迷惘。

木心是个好跑野马，也好发议论的思考者。从他许多神来之笔的警句中，可以得到许多启示，这些该是脱胎于他心中那一半西方的灵魂。它很能把握住一些人生微妙的感觉。他写浪子：

浪子回家，举火奏乐，宰烹牛犊。浪子不回家，千夫所指，无疾而死。世人对付浪子总有办法。不想想还有一种浪子是想家而无家可归——这倒使人愣住了。（《大西洋赌城之夜》）

浪子说的是作者自己，然而天下浪子的流离、沧桑，也同时被他捕个正着。他在《咖啡弥撒》中谈及神的造型说："真主阿拉从不露面，这是最懂得策略的，因为其它的神主就是在形象上出了问题坏了事。"这种说法正可见出作者的智巧。在《哥伦比亚的倒影》中，叙述哥大门口的两尊石像，又有出人意表的"历史解释"："始建哥伦比亚大学之际，美国文化的模式还面目不清，才立起这么两个似希腊非希腊的一男一女（不是麦可和珍妮），到了无可奈何时才产生象征，人们却以为象征是裕然卓然的事……"把雕像跟美国历史的关联性机灵地点了睛，令人拍案叫绝。

视木心的思想层面，他的企图是相当大的。他想用一己茕独孤单的心灵来烛照人类的历史、宗教。他认为"生命是宇宙意志的忤逆，去其忤逆性，生命就不成其为生命。因此要生命徇从宇宙意志，附丽于宇宙意志，那是绝望的"（《大西洋赌城之夜》）。此处透露他承袭了西方的抗争精神。他属于东方的那一部分，似乎仅仅在于背负黄种血统的宿命上。因为木心不但对西方诸神给予无情的批判和嘲讽，同时也把东方宗教列入清算名册："'神'是一个断又断不掉续又续不了的观念……上帝、耶和华、如来佛、阿拉真主，等等，都是弄僵弄尴尬了的。"（《咖啡弥撒》）"三个五个宗教各个杜撰，于是出现三个五个谜底……一个谜哪能有三个五个谜底，无疑是捏造出来诓骗那些笨得既不会猜谜又不会圆谎的芸芸众生，一直一直糊涂下去。"（《大西洋赌城之夜》）木心一并否定了东方宗教思想，他对佛教更乏好感，他说"天上天下，唯佛独窘"

（《大西洋赌城之夜》），连爱拿木棒敲人顿悟的禅宗，也在《7克》一文中被他狠狠敲了一棒。木心对于禅宗，仍不免有相见而不识之处；对于经过三大改革家刷洗过后的天主教，也未免有隔阂误判之处。但是，这并无损于他作为一位散文家。因为读者看到的是一颗赤裸直率的良心，他着眼于人类命运的前瞻后顾，这是需要强大的勇气与智慧的。这种渊源于古希腊神话中诸神纠结与矛盾的抗争心灵，要追求一个掌握自己存在的人格，他心灵与肉体双重的漂泊，清晰地呈现在散文中。

　　木心也喜欢把自己一切的历史，慢慢地转播于读者眼前。他用叙事手法写自己的一生，还较叙说自己的思想来得有趣，那时，他显得更冷静而邃远。《童年随之而去》写童年时，在船上，脱手把碗掉进水里，母亲出舱来，端着一碟印糕艾饺，他告诉掉碗的事，母亲说："有人会捞得的，就是沉了，将来有人会捞起来的。只要不碎就好——吃吧，不要想了，吃完了进舱来喝热茶……这种事以后多着呢。"母亲这种看似不经心，而其实富有哲学性、预言性的话，在文中具有承前启后的明喻和暗示功能。加以文章最后一句："那时，那浮泛的盌，随之而去的是我的童年。"足以绾结全文主题。这样的文字和结构，足以和陆蠡相辉映。

　　寓言体散文，也是集中特色之一。有上乘之作，也有乏趣之处。前者以《圆光》为代表，后者可以《遗狂篇》为例证。《圆光》布局巧妙，结构完整，焦距准确，主旨关涉宏伟，把人性的不折不挠之处，说得精到切要。而且，作者总算不再站在纸上比画解说了，一个精致的故事，那么自然而可贵，直到结尾，才透露出什么是"圆光"，而令人深深感动，可以说是木氏散文中顶好的一篇。《遗狂篇》中作者上天入地，看似好不风光，实则具有老舍《猫城记》式的失败。

木心的散文，若注意下列的问题，或可臻至更高一层的境界：

一、语言的运用与思想的表达应求精确。像"糟的是凡能分析出来的东西，其原本都是混合着的。混合便是存在。宇宙之为宇宙，似乎不愿意被分析。分析是为了利用，分析的动机是反宇宙的"（《大西洋赌城之夜》），这种笼统的语法，最易流于不知所云。木心曾大力挞伐佛教与西方哲学受到语言的束缚，而其实，他自己也深陷于个人信仰与语言的迷宫之中，一旦能超越这一层，木心必然会走出自己宽敞的语言道路来。

二、文中庞杂的枝节太多，许多与题旨无关的情事，适足削弱主题的力量。而且在文义上无关联的段落，过分离奇的拼凑，除了强调作者思想的飞跃与新世代的古怪情境，并无何特殊的表意功能。蒙太奇效果的运用，自有它一定的限度，拼贴艺术在画纸上和稿纸上应该要有不同的处理方式。

三、跑野马、掉书袋是中国理趣小品自周作人开始建立的特色。然而，天马行空，常难驭缰索，或是强撑博学而缺乏深入的认知，则不免令人遗憾再三。像木心也谈《红楼梦》（《爱默生家的恶客》），他不惜折煞曹雪芹的真意，或者红学家的公论，而另立己说。其实，作者并不是要诠释《红楼梦》，而是要表现"自己"的看法，这种作风，偶一为之尚可，若乐而不疲，则不免会抹杀散文家坦诚无矫的好性情了。

话说回来，木心的散文，确然有它不可多得的优点。这种以知性、智慧以及生命来建构的心血结晶，必不容易登上销售排行榜的名次，也不容易进入年度选集中。因为大部分读者没有耐心及精力来细读理解这类厚重、凝练的知性作品。然而，就现代散文的发展而言，这样的散文实在是值得开拓的一种类型，值得作者去努力耕耘，也值得读者去细心再三品味。

（此文选自郑明娳著《现代散文纵横论》，台北：大安出版社，1986年10月初版，1988年9月再版。）

说明

编辑过程中，我们通过种种途径，获得了绝大部分选文作者的亲自授权。但《木心论》一文的作者郑明娳女士暂未能联系到，样书、稿酬暂存。敬请作者或相关人士获知信息后，尽快与我们联络，以便奉上样书和稿酬。谢谢。

联系电话：1521029907

联系人：孙先生

现当代文学中汉语审美之新变与古韵

——木心的语言之趣

在现当代文学中，现代白话的语言功能、审美问题一直是进行时，是个未完成的话题。一方面语言永远在流变之中，新质总在不断呈现；另一方面语言的审美直接关系着思想的表达、内容的传递、作者人格的彰显以及时代氛围的营造，所以语言的审美其实是与我们的文学世界，同时也与我们的日常生活息息相关的。经过几十年相似而又不同的环境的影响，人们不难发现，中国（含港澳台）以及世界各地华人的汉语文学创作有着相当不一样的面貌，虽然都是现代汉语新文学，都用着现代汉语，但却可以长出不一样的文学果实。另一方面，在语言流变中，古文与白话、古调与新语的关系也在不断地调整中，古文书写的经验固然不可能被彻底切断，但却可能在人们长期的淡漠、隔阂中被慢慢遗忘，那时汉语的这一脉源头之水就有可能干涸，所以，探索汉语文学中的现代汉语审美问题，不能只是过去时，也不仅仅是进行时，而是一个关系着未来的文艺创作以及语言环境的话题。

刘茉琳

广东技术师范
大学副教授

在当代华语文坛中，木心无疑是无法归类、难以判断的一位作家。首先是"时间差"的问题：其一木心自己的文学创作与他的时代有一个时间差；其次他作为作家引发关注与讨论，也与他的同代作家有时间差；再加上"木心现象"中他本身的"不在场"，从内而外地成就了当代文坛上独特的木心文风、木心现象。

其一，木心文学创作的时间差。

木心1927年出生，1946年入上海美专学习油画，新中国成立之后在长达二十年的时间里他长期人身不自由，三次被囚禁或软禁，作品尽毁。1982年旅居国外后，他出版了十六部小说、散文和诗集，更有画作被哈佛大学等机构收藏。2006年后，木心的《哥伦比亚的倒影》及其他作品才在大陆陆续出版，本土读者对他渐渐熟悉，至2011年木心离世。总体而言，木心在本土的被认识、被讨论、被评价，与他的同龄人有很大的时间差，回顾木心所身处的成长年代、社会环境、文化氛围，可横向比较的同龄人应该是汪曾祺（1920年出生）这一代学人。仔细想想不难发现，汪曾祺与木心在汉语审美的新变与古韵的追求上的确有共通之处。他们的作品在经历了长久的革命语言伤害的大陆文学世界中显得性格独特，尽管他们各自呈现出不一样的审美特质，但都共同抵抗着文学语言的粗糙甚至粗鄙的毛病，以自己的一支健笔为汉语书写输入新鲜的血液。他们的人生轨迹有很大差异，所以文风各异，但他们语言的根深扎在古典文艺中，他们对于汉语的感情与追求、对于文学语言的价值判断与方法论都有着相当大的一致性。

　　当年汪曾祺拿出《受戒》《大淖记事》，阿城评价他："这姓汪的好像是个坐飞船出去又回来的早年兄弟。"[①]陈丹青说："初读他（木心）的书，谁都感到这个人与我辈熟悉的大陆文学，毫不相似，毫不相干。"[②]阿城所谓的"坐飞船回来"是因为当时的文化环境几乎只有工农兵语言，这种语言甚至溢出了舞台与文学，直接侵蚀了人们的日常生活；而陈丹青所说的"毫不相似"也是因为木心的作品几乎让人猜不透他所身处的审美环境与文学环境，正如前文所言，大陆当代文学、台湾地区当代文学等都有着各自比较鲜明的面貌，这种面貌就如南方人与北方人的长相有基本的特征可循一样，而木心的语言却鲜有这种"特征"让你捕捉，他似乎走出了现代白话创作的另一种路径，读者生出好奇：什么样的环境与心境让他笔下的现代白话写成这个样子。

　　但若要较真陈丹青所说的木心文学与彼时大陆文学"毫不相干"，这却是不可能的。批评者常常有一种惯性，总希望能找到标准、规律，经由客观的理性思维总结审美活动，这样所有的作品就能被放入一种前后关系来确定位置，看清面貌。而木心的作品是难以定位的，他的作品似乎很少与同时代作品产生关联，他似乎独步文坛，但不管怎么说，文学史上不会有完全脱离时代与历史的作家，只有没看清时代与历史的批评者，只有视野或胸襟不够宽广的批评者。事实上，"每一次创作的行

---

①　阿城：《闲话闲说》，北京：中华书局，2017年，第143页。

②　陈丹青：《后记》，《木心谈木心：〈文学回忆录〉补遗》，木心讲述、陈丹青笔录，桂林：广西师范大学出版社，2015年，第211页。

为，每一次阅读的经验，都是逃不出历史的关照，不但作者、读者的观物感物的形态各受其时空的限制，则就语言本身，也是文化层叠穿织而成的一个历史的网，在表达与欣赏之间牵制着作者与读者"①。木心的作品与时代风气毕竟还是有关系，只是远或近；木心的心仍会在现实之中，只是外化的多或少；木心的作品肯定也还是关系现实并有着形而上的焦虑的，只是深或浅的区别。他是典型的囿于政治版图、生活环境、地理影响而难以被归类的作家，但他是现代汉语新文学的作家，不管他生活在哪里，不管他写作在哪里，他用的是汉语，是我们共同的母语，还写出了精彩的作品，这就应该得到认可、得到重视。

此外，还应注意到木心写作中的时间差以及文本语言的独特审美与他有意的自我放逐有关。不管是时间、地域、政治的影响，或是个体生命体验的特殊性，木心事实上选择了有意地回避时代影响，追求一种卓绝的独特审美，这始于时代与环境对他的放逐，最终又成了他选择的自我放逐，进而形成了无法复制的独特审美。

其二，木心文学语言的独特审美。

考察木心的作品，其文学语言的审美有着独步文坛的魅力。在文学创作中，语言文字是关键性的一步，不管我们怎么强调思想、内容，最终都得回到语言，文学创作没有"心想事成"，如同绘画艺术即使"胸有成竹"，最后落到纸面依然千人千竹，这是文学创作成为艺术作品的

---

① ［美］叶维廉：《中国诗学》，北京：生活·读书·新知三联书店，1996年，第209页。

必经之路。木心的文学创作是有自觉的语言意识的，对于现代汉语文学创作中的语言功能、审美性，他有自己的思考与探索。整体而言，一方面是使用现代白话连接新的生活，传递新的思想，另一方面则是推动现代白话的创作，把文言的意境表达、雅致追求化入其中。

木心的语言凝练。许多评论者说木心喜欢点到为止。木心不仅不爱画蛇添足，有时甚至惜字如金到了连蛇尾巴都恨不得有多短就多短，但点到之处背后有大宇宙，有人生万象，也有悲欢离合风风雨雨。

木心的语言流动。这种语言的流动性在文学中非常重要，我们都知道文学是时间的艺术，在时间中的艺术流动性是带来体验感的第一要素，正如音乐。可是流动性并不代表不吸引无起伏，不新鲜无创意。

木心的语言是新语有古调，是古韵有新变。雅与俗除了对立的关系，也可以有落差之间的意趣；正经与诙谐除了相对的关系，也可以有交会之处的兴致。

木心在谈《即兴判断》创作论的文章中非常清晰地呈现了他对文言的态度，比如"先要来个'招式'，不宜用问答语，宜用文言"；比如"《诗经》的典故，简化了……"。他说："今文，古文，把它焊接起来，那疤痕是很好看的。鲁迅时代，否认古文，但鲁迅古文底子好，用起来还是舒服。""这么一段序中之序，说老实话：搭架子。搭给人家看。懂事的人知道，'来者不善'，不好对付。""要有学问的。"① 所以木

---

① 木心讲述、陈丹青笔录：《木心谈木心：〈文学回忆录〉补遗》，桂林：广西师范大学出版社，2015年，第2页。

心文学创作中的文言使用是有意而为，"焊接起来"，这是创作者对古韵的选择，但同时又随手可用，"用起来还是舒服"，这就是创作者古文的功底。例如他的诗作《大卫》：

交给伶长

用丝弦的乐器

莫倚偎我

我习于冷

志于成冰

莫倚偎我

别走近我

我正升焰

万木俱焚

别走近我

来拥抱我

我自温馨

自全清凉

来拥抱我

　　请扶持我

　　我已衰老

　　已如病兽

　　请扶持我

　　你等待我

　　我逝彼临

　　彼一如我

　　彼一如我

　　这首诗歌整首化用了《诗经》的风格，开篇用文言，接着通篇白话，只是文辞选择较为雅丽，收束时回到文言，如同一个闭环。这正是前文所说的"焊接"，但又接得自然，所谓"写古体诗，要有现代感，又要把古典融进去"[1]。使用文言以及如何使用，他都有自觉，他是有自己的语言观，或者说语言的方法论的。

　　在木心的诗歌创作中，他还很善于用现代白话依循自然事物的弧线捕捉在现象里的意义。比如从草木肃杀到时间残忍，这是从自然世界的经验过渡到人情事物的经验，是一种顺着弧线、经验的书写，也是一种深入——给读者印象深刻的诗歌往往能带领读者实现"经验的飞跃"，

────────────

[1]　木心讲述、陈丹青笔录：《木心谈木心：〈文学回忆录〉补遗》，桂林：广西师范大学出版社，2015年，第160页。

由时间而空间而心灵。例如《杰克逊高地》：

五月将尽

连日强光普照

一路一路树荫

呆滞到傍晚

红胸鸟在电线上啭鸣

天色舒齐地暗下来

那是慢慢地，很慢

绿叶蓁间的白屋

夕阳射亮玻璃

草坪湿透，还在洒

蓝紫鸢尾花一味梦幻

都相约暗下，暗下

清晰，和蔼，委婉

不知原谅什么

诚觉世事尽可原谅

这首诗通篇极其细致的景物描写，是视觉、嗅觉、听觉经验的传递，笔触温柔。最后一句话就是经验的飞跃，使得景色之美好如同上帝降临。原谅一切，这是自然的力量、自然的美好与自然的温度，这种经验的飞跃往往就在一句一词之间，但是需要前文非常细腻的描述与铺垫。

　　此外，木心的现代诗也喜欢使用情境并置，如同文言诗，不需要文字解释，文字简单而意境繁复。诗歌的创作不是说明文，不需要一二三四，带领读者进入，而是文字打开的瞬间就带领读者进入某个情境，也就是具体的经验。文言的这种特性是在长久的使用中沉淀下来的，也是由使用情境长期造就的，在作者与读者之间的默契中被慢慢积淀。白话以口语为基础，如何达成这种言简而境繁的效果就成为很大的挑战。例如《号声》：

　　　夕阳西下
　　　兵营的号声

　　　军号不悲凉
　　　每闻心起悲凉

　　　童年，背书包
　　　放学回家的路上

　　　夕阳斜照兵营
　　　一只号吹着

二姐死后
家里没有人似的

老年，移居美国
电视中的夕阳，号声

号声仍然说
世上没有人似的

　　这首诗中有许多镜头并置。场景一：夕阳，军营；场景二：童年，放学回家路上；场景三：二姐死后，家中；场景四：老年，美国家中。几个场景的转换流畅地带出人的一生，其中二姐的死似突然闯入，而尾声点出孤独，全诗用号声缝补所有时间缝隙，无须文字转场，只有号声一直营造悲凉孤独的氛围，听觉与视觉完美融合，如同水银灯的魔法，这是电影的手段，也是文言诗的意境。木心说："要把文学回到过去，延伸到未来，你哪里来力量？我用古典，是用古典的弹力，弹到将来去。"①

　　叶维廉曾经说诗人有一种出神的状态，意思是："诗人具有'另一种听觉，另一种视境。他听到我们寻常听不到的声音，他看到我们寻常所

———————
①　木心讲述、陈丹青笔录：《木心谈木心：〈文学回忆录〉补遗》，桂林：广西师范大学出版社，2015年，第180页。

看不见的活动和境界'。"在这种时刻里，诗人的经验投射到意象上，给读者带来的往往是具有冲击力的感受，一瞬间实现经验的传递，灵魂的碰撞。我们可以读一下木心的《巴黎俯眺》：

> 许多打着伞
>
> 在大雨中
>
> 行走的人
>
> 我们实在
>
> 还没有什么
>
> 值得自夸

这首诗由景及意，由他们至我们，由写实到思考。全诗凝练，使读者阅后印象突出，既有新鲜感又含蓄魅力，既有深度的思量又有明白透彻的语言能力。

其三，木心的语言发新意。

痖弦说："语言是一种魔术，变化无穷。"余光中说他要做语言的将军，这些都是在说语言有极大的丰富性可以去挖掘。而叶维廉有一个说法——"语言有发明性"，这就又深刻了一层："没有发明性的诗语易于弛滞，缺乏鲜明和深度，但这种发明性必须以境和意为依归，即所谓'因境造语'，'因意造语'。"木心说："我如果用典故，是要发新意，没有新意，不用。"①

　　发新意是指语言的创造性，而创造性绝非无源之水，奥地利诗人里尔克在《安魂曲》中写过："因为生活和伟大的作品之间，总存在某种古老的敌意。"北岛解释"古老的敌意"，认为从字面上来看："'古老的'指的是原初的，带有某种宿命色彩，可追溯到文字与书写的源头；'敌意'则是一种诗意的说法，指的是某种内在的紧张与悖论。"②此外，又指出"古老的敌意"可以从社会层面即作家和他所处时代的紧张关系，其次语言层面即作家和母语之间的紧张关系，还有作家与自身的紧张关系这三层关系中去理解作家的创作。

　　如果要说作家与所处时代的紧张关系，木心的文字可以纳入流亡者的文学语境中。勃兰兑斯说："一个法国文人，只有远离巴黎，在寂寥的乡间过死一般寂静的生活，或是逃出国去到瑞士、德国、英国或是北美，才能从事他的创作活动。只有在这些地方，独立思考的法国人才能存在，也只有独立思考的人才能创造文艺、发展文艺。"③并且说："他们被人从故土连根拔起，这影响到他们的性格，使他们变得不稳定，使他们更倾向于一种神秘主义的精神生活。"木心1982年去美国定居，当然不能说他去美国是流亡，但是他在去美国之前的二十年间至少有三次被

---

① 木心讲述、陈丹青笔录：《木心谈木心：〈文学回忆录〉补遗》，桂林：广西师范大学出版社，2015年，第80页。
② 北岛：《古老的敌意》，北京：生活·读书·新知三联书店，2015年，第154页。
③ ［丹麦］勃兰兑斯：《十九世纪文学主流》，张道真等译，北京：人民文学出版社，1980年，第1页。

限制人身自由，经历牢狱之灾、断指之痛。我们也知道他写了六十五万字的狱中笔记，从心灵上是一个流亡者，或者至少是一个漂泊者、流浪者。董桥写过："人心是肉做的。我相信文字也是。"这句话的意思是文字也要有痛感，才有生命。木心的文字是有痛感有生命的文字，这源于他与所处时代的关系，是紧张的，是漂泊的，是被连根拔起的，是离散之后难以回归的。

从作家与母语之间的关系来看，木心的文学创作很好地呈现了现代白话的新变。语言应该如同血液，是新鲜的、敏锐的、丰富的、充满力量的，语言的魅力就在于有丰富的所指。可是在禁锢的环境里，丰富的所指会被限制，比如在红色年代，词语与词语所指涉的关系就是被固定的、不容置疑、不容飘忽的。而木心的文章是突破这种限制的，或者说是游离于这种限制之外的另一种文字存在。他在台湾地区以及海外文坛的受重视，正是因为文字中有一种超越政治、突破地理的力量，旧里出新，新旧交会，呈现出让人们惊叹的魅力。

木心对自身是自知的，他说："天使，魔鬼，一属天堂，一属地狱，都是有单位的。精灵是没有单位的。你找他，他走了，你以为他不在，他来了。散文中，作者是精灵游荡，但以凡人面目。我在艺术上求的是精灵这种境界。"[1]他本身其实也是世间的精灵，除了对于语言的敏感，绘画造诣也极高。他的画也是一种横空出世的感觉，在古典与现代之

---

[1]　木心讲述、陈丹青笔录：《木心谈木心：〈文学回忆录〉补遗》，桂林：广西师范大学出版社，2015年，第68页。

间。他的画，尤其是纸本彩墨很明显地使用中西笔触的结合，而他的肖像画，分明还保留着敦煌石窟的那种拙朴与神韵。木心的语言是从现代白话文的发生与发展中生长起来的；而木心在美专学习的阶段，其实也正好是中国现代绘画的重要发展阶段，其作品也是典型的中西碰撞的果实。此外，他对于音乐有着一种人生理想的寄托。不管是散文、诗歌、文学心得的讲述，还是绘画、音乐，所有的艺术创作都是他积累到一定程度之后的一种出口。

老舍说过，悲剧就是一个人和自己的命运抗争而抗不过。我想相对于沈从文、老舍这一代人，汪曾祺、木心他们是相对幸运的。在木心的世界里，也有悲剧，也正因为有了这些悲剧，才产生了无法替代的作品，也使他成为无法归类的作家，这本身也是当代文学的幸运吧。我辈何其幸运，在中文的世界里，有一位木心先生。

木心在《飘零的隐士》中自述："我初次读到张爱玲的作品是她的散文，在一九四二年的上海，在几本杂志间，十五岁的读者快心的反应是：鲁迅之后感觉敏锐表呈精备的是她了。"《飘零的隐士》是木心纪念张爱玲的专文，初刊1995年9月21日台北《中国时报·人间》，题为《一生常对水精盘——读张爱玲》，收入1999年9月台北旭侑文化事业有限公司出版的《同情中断录》中时，改题为《飘零的隐士》。

然而，木心不可能在1942年读到张爱玲的散文，因为她该年尚未在上海"几本杂志间"发表作品。除了征文《天才梦》，张爱玲最早发表的散文是《到底是上海人》，刊于1943年8月《杂志》月刊第11卷第5期，同年11月和12月上海《古今》半月刊第33期和第34期又接连发表她的散文《洋人看京戏及其他》和《更衣记》。《杂志》和《古今》应该就是木心所回忆的"几本杂志间"，而木心最早读到张爱玲的时间应定格在1943年下半年而不可能是1942年。

木心笔下的张爱玲

陈子善

华东师范大学教授

时隔半个世纪，记忆有点出入在所难免。关键的是，"十五岁"的木心读到张爱玲时的惊艳感受："鲁迅之后感觉敏锐表呈精备的是她了。"这是极高的评价，也证明了木心的早慧和文学远见。当时除了胡兰成，没人做出这样的判断。

木心写张爱玲的文字总共有两篇，第一篇无题，刊于1993年6月台北雄狮图书公司初版《素履之往》，为该书第一辑最后一篇《向晦宴息》中的一则，仅二百余字。木心说：

> 她是乱世的佳人，世不乱了，人也不佳了……她对艺术上的"正""巨"的一面，本能地厌弃，以"偏""细"的一面作精神之流的源头……正偏巨细倚伏混沌，人事物毋分雅俗，分了，两边都难有落脚处。

第二篇即《飘零的隐士》。有趣的是，木心把《素履之往》中的这一则置于《飘零的隐士》之首作为引言，两篇就合二为一了。所以，若说木心关于张爱玲只写了《飘零的隐士》一篇，倒也不能算错。

在《飘零的隐士》中，木心以自己独特的方式品评张爱玲。他显然对20世纪40年代的上海文坛了如指掌，不仅写到了张爱玲早期代表作《传奇》《流言》，还写到了张爱玲编剧的电影《不了情》，写到了"一位翻译家"（即傅雷）对张爱玲的提醒，写到了张爱玲与苏青的比较。木心指出：

张爱玲之轰动一时，以及后来在港台海外之所以获得芸芸"张迷"，恰好是她的行文中枝枝节节的华彩隽趣，眩了读者的目，掳了读者的心……

这段话里既有充分的肯定，也有委婉的批评，耐人寻味。最后，木心这样对张爱玲盖棺论定：

艺术家，第一动作是"选择"，艺术家是选择家，张爱玲不与曹雪芹、普罗斯特同起讫，总也能独力挡住"晓珠明又定"，甘于"长对水精盘"……

"若是晓珠明又定，一生长对水晶盘"是李商隐七律《碧城三首》第一首的末联，大意为如果太阳明亮而永恒，仙女只能一生长对月宫，清冷独居。木心以此来比喻张爱玲的孤傲和特立独行，可谓神来之笔，恰如其分。

不过，木心以为张爱玲后期"停笔不写"，则非事实。木心2011年逝世，张爱玲遗著《小团圆》提前两年即2009年就出版了，但他可能并未读到。否则，他也许会对张爱玲做出新的阐释。

周氏兄弟之于木心

子　　张

浙江工业大学教授

癸巳夏，在酷热中读完木心讲述、陈丹青笔录的上下两大册《文学回忆录》，对卷首"我讲世界文学史，其实是我的文学的回忆"一句话有了切实的理解。其实，此语为木心1989年年初开讲时所言，且早就定下了《文学回忆录》的书名，同时还申明："讲完后，一部文学史，重要的是我的观点。"①

不过，木心也在提及屠格涅夫的《文学回忆录》时强调："那是他个人的，我用的显然不是个人的，而是对于文学的全体的。"

即是说，"文学回忆录"一题，应有两种用法：一种用于个人对自己文学活动或生涯的回忆，如屠格涅夫；一种用于个人对整个世界文学的阅读或互动的回忆，如木心。

这里，"对于文学的全体的"回忆，或曰对整个世界文学的阅读或互动的回忆，其中就包括木心对鲁迅非同寻常的议论和评说。阅读这些议论和评

① 木心讲述、陈丹青笔录：《文学回忆录》，桂林：广西师范大学出版社，2013年，第3页。

说，使我意识到，要讨论木心，鲁迅是个绕不开的话题。

后来木心归国，竟然又作专文《鲁迅祭》，其语调、侧重点又与《文学回忆录》中的议论和评说有所不同，一度陷我于困惑之中。但也强化了我的直觉：要进一步了解木心，必须理清他与鲁迅的关联。

此文即是在这种特别的感受中开笔的，不过是想借助书写，迫使自己再次回到木心关于鲁迅的文字中，索解鲁迅之于木心的特别意义。

《鲁迅祭》索解

2006年9月，木心归国。年底，12月14日的《南方周末》即登出了他的《鲁迅祭：虔诚的阅读才是深沉的纪念》。第二天，此文被陈丹青转帖到自己的博客上，且加了一段按语。照陈丹青的说法："今天《南方周末》文化版刊出鲁迅专辑，有木心先生《鲁迅祭》。他回国后接受一些媒体的书面采访，但为报刊写文章这是第一次，也是第一次谈论鲁迅。"

木心此文，其可观、可思之处或有如下几端。

其一，撰写和发表的动因。

其二，此文重心所在。

其三，正文之外的余音，或曰弦外之音。

关于撰写和发表此文的动因，木心自己未做特别说明。然从《南方周末》"鲁迅专辑"一事，可推测此文当与国内围绕鲁迅逝世七十周年所组织的系列纪念活动有关，甚至有可能是应约而写，这从文章标题、副标题之"鲁迅祭"和"深沉的纪念"也可以揣测出。

第二点，此文重心所在。动因是"纪念"，而纪念方式却并非常规式的泛泛而论或以形容词堆积起来的阿谀奉承，而是副标题所强调之"虔诚的阅读"，或者如文章开头再次强调的"仅限于对先生的文章特色略事诠释"。即是说，此文重心在于对作者所推崇的鲁迅作品"特色"的"诠释"。

木心是怎样"诠释"鲁迅文章特色的呢？

木心首先提出了此文核心的关键词"文体家"，继而列举《野草》中《秋夜》《好的故事》《一觉》和《三闲集》中《怎么写》用以佐证分析。在此基础上，又罗列了他所推崇的鲁迅作品共十七篇：小说十篇，散文诗四篇，散文两篇，杂文一篇。十篇小说中，木心似乎又格外推重《故事新编》中的四篇，故在罗列目录后，特别对《故事新编》做出了非同往昔的正面评价，以为"找到了最'鲁迅风'的文体"，从而回到了对鲁迅"文体家"的定位。

从"文体"角度解读鲁迅甚至视鲁迅为"文体家"，并非今日才开始的研究课题。木心以"文体家"呼鲁迅，也并非严格的学术意义上的考释工作，他用的不过是"在我的心目中"这样的个人视角。即是说，木心对鲁迅"文体家"的赞誉，是他作为如鲁迅一样格外敏感于文字的作家而对鲁迅做出的认知与判断，是一种基于惺惺相惜的个人性选择。也许，正是从"文体家"这一角度，可以触及木心与鲁迅之间的微妙关联。

这种关联就是木心也正如鲁迅一样有着文体风格上的高度自觉，以及同样"强烈的风格特征"。他解释这种风格特征的来源"不是一己个性的天然自成，而是辛勤磨砺，十年为期的道行功德"①，这岂不也是夫子自道？如果说鲁迅文体可称之为"鲁迅风"，则木心文体是否也可以视之为"木心风"？自然，木心没有这样说，其文体之强烈、突兀，也未必可与鲁迅比肩。然通过木心对鲁迅风的阐释，确乎可以看到木心对鲁迅文体的尊崇和理解。

木心和鲁迅的关联还有一点，是他们都有美术方面的修养，故而木心往往会从此一角度阐发他对鲁迅文体的理解。如其分析鲁迅散文诗《秋夜》，一方面从文学"句法"角度给出融会着个人经验的解释："在文学上，凡是'只可意会，难以言传'的思维和意象，字句的功能就在于偏要绝处逢生，而且平淡天真，全然口语化，令人会心一哂，轻轻带过，不劳注目。"②一方面则又看到了体裁、文气之渊源："论体裁，是西洋的散文诗；论文气，是离骚、九歌的郁勃骀荡。"可是还没完，再进一步从美术角度着眼："整体深蓝，'非常之蓝'，然后配以粉红（小花）雪白（灯罩）猩红（栀子）苍翠（飞虫），印象色彩，显示出一个画家的眼光和手段来。《秋夜》的调子是非常之蓝的背景，明艳的色点布置其间，读的时候宜一瞥而过，不要纠缠，这样就作者读者两潇洒，留下

① 木心：《鲁迅祭：虔诚的阅读才是深沉的纪念》，《南方周末》2006 年 12 月 14 日。
② 木心：《鲁迅祭：虔诚的阅读才是深沉的纪念》，《南方周末》2006 年 12 月 14 日。

以后重读的余地。"①同样，对《好的故事》，对《一觉》和《怎么写》，木心也仍是从美术着眼，看到了鲁迅文体的"绘画性之强"乃至"文字自画像"。

一般而言，讨论鲁迅小说，往往视《呐喊》《彷徨》为"代表作"，对《故事新编》则有意无意加以忽略，鲁迅自己也视其为"速写居多"，且自谦"信口开河""有油滑之处"。在木心眼里却不然，他甚至认为《故事新编》"找到了最'鲁迅风'的文体"，他的解释是："这以前的散文和小说是有木刻味漫画味的。《故事新编》是文笔史笔兼施了，又好在超乎考据故实之外而入乎人性情理之中，句法老到，谐趣横生，已非'幽默'二字可资恭维了——这无疑是鲁迅的成熟之作，巅峰之作，近百年来无人可以比拟的文学杰构。"②

他看重的，是"文笔史笔兼施"和"超乎考据故实之外而入乎人性情理之中"，这当然也并非定论，仍然可以把这种认同看作是木心小说观的一种反射，他对好小说的个人期待。

"文体家"之谓，不是信口开河地胡乱恭维，乃是因了上述种种由"句法""文气""绘画性""文笔史笔兼施""人性情理""谐趣"等要素构成的"强烈的风格特征"，也是木心所意会到的他与鲁迅之间达成对应的一些因素。

在对"文体家"的鲁迅做了会心的解析之后，木心在文末又有所发

---

① 木心：《鲁迅祭：虔诚的阅读才是深沉的纪念》，《南方周末》2006 年 12 月 14 日。
② 木心：《鲁迅祭：虔诚的阅读才是深沉的纪念》，《南方周末》2006 年 12 月 14 日。

挥，或谓之节外生枝的弦外之音亦无不可。一是慨乎鲁迅"才分之高之大"，二是由"再读"鲁迅杂文生发出的对鲁迅整体性的印象和评价。在这里，木心很有层次地展开他的观点：先是从历史观照角度肯定鲁迅"目光的犀利精准"，随即又为鲁迅"叫屈"，实则也是表明在笔战方面木心与鲁迅态度之不同。当然，木心也以"为真理而战，为正义，为民族，为轩辕（中国）而奋斗不息"之言为鲁迅辩护，同时指出"先生口剑腹蜜""他的天性极其纯良真挚"的真性情。最后一句尤为耐人寻味："大哉鲁迅，五四一人，凡爱读鲁迅文者都可能成为我的良友。"①前半句至高评价归之鲁迅，后半句由鲁迅转到自身，仍然回到整篇文章对应性或双向性观照的基点上来："我见青山多妩媚，料青山见我应如是。"当然，不能说木心在以鲁迅自况，木心也绝不至如此无聊。然论及自己推重和尊重的人，潜意识中不自觉寻找与自我癖性相对应的部分，或曰认同，也必然是极为自然的吧？

　　《鲁迅祭》是木心散文中相当特殊的篇什，特殊在他破天荒毫不掩饰地对另一个文学人物做出通篇赞美而又至高至大的评价，这在木心，真真是难得一见。如果不是与所评论的人物心存高度认同与默契，甚至另有寄托，怎么可能会给出如此不同寻常的表彰呢？

---

① 木心：《鲁迅祭：虔诚的阅读才是深沉的纪念》，《南方周末》2006 年 12 月 14 日。

《文学回忆录》中的鲁迅

回头寻找木心涉及鲁迅的言辞，记录1989年至1994年间在纽约为一群留学艺术家讲述"世界文学史"的《文学回忆录》中最为丰富。不仅有着与《鲁迅祭》相呼应的正面评价，也有着与《鲁迅祭》有所不同、更多涉及对鲁迅之个人局限的评议，由此可以看到木心对鲁迅更全面的认知。

一部《文学回忆录》，其实是木心的精神自传，也是他对世界文学史的个人解读和评论，所论及的文学家之多、论点之新鲜特别，往往令人始料未及又兴奋不已。对"五四"以来新文学作家特别是鲁迅，亦不例外。

我的印象是木心对"五四"以来的文学总体评价不高，其所持评语关键词可以用"断层"来表述，补充一句，则是"先天不足，再加上后天失调"[①]。这样，对新文学作家，也就不满意者居多。相对而言，鲁迅是他反复提及而又给予最高赞誉的人。

也许正是基于对新文学的不满意，木心没有专门或系统地介绍"五四"以来的中国文学改革。对这一阶段的文学以及鲁迅，木心是在讲授世界文学史的过程中不时点到的，实际上是不自觉地用了比较文学的方法给以打量和评议。但因为不断地提及，给人的印象就是他还是相当看重这个话题。这也不难理解，木心是诗人，他对当代中国文学的关

---

① 木心讲述、陈丹青笔录：《文学回忆录》，桂林：广西师范大学出版社，2013年，第 753 页。

注和思考恰恰表明了他意欲有所超越的用心。

且摘录《文学回忆录》中数则木心对鲁迅的评议：

在中国，儒家意识形态深深控制着中国人的灵魂。梁启超、章太炎、胡适、鲁迅，都曾反孔，最终还是笼罩在孔子阴影里。（第627页）

鲁迅之为鲁迅，他是受益于俄国文学的影响，写好了短篇小说。他的中国古典文学修养也一流。但他接受得有限，成就也有限。（第687页）

伏尔泰的意义比较大，世界性。鲁迅比较国民性、三十年代性。（第463页）

鲁迅真的是为人生而艺术吗？他的人生观还是比较狭隘的。他对人生的回答，还是比较起码的。（第546页）

鲁迅写起《朝花夕拾》来，这就好了，是艺术家，一份热发两份光。（第667页）

靠文学艺术来解决社会问题，开始就打错算盘。我从来不想靠笔济世救人。鲁迅，论文学改造国民性，完全失败。可是鲁迅的文学，无疑是"五四"以来第一人。（第681页）

中国的教育家，启蒙师，思想家，是谁？最杰出的是鲁迅，但他把生命问题缩小了，是"救救孩子"……（第906页）

鲁迅他们，是从人生观半路杀出来的，世界观不成熟，更没有

宇宙观。他们往往容易为政治观说服，拉过去。（第906页）

这只是五年讲课期间大量涉及鲁迅言辞中的小部分，但也可以粗略看出一二。简单地说，就是两点：一是从新文学自身来看，鲁迅"无疑是'五四'以来第一人"；二是从世界文学整体水平看，鲁迅还只是一位地方性文学家和思想家，"比较国民性、三十年代性"。

第一点，与回国后撰写的《鲁迅祭》遥相呼应，足可表明在这一点上木心对鲁迅的认识前后一致。鲁迅始终是木心最尊敬的新文学作家。

但限于"祭文"体例，《鲁迅祭》着重从正面论述，基本未涉及第二点。

那么，何以在文学史授课中，有那么多关于鲁迅个人"成就有限"的议论呢？

其实也不难解释。

首先，小范围讲课和公开发表纪念文章不同，况且讲的又是世界文学史，而内心真正的关注焦点又是中国文学的现状和前途，木心对中国现代文学的穿插评议就不能不带着浓重的反思性质，"比较文学"的发生实在很自然。

其次，木心的个人经历较鲁迅更为复杂，两人个性也同中有异，尤其在经过了青年时期之后，木心已经形成了与鲁迅有所不同的眼光和观念。老年木心回头看中年鲁迅，不是一般地看，乃是重看、反思，这中间夹着对整个现代史、"革命史"的审视，而更多侧重于对方的"有限"，实在也是自然而然。就此点而言，又岂止是木心一个人才会有这样的反思？

第三，由木心对鲁迅所谓"成就有限"的评价，还见出二人文学观念之不同，即观察文学、从事文学写作的动机、着眼点都有了较大差异。鲁迅从文，着眼于"揭出病苦""引起疗救者注意"；木心也有以文字拯救自我乃至以艺术拯救人类的观念，然此种拯救不停留于表面和具体功利性目标，而是有着美育代宗教那样更高的意图，是要整个提高人自身的境界。从这个意义上，木心则强调文学、艺术的自我圆满，或许在木心看来，人生与艺术，乃是二而一、一而二的浑然整体。

涉及二周的一首旧体诗

木心诗集《西班牙三棵树》辑三之"十八"，由绍兴二周起兴而状木心旅美生活，以文言而不太为一般阅读者注意，兹试为断句如下，或可从另一角度观察木心对周氏兄弟的态度。

周氏二杰，同始而岐终。豫才、启明，初程各领风骚，中道分驶，志节判然。昔启明作《雨书》之际，尝自诉裴回（徘徊）于尼采、托尔斯泰之间，观其后骤，何足以攀跻前贤而作姿态。浩浩阴阳，本纪濒末，山高水落，月小石出。大哉豫才，五四一人，口剑腹蜜，如火如荼。虽然，怀疑与信仰岂两全？要之，终不免妇人之仁。启明垂暮，有长寿多辱之叹，盖文心犹存，观照未息。偶忆知堂《五十自寿打油》，剥韵匡义，亦成一律。

　　年来思家已无家，半袭红恤作袈裟。

　　仁智异见鬼见鬼，长短相吃蛇吃蛇。

　　逃禅反从禅逃出，修心便知心如麻。

　　多谢陈郎起清谈，又来萧斋索苦茶。

　　陈郎者，佛耳君也，北美邂逅，所共历历，患难征逐间，辄以痛哇闻道大笑者为乐事、为养生之道。红恤者，"我朱孔阳"T恤也。[1]

　　先说诗，"剥韵"即依韵，袭用知堂原韵也，"匡义"即自说自话，"夺他人之酒杯，浇自己之块垒"是也。所谓块垒，表现于文字其实已稀释为打油式的自嘲，无非表达木心半老去国之种种窘态，枯寂中幸有陈丹青这样的"清谈"之友，能于"患难征逐间，辄以痛哇闻道大笑者为乐事、为养生之道"，"萧斋索苦茶"云云，依韵遣兴而已。

　　再说诗前引言，其文字不过四五行，而信息量着实不小，甚至可说颇耐咂摸滋味，因为这里不单重复了在《鲁迅祭》《文学回忆录》里对鲁迅的评议，一句"不免妇人之仁"道出了木心对鲁迅的一重失望，而颇耐咂摸滋味处恰恰在对知堂的感叹中。言其"后嗑"处，比之以鲁迅，因有"山高水落，月小石出"之慨，而言及"长寿多辱"时，却又

---

[1]　木心：《西班牙三棵树》，桂林：广西师范大学出版社，2013年，第150页。

看似漫不经心地补上"文心犹存，观照未息"一句，贬中有褒，且褒得甚是体己，窃以为玄机正在这里。说到当代文坛尊鲁崇周现象，我尝有"外鲁内周"之观察，即以为透过孙犁、黄裳等不少现当代文学名家的文字，可发现他们在评价、师从鲁迅、周作人时往往"言行不一"，一方面对鲁迅的倔强抗争表示极度推崇，另一方面自己的为人和属文却偏偏更倾向于周作人的隐逸闲适。孙犁、黄裳如是，仔细品味木心，我感觉其在"尊鲁黜周"一面之外，实在也有"外鲁内周"或至少是"亦鲁亦周"的另一面，在这些方面，他甚至较之孙犁、黄裳更有过之而无不及处。只要翻翻木心的集子，除了小说取材方面有某些较明显的鲁迅因素，其诗与散文之"文体"岂不更近乎知堂，或更近乎鲁迅与知堂相似的一面？这"一面"，是内"战士"而外"隐士"的那一面，从文字内涵到文体，皆是。只不过，木心经历得更久，对中国现代的历史看得更多也更深，对人类文化及其当代处境也似乎理解得更透彻一些罢了。

鲁迅之于木心

　　说到木心小说，其《温莎墓园日记》有篇《寿衣》，写旧日一位离家出走的陈妈为人帮佣，先是在主人帮助下摆脱丈夫纠缠，复帮助主人赶走邪恶的亲戚，得以善终的故事。前半部分很像另一篇《祝福》。这里说的"像"，指的是情节、人物，以及故事的乡土背景，但若据此判断木心小说直接受到鲁迅小说"影响"，却未必见得；而若说木心小说与鲁迅小说没有任何关联，似乎也不妥当。

文学写作需要有所师承吗？如何理解木心文体与鲁迅文体之间的关联？对此，不妨参照木心对师承、影响这类问题的看法。其一："因为生性鲁钝，临案试验了如许岁月才形成了这样一种不足为奇只供一己拨弄的文体。在法国，'文体家'是最大的尊称，中国古代也讲究得很，近代的散文则容易散而不文。"[①]其二："对于'作家和作品'，我的'私爱'简直是'博爱'，说了甲而不说乙，岂非忘恩负义。"[②]其三："受'影响'是分时期的，如果终身受一个人的'影响'——那是误解，至少是病态。"[③]

《文学回忆录》所忆及的世界范围内的古今文学家，构成了文学家木心广泛而深刻的师承谱系，真正如他自己所言的"博爱"。但是博爱不等于滥爱，如果以20世纪中国文学为限，毫无疑问鲁迅是他给予最高评价和认可的文学家。

仍然可以通过木心论及鲁迅的文字、言论和他自己作为又一位"文体家"对文字的极度敏感，看出鲁迅之于木心的意义。

拿《鲁迅祭》来说，文章最后，在为鲁迅"叫屈"以为鲁迅不值得为那些所谓"论敌"耗费时间精力之后，木心说："可慨先生已成了象征

---

① 木心：《海峡传声》，《鱼丽之宴》，木心著，桂林：广西师范大学出版社，2013年，第25页。

② 木心：《海峡传声》，《鱼丽之宴》，木心著，桂林：广西师范大学出版社，2013年，第33—34页。

③ 木心：《雪夕酬酢》，《鱼丽之宴》，木心著，桂林：广西师范大学出版社，2013年，第70页。

性的人物，他为真理而战，为正义，为民族，为轩辕（中国）而奋斗不息。有人说这是因为鲁迅脾气坏，原因在于婚姻不如意，——真是小人之见。先生慷慨豪放温厚慈祥，小人口蜜腹剑，先生口剑腹蜜。他的天性极其纯良真挚，每见于其对幼年的回忆杂感的篇章中，至情至性，率然流露，读来心为之酸，眼为之热，是可传必传永传的。"①不难看出，尽管木心对鲁迅的"国民性、三十年代性"感到遗憾，而对其人格与精神气度的崇仰则是无以复加的，此所谓"人师"也者，即是说，在木心，鲁迅乃是无可取代的精神导师，此一向度是非关文字修辞等具体技术的大修为。就这一层面，木心是将鲁迅置于与老子、陶渊明同样位置而衷心尊崇的，这段话流露出木心与鲁迅心有灵犀、惺惺相惜的心声，又岂非木心自己水晶般人格的夫子自道？

　　由这番话，似乎又可以说，木心除了"外鲁内周"的一面，其实从更深层面看，还有着"亦鲁亦周"或者更确切说是"外周内鲁"的因素——"外鲁内周"是就其行为方式和文体风格言，"外周内鲁"则是就其品性人格言，在最深的层面，木心似乎仍然更贴近鲁迅。

　　拿《文学回忆录》中那些涉及鲁迅的片言只语和诗集《西班牙三棵树》辑三之"十八"旧体诗对周作人"文心犹存，观照未息"的微妙称誉看，木心所强调的鲁迅与周作人共同的优长即都在于"文体家"的一面，这或许也是木心与二周有最多共鸣因而可作惺惺相惜之处。然则对

① 木心：《鲁迅祭：虔诚的阅读才是深沉的纪念》，《南方周末》2006 年 12 月 14 日。

文体的重视虽然相同，其各自的文体追求却未必一样，若是一样，那也就不能称其为"文体家"了。对此，木心也有一番夫子自道："我曾模仿塞尚十年，和纪德交往二十年，信服尼采三十年，爱陀思妥耶夫斯基四十多年。凭这点死心塌地，我慢慢建立了自己。"[1]又说："在文学上，凡是'只可意会，难以言传'的思维和意象，字句的功能就在于偏要绝处逢生，而且平淡天真，全然口语化，令人会心一哂，轻轻带过，不劳注目。"[2]此句本为对他所理解的鲁迅文体的表述，但"轻轻带过，不劳注目"的风格特征其实更像木心自己的文字。具体到写诗，木心亦有他独特的文体意识："我有意识地写只给看、不给读、不给唱的诗。看诗时，心中自有音韵，切不可读出声。诗人加冕之夜，很寂静。……文字不要去模仿音乐。"[3]他那首已然被"经典化"了的十二行短诗《从前慢》不正是这样的"最木心"之作吗？

2014年11月、2015年2月初稿

2019年8月8日续完，2020年9月5日订正

---

[1]　木心讲述、陈丹青笔录：《文学回忆录》，桂林：广西师范大学出版社，2013年，第688页。

[2]　木心：《鲁迅祭：虔诚的阅读才是深沉的纪念》，《南方周末》2006年12月14日。

[3]　木心讲述、陈丹青笔录：《文学回忆录》，桂林：广西师范大学出版社，2013年，第803—804页。

木
心
诗
歌
与
周
作
人
散
文
的

互
文
性
解
读

甘宇慧

浙江传媒学院副教授

对于木心与中国现代文学，特别是与"五四"文学传统的关系，不同的接受者有着不同的看法。陈丹青曾称木心是"五四"文化的"遗腹子"，这个看法获得了不少读者的认同。但另一位木心的推崇者，加州大学洛杉矶分校的童明教授对此则有不同看法。他认为"五四"文学"'反映'现实的主张，文学政治化的倾向，至少是淡化了美学思维"，特别是二分法的逻辑，将传统与现代、"民族化"与"西化"对立，这显然与木心风格截然不同。在木心这里，传统与现代、民族与西方是可以对话、相互翻译的关系。因此，童明将木心看成是世界性的作家，是以"世界性美学思维振复汉语文学"，"使自己的民族文化获得飞散式的繁衍和拓展"的飞散作家。①

通过阅读木心的作品，我们确实可以鲜明地感受到木心风格中的某些"五四"遗风，可以说那个时代的思想意趣已经深深地在木心身上打下

①　童明：《世界性美学思维振复汉语文学》，《中国图书评论》2006年第8期。

了烙印。但木心的价值不在于他继承了这一时代的特征，而恰恰在于他最终跳出了这一时代的限制，从而实现了中国传统文化和西方文化的沟通。对于"五四"知识分子而言，传统和现代之间始终存在着巨大的鸿沟，以至于如何实现中国传统文化的现代性转化成为"五四"知识分子的普遍性焦虑。也曾有知识分子提出"以审美代宗教"这样的主张，试图以美学来整合西方和传统两种文化资源，但最终被证明这只是理想化的口号。但木心以天赋的艺术感悟力在其个人身上完成了两种文化资源的整合，以其独特的艺术创作，将传统与现代、中国与西方进行了文化焊接。

在木心所有的创作中，诗歌大概是最引人关注的文体，木心诗歌中有一大部分是通过互文性写作完成的。木心诗歌的前文本涉及面甚广，包罗古今中外许多知名或不甚知名的作品，其中周作人的散文是木心诗歌创作的一个非常重要的文本资源。在此我们通过对木心诗歌和周作人散文的互文性解读，来探讨木心的创作与"五四"文学传统的联系与区别。

周作人散文对木心诗歌创作的影响

任何一位熟悉周作人的读者，在阅读木心的诗歌时必然会迅速辨别出，其中有许多作品源于对周作人散文的改写。目前广西师范大学出版社一共出版了木心的六部诗集，其中《云雀叫了一整天》这部诗集比较集中地出现了木心对周作人散文的改写作品。另外在诗集《巴珑》中也有部分作品改写自周作人散文。《云雀叫了一整天》甲辑共一百零三首诗，其中至少有二十三首可以在周作人的散文中找到出处。《巴珑》共三十五首诗，其中有六首与周作人的散文相关。这个比例不可谓不高。另有研究者指出木心的一些散文及俳句的创作也与周作人散文有相当密切的关系①，由此可见，周作人的散文作品对木心创作的深刻影响。

在"五四"以来的中国现代作家中，能如此清晰地在木心的创作中留下深刻痕迹的只此一人。尽管木心在被要求"讲讲对你有影响的作家"时，他表示喜欢鲁迅和张爱玲，但木心本人的创作风格与这两位都相去甚远，反而是被他认为"没有创作性，只是闲谈"②的周作人与木心本人的创作密切相关，这其中的意味很是值得探究。木心对周作人的接受和拒斥在某种程度上体现出木心对文艺创作的独特理解，通过对木心诗歌和周作人散文的互文性解读，我们大概可以了解木心接受了什么，又在拒斥什么。也许正是在这种接受和拒斥之间，木心呈现出其"世界性的美学思维"，并以此克服了中国与西方、传统与现代的鸿沟。

互文性是在西方结构主义和后结构主义思潮中诞生的一种文本理论。20世纪70年代，美国批评家哈罗德·布鲁姆把互文性理论运用在诗歌领域中并由此发展了互文性理论的内涵和外延。在《影响的焦虑》（1973年）中布鲁姆提出"对抗式诗学"影响理论，他提出诗歌文本之

①　卢虹贝：《木心文学创作中的"文本再生"现象研究》，《中国现代文学论丛》2014年第12期。

②　曾进：《海外作家木心独家专访：我不是什么国学大师》，《外滩画报》2006年3月。

间存在相互影响的关系，后起诗歌文本的生成与其前驱的文本形成一种
对抗关系，而非单一的继承关系。布鲁姆的互文性理论意味着每个诗人
的成就都是在与前驱者的斗争中获得的，后来的作者正是在这种对抗中
建立起自己的诗歌领地。[①]木心的诗歌文本对前文本的改动或者修正，
恰恰呈现出作者强烈的自我意识。他对周作人的否定意见体现出了在这
种继承与对抗关系中的微妙心理。

木心对周作人散文的文本选择

木心擅长在散文语言中捕捉有诗意的片段加以裁剪、拼贴或增补，
以此形成符合自己趣味的新的诗歌文本。他在选择周作人的散文文本进
行自己的诗歌创作时，对作品的选择显然有着他自己的美学判断，从
中我们也大概可以看到木心的文学倾向。以诗集《云雀叫了一整天》为
例，其中与周作人相关的诗歌大致可以分为以下两种类型：

第一类为呈现个人的日常生活细节。这一类作品原文本多出自《知
堂回想录》，如《道路的记忆》《知堂诗素录》《路菜》《好吃》《辛亥革
命》《北京秋》《城和桥》《1901年》等，诗中透出木心对日常生活细节
兴致盎然的关注。在车上吃了一路的炒面和余鸡子，买英文报、日本点
心和法国酒，惠民桥下的船，鼓楼的油鸡卤鸭，扬州茶馆的素包子，杭

---

① 丁礼明：《互文性的理论渊源及其在当今的发展演变》，《文学理论前沿》2017
年第 1 期。

沪道上的糕团，香菇虾米笋干制成的路菜，校门口的侉饼，这些是周作人的深刻记忆，也是木心阅读周作人的重要节点。在木心眼里，这个周作人不是文学史中的著名作家，也不是民族史中的历史罪人，而只是一个纯粹的在感受、品味和记录个体生活的人。即使是辛亥革命、"三一八"惨案这样的重大历史事件，木心关注到的，依然是其对个人日常生活的影响。且看《北京秋》的最后一节：

> 海淀的莲花酒颇有名
>
> 买了，不佳，我喜欢白兰地、苦艾酒
>
> 近来有机制酒税，价大涨，买不起
>
> 那时候正是"三一八"之年
>
> 冯玉祥的国民军退守南口
>
> 张作霖的奉军和鲁军进占北京
>
> 也就是所谓"履霜　坚冰至"的时期了

　　《北京秋》的原文本是周作人于1926年10月30日写给"怀光"的信①，木心将之删改成诗，诗的最后一句则是用了《知堂回想录》一五三

---

① 周作人：《周作人自编集：周作人书信》，北京：北京十月文艺出版社，2011年，第107页。

"坚冰至"一节的首句。①在《知堂回想录》"坚冰至"一节中周作人回忆了李大钊的一些往事及其被捕就义前后的情形，并借由《周易》的"履霜　坚冰至"来形容当时整个政治局势的日趋恶化。然而在木心的《北京秋》中，将这个句子与周作人在写给"怀光"的信中所述的个人日常生活细节相连，使"坚冰至"一语呈现出了另一种个体意义上的解读。

第二类多为呈现文人的生活情趣和艺术见解。这一类作品有描写山居清苦闲趣的《白香日注》《甲行日注》，有表现日常审美意趣的《谑庵片简》《天慵生语》《京师五月》《清嘉录（其二）》，有描写风景胜地的《西湖》《清嘉录（其一）》《浣花溪归》，有记录闲文轶事的《哈理逊的回忆》《香奁新咏》《明季乡试》，有反映艺术见解的《永井荷风的日本国》《古希腊》《浮世绘》等。

值得注意的是，这一类作品的原文本并不都出自周作人，除《古希腊》一诗原文为《知堂回想录》所有外，其余各篇都是出自周作人文中引用的或周作人曾经推荐赞赏过的前人文本。如《天慵生语》出自李渔的《闲情偶寄》，《浣花溪归》出自钟惺的《浣花溪记》，此二者都是周作人推崇的明人小品之代表作。而另一些作品则可以在周作人的文中找到其摘录引用的片段，列举如下：

---

① 周作人：《周作人自编集：知堂回想录》，北京：北京十月文艺出版社，2013年，第588页。

木心诗歌	周作人散文	周作人文中摘录的文本
《哈理逊的回忆》	《希腊神话一》（《夜读抄》）	哈里孙《学子生活之回忆》
《永井荷风的日本国》	《日本管窥之四》（《知堂乙酉文编》）及《知堂回想录》中皆有引用	永井荷风《江户艺术论》
《白香日注》	《游山日记》（《风雨谈》）	舒白香《游山日记》
《香奁新咏》	《洗斋病学草》（《苦茶随笔》）	胡寿颐《洗斋病学草》
《京师五月》	《燕京岁时记》（《风雨谈》）	富察敦崇《燕京岁时记》
《杨子九记》	《杨大瓢日记》（《立春以前》）	杨大瓢《杨子日记》
《西湖》	《文饭小品》（《夜读抄》）	王思任《谑庵文饭小品》之《游杭州诸胜记》
《甲行日注》《甲行日注又》	《甲行日注》（《夜读抄》）	叶绍袁《甲行日注》
《明季乡试》	《如梦录》（《苦竹杂记》）	无名氏《如梦录》之《试院纪》
《谑庵片简》	《关于〈谑庵悔谑〉》（《瓜豆集》）	王思任《谑庵文饭小品》中一则尺牍
《浮世绘》	《关于命运》（《苦茶随笔》）以及《知堂回想录》中皆有引用	永井荷风《江户艺术论》
《清嘉录（其一）》	《清嘉录》（《夜读抄》）	顾禄《颐素堂丛书》之《省闱日纪》
《清嘉录（其二）》	《清嘉录》（《夜读抄》）	顾禄《清嘉录》卷五

　　从以上文本可以看到，木心在利用周作人的散文进行诗歌再创作时，他对原文本的选择有着明显的个人审美偏好。他所选的这些文本基本上是周作人在20世纪30年代以后的创作，这一时期的周作人已经完全改变了早期散文"浮躁凌厉"的战斗文风，开始了一种非常纯粹的小品文写作。有研究者认为，周氏兄弟的文学实践发展到20世纪30年代

就形成了新文学传统的两大流脉，鲁迅是从褒扬古希腊的斯巴达精神出发而形成的激进的战斗传统，周作人则是从雅典精神出发而形成的"爱智"传统。①用周作人自己的话来讲，这是个"文士早已歇业"的时代，知识分子"仿佛可以称作爱智者，此只是说对于天地万物尚有些兴趣，想要知道他的一点情形而已"②。相比于"五四"时期，20世纪30年代的周作人更多地退回到书斋，以闭门读书来实践自己的价值取向。这一时期，周作人的散文一方面开始着眼于书写"草木虫鱼"，捕捉日常生活细节的审美意趣，倡导生活的艺术；另一方面，他开始在文中大量摘录晚明文人的散文小品，并将"五四"新文学看成是晚明"独抒性灵"的文学主张的复活。③

木心虽然推崇鲁迅，但从他对周作人散文文本的选择来看，显然其文学审美更倾向于周作人的"爱智"传统，而周作人在晚明小品文中发掘的个性主义精神也获得了作为个人主义者的木心的深刻共鸣。个人化的文学视角、对文学趣味的关注、对生活的艺术之重视，这是木心诗歌和周作人散文呈现出的共同的文学倾向。

---

① 陈思和：《现代知识分子岗位意识的确立》，《中国现当代文学名篇十五讲》，陈思和著，北京：北京大学出版社，2013年，第41—74页。
② 周作人：《周作人自编集：夜读抄》，北京：北京十月文艺出版社，2011年，第350页。
③ 周作人：《中国新文学的源流》，北京：民主与建设出版社，2019年，第63页。

木心诗歌对周作人散文的删改与重构

从互文性的角度来看，木心的诗歌创作与周作人的散文创作方法如出一辙。1930年，周作人写过一篇文章《论剽窃》，文中引用英国乔治·隆（George Loane）的一段文字：

> 剽窃，即是抄袭移用别个作家的文句与意思。弥耳登说，"文人间的借用，如借用者不能运用得更好，是即为剽窃。"现在来讨论这件事的是非，系属无用。作家向来常互相抄袭，无论是意识地或非意识地，而且将来也总常要如此……汤姆生说，"在文学上，斯巴达的法律一样有效，在这里偷窃是体面的事情，只要做得巧妙好看，因此麦加利是偷儿和诗人两者的祖师。"……有人或者觉得受了欺骗，看出创作的诗是这样构成的，但也有人看见旧识的珍宝装在新的座盘上的时候，感到一种特别的愉快。真诗人的借用并不是为省麻烦。假如有人以为用了别人的文句做成好诗是很容易的事，那么让他去试试看。

周作人对此发感慨说："什么事都可以做，只要做得巧妙好看便都是对的，不过有些事总不能巧妙好看地做，那么这些事还是不做好，即使未必就是不对。"[①] 木心显然对此观点深以为然，他说："所以天才者，就

---

① 周作人：《周作人自编集：看云集》，北京：北京十月文艺出版社，2011年，第228页。

是有资格挪用别人的东西。拿了你的东西，叫你拜倒。世上只有这种强盗是高贵的，光荣的。"①

周作人后期的散文以"文抄公"体而著称，其化前人文章为己用的本领在现代文学史上无出其右者。周作人抄前人文章以寄寓自己的观点和情感，形成了其苦涩而丰腴的独特文风。木心在挪用周作人的文章时通过对原文本的删改和重构表达了自身的审美经验和个体情感，同样形成了木心式的独特风格。

木心对周作人散文文本的删改和重构，除了淬炼文字使其更符合诗歌的表达之外，还表现出以下两个方面的特征：

第一，摒弃原文本中的议论成分，只保留纯粹的描写和叙述。周作人的散文或其散文中摘录的文章，其内容或多或少都带有议论的成分，作者往往借着这一点议论或鲜明或婉转地来传递心曲、表达观点。到了木心这里，这一点议论大多是删去了的，于是诗歌就变得更纯粹和唯美，散文中的批判意味却消散了。此类例子很多，取《香奁新咏》为例，这首诗描写叙述"俏三寸""玉搔头""侧托""齐眉"等妇人妆奁之物，写其形态、颜色、质地，别无一语议论。这首诗原文出自周作人抄录的其同乡胡寿颐的诗文《洗斋病学草》，比较周作人的散文文本可以看到，周作人在抄录原文后有这样一段议论："我不知道何以大家多不喜欢记录关于社会生活自然名物的事，总是念念不忘名教，虽短书小册

---

① 木心讲述、陈丹青笔录：《文学回忆录》，桂林：广西师范大学出版社，2013年，第430页。

亦复如是，正如种树卖柑之中亦寄托治道，这岂非古文的流毒直渗进小说杂家里去了么。"①这一段议论鲜明地表达了作者对"文以载道"观念的批评，周作人的文章虽关注生活琐事，却也有借此进行文化批判的用意。而从木心的诗歌中我们只能看到其对日常生活审美的玩味，除了个人趣味以外，看不到任何的批判意味。

这样的特点在《东京淫祠》《永井荷风的日本国》《浮世绘》等诗歌中也都很明显地体现出来。这几首诗的文字分别出自永井荷风的《东京散策记》和《江户艺术论》中的一些片段。20世纪30年代以后，永井荷风成为周作人文章中提到最多的日本作家之一，这两篇文章也被周作人在自己的散文中反复引用。周作人在提及永井荷风时，强调了荷风对日本政治与文化的消极态度："几乎表示极端的憎恶。"为此他在介绍《东京散策记》时特地引用《江户艺术论》中有关浮世绘鉴赏的话来说明这一点：

> 假如在木版画的瞌睡似的色彩里也有制作者的精神，那么这只是专制时代萎靡的人心之反映而已。这暗示出那样暗黑时代的恐怖与悲哀与疲劳，在这一点上我觉得正如闻娼妇啜泣的微声，深不能忘记那悲苦无告的色调。②

永井荷风在书写花鸟风月的背后所隐藏的痛苦使周作人将之视作自

---

① 周作人：《苦茶随笔》，北京：民主与建设出版社，2019年，第24—25页。

② 周作人：《苦茶随笔》，北京：民主与建设出版社，2019年，第42页。

己的知己，在他的多篇散文中几乎完整地引用了《江户艺术论》里关于浮世绘的鉴赏的内容，从而呈现出一个敏感细腻又充满痛苦的唯美主义作家的灵魂。与之相比，木心的诗歌更关注的是永井荷风散文中更富有艺术性的一面，所有关于现实政治的思考议论都被去除了，留在木心诗中的只有唯美细腻的文字、人情风物的描写和惆怅微渺的抒情。借由永井荷风的文字，周作人呈现了他苦涩丰腴的文风，木心却去除了其中的苦涩味，呈现出纯粹的清雅唯美的艺术追求。

第二，忽略原文本的背景因素，使文本脱离原有的解读空间。木心在运用原文本进行诗歌创作时，常常对原文本不加说明，这使得诗歌完全脱离了原作者在创作时的背景因素，一定程度上削弱了文本的现实意义和丰富内涵，但另一方面也更凸显了文字本身的艺术魅力。以《甲行日注又》为例，木心的诗如下：

十日丁巳　晴

初闻黄鹂声

犹忆离家日听雁也

十七日丙辰　晴风

中夜偶起　白月挂天

泱流薄岸　村犬遥吠

　　读木心此诗，只觉言辞清丽，情思怅然，寂寥山景与思乡之意浑然一体。但除此之外，读者无法从诗歌中获得更多的信息。木心此诗为删改明末遗民叶绍袁《甲行日注》中丙戌二月初十日和丁亥七月十七日的二则日记并重构而成。若读周作人《夜读抄》中《甲行日注》一文，读者即可知叶绍袁写此日记的背景。周作人在介绍了叶绍袁的生平情况后进一步说明道：“《甲行日注》里所记的是明遗民的生活，所以第一显著的当然是黍离麦秀的感慨，而这里又特别加上种族问题，更觉得痛切了。”在抄录了以上二则日记后，周作人更是评点道：“文词华丽，意思亦不外流连景光，但出在遗民口中，我们也就觉得他别有一种感慨，不能与寻常等视。”①此番评点将叶绍袁的日记置于更大的解读空间中，使其拥有了更为丰富的意义。周作人抄录叶绍袁的日记，既取其黍离麦秀之慨，也取其困穷与闲适之趣，其中借他人文字抒自己之情的意思是很明显的。而木心的诗只取其困穷中的闲适心态，未见其痛切孤愤之情；只取其个人之思，未见其家国之痛。两相比较，木心与周作人的文艺观念和文学倾向的差别亦可见端倪。木心的诗歌轻灵而唯美，以个体的艺术飞翔避开时代的沉重问题，为自己构建了一个艺术的乌托邦；与之相比，周作人虽也躲在书斋里希望以生活的艺术为自己建造一个避难所，但曾经的“流氓鬼”气息使他终究不能完全放弃对现实问题的关注，彻底投入艺术的审美世界中去。这也正是木心对周作人否定的部分。

---

① 周作人：《周作人自编集：夜读抄》，北京：北京十月文艺出版社，2011年，第201—208页。

结　语

　　"五四"文学传统中包含着"启蒙"的文学和"个性"的文学两个方面，在20世纪20年代中期以后，周作人逐渐对文学的启蒙作用产生了怀疑，并进一步发展了其"个性的文学"的主张。他认为"个性是个人唯一的所有，而又与人类有根本上的共通点"①，对于中国文学中"言志"传统的发扬正是其个性主义文学思想的表现，也是其试图打通传统与现代的一种努力。如果说木心身上呈现了"五四"文学的影响，那么毫无疑问，他继承的正是"五四"传统中"个性"的文学的一面。但作为一个个人主义者的木心，他与"五四"一代文人最大的区别在于，他身上没有"五四"文人所普遍背负的时代的重任。面对沉重的时代，周作人身上还有着中国传统知识分子"以天下为己任"的使命感，而木心却拒绝这种承担。所以当启蒙的理想褪色，文学艺术只能退回到书斋中拯救个体的灵魂时，周作人饱含苦涩，木心却视为理所应当。周作人的散文貌似闲适却仍在大地上跋涉，木心的诗歌早已轻灵地在天空中飞翔。木心卸去了文学背负的责任，还原文学作为艺术的本相，以艺术的翅膀飞出时代的迷楼，或许，这也正是其得以沟通传统与现代的秘诀。

---

① 　周作人：《周作人自编集：谈龙集》，北京：北京十月文艺出版社，2011年，第162页。

辑 四

一

《豹变》的十六个短篇是旧作，都在不同的集子里发表过，《温莎墓园日记》就收了其中七篇。按照木心先生的心愿，以现在的顺序呈现的十六篇是一部完整的长篇。木心和我从1993年酝酿这个计划，到今天《豹变》以全貌首次出版，已历时二十余载。这一本薄薄的书，却有它自己的分量。

2011年，我翻译的英文本木心小说集 *An Empty Room*（《空房》），由美国 New Directions（新方向出版社）出版，收了十三篇，却没有《SOS》《林肯中心的鼓声》《路工》这三篇。其中缘由一言难尽。可以一句话说清楚的是，缺了这三篇，还不是木心设想的那部完整的长篇。

木心先生在世时，我们时常对话，可称为"正式"的却只有两次。一次是1993年夏天，我受加州州立大学的委托去找他；另一次在2000年秋季，应了罗森克兰兹基金会的邀请。所谓"正式"，其实很自由，无所不谈。他不愿把我们的谈话归于

《豹变》序

童　明

美国加州大学洛杉矶
分校终身教授

"访谈"一类，一直以"木心和童明的对话"称之。1993年初夏，我们商定选十六篇为一本书，计划先出英文版，再出中文版。这个出版顺序后来没有变。英文版（十三篇）2011年发表；现在，这个完整的中文版（十六篇）也出版了。2009年，木心给这本书取名《豹变》。出这本书，我向先生做了承诺，如今《豹变》面世，我深感欣慰。还有几句渴欲畅言的话，事关木心文学和艺术的纲领大旨，谨此为序。

二

成集子的短篇小说可分两类。一类，短篇收集，各篇自成一体，称短篇小说集。另一类，还是短篇收集，但各篇既独立，又彼此相连，形成一类特殊的长篇小说——a short story cycle，照英语译为短篇循环体小说。《豹变》属于这第二类。

确切地说，这种长篇是现代主义文学中的一个类别。20世纪初的英美文学里，有安德森的《俄亥俄州的温斯堡镇》、海明威的《在我们的时代里》、福克纳的《去吧，摩西》、乔伊斯的《都柏林人》、格特鲁德·斯泰因的《三个女人》等，都是短篇循环体小说。19世纪和20世纪，不少作家用这个小说形式创作，形成传统。在各个短篇怎样相互联系的方式上，有若干种结构原则。我和木心讨论，认为《豹变》和海明威的《在我们的时代里》，在结构原则上不谋而合。当然，木心和海明威的写法各有千秋。这样类比，是为方便了解《豹变》和短篇循环体小说传统之间的关联。

新的文学类别都有前世和今生。如果在古时，短篇循环体小说应该是"讲故事的集子"（tale-telling collections），如《一千零一夜》《坎特伯雷故事集》《十日谈》等。中国的章回小说，还有其他类别的小说，不在此列，区别在于其中的篇章能不能独立存在。

现代文学异于前现代文学之处，亦不可低估。现代主义文学（美学现代性的一部分），以形式和语言的创新为动力，其中佼佼者标示了文体和观念的前沿，又称"先锋派"（avant-garde）。木心文学重要的一面，就是他写作的心态是先锋派，即便他在用古汉语创作。

我们经历的现代化有一套价值，自18世纪的启蒙形成体系，被称为"体系现代性"。美学现代性、体系现代性这两个现代性（现代价值）之间始终存有张力。现代主义求创新，虽然是现代的性格，但必以"生命的哲学"（本雅明语）为其底色，显然不同于以利益为驱动的现代化。本雅明写过《论波德莱尔的几个母题》，他的概括清晰而准确：几百年来，文学家和哲学家致力于美学现代性，共同建造"美学经验结构"，为的是抗衡布尔乔亚文化代表的"异化经验结构"。

文学的思辨发乎生命，贴近人性，以不同于政治判断、道德判断、纯理性判断的美学判断为特征。先锋派善于美学判断，以此审视现代化中人的处境，不轻信"光明进步"的高调，对体系现代性保持警觉。美学现代性是另一种现代性，有人喻之为"对位式的现代性"（contrapuntal modernity），意思是它以音乐变奏那样的方式回应体系现代性。

体系现代性有一套宏大叙述，用"科学、理性、主体"等关键词表示一种信心：历史必然进步。历史应该进步，这是人类共同的梦想，无可厚非。但是，把人类发展史等同于自然进化史，进步的"必然"就成了麻醉剂，成了忽略人性、践踏人的生存的托词。资本主义和社会主义共同的源头是启蒙的体系现代性，两者都采用宏大叙述的逻辑和语汇表述其合理性。宏大叙述的调子高昂起来，就只许乐观，不许悲观；太阳拼命光芒四射，却否定自己有影子。然而，鲜活的思想需要影子的荫蔽。

布尔乔亚引导的现代文化，本质是贪婪和庸俗，却学会了宏大叙述。贪婪借此而高调，庸俗借此而荣耀，结果是：人的异化不断扩延。美学现代性的抗争看似弱小，却以弱为强。战火中的蒲公英，野地里的草，生命力都很顽强。以弱为强是美学的策略，以弱胜强是美学的战略。1993年，木心在和我的对话中说："'人'要绝灭'人性'的攻势越演越烈，而我所知道的是，有着与自然界的生态现象相似的人文历史的景观在，那就是：看起来动物性作践着植物性，到头来植物性笼罩着动物性，政治商业是动物性的战术性的，文化艺术是植物性的战略性的。"这番话不仅是木心的艺术观，也是他的历史观、世界观、生命观。

美学对体系现代性的思辨，并非否定。启蒙的体系现代性有两面，它产生的自由、平等、民主、社会正义等是进步的价值。真的照此努力，人的状况就不会被搁置不顾。1784年，康德撰文《什么是启蒙？》，提出启蒙是在言论自由的条件下独立思考，摆脱被别人监管的幼稚状态。康德为启蒙定了一个前提。以后的历史复杂，启蒙的遗产也很复杂。二百年后的1984年，福柯（M. Foucault）又撰文《什么是启蒙？》，凭借后见之明指出：我们应该继承启蒙的正面（positives），拒绝其负面（negatives）形成的"启蒙讹诈"。启蒙的负面包括："理性"一旦脱离了人文思考就变成工具，可服务于殖民、专制、帝国扩张。

"什么是启蒙？"并非问一次答一次便可一劳永逸。美学现代性一直在问，在问中创新。

文学针对现代化所做出的反应，产生了浪漫主义、现实主义、现代主义，等等。文学史揭示出，现代主义因为看到浪漫主义和现实主义的局限，并与之区别，进而得以发展。

浪漫主义看重的激情和想象力，本是人性中可贵的成分，也是艺术不可或缺的特质。然而，激情缺不得反讽，想象缺不得冷静，否则，我们会看不清自己和现实。福楼拜写《包法利夫人》，有两个并行的目的：梳理浪漫情感，揭露布尔乔亚文化拿着庸俗当光荣。这本小说因此成为现代小说的先驱。《包法利夫人》的象征意义是：须经过一次克服浪漫主义盲点的"情感教育"（福楼拜另一本小说的书名），文学才能现代化。几百年来的现代文学名著，都有这种"情感教育"的力量。木心属于这个文学常态。理解木心的文字，"情感教育"这一点至关重要。

19世纪，现实主义继浪漫主义成为另一文学思潮，之后又有批判现实主义、社会主义现实主义等。文学和现实当然不可分，但现实主义的问题，是所谓文学"反映"现实的主张。文学之为文学，离不开丰富的想象力，也离不开虚构，所以文学和现实的关系，不是"反映"，而是

"意味"。文学能给人以感染和启示，恰恰因为它和现实若即若离。反映论还忽略了一件事：现实，已经是不同版本的话语；文学不创新，就会把某种现实的话语当作自然语言，失去的不仅是文学语言的陌生感，对现实的认知也趋于保守。在现实主义高涨时，福楼拜、陀思妥耶夫斯基等人都断然拒绝被贴上"现实主义"的标签。

20世纪上半叶，匈牙利马克思主义文学理论家卢卡奇摆起擂台，挑出"现实主义还是现代主义？"的大旗，要把现代主义归为反现实一类，贬为腐朽没落的资产阶级文化的产物，已经是按二元对立的逻辑摆出的"大批判"姿态。现代主义的基点也是文学的基点：人性、世界、历史都是复杂的，不可盲目地乐观。它的新见解是：只有做形式的创新，才能深究各个现实版本的符号编码，深刻介入现实。归根结底，现代主义和现实主义是两种不同的哲学性格。现实主义依然存在。但是，卢卡奇阐释的理论趋于僵固；作为文学争论，这一页已经翻了过去。

以上这些话，涉及怎样评价木心风格之意义，因为提到的人不多，又因为有人不恰当地把木心放在现实主义或浪漫主义的传统中类比，我不得不赘言几句。

现代主义已是世界范围内的文学洗礼。19世纪，现代主义氤氲着欧罗巴和俄罗斯。后人论起，莫不以福楼拜、波德莱尔、兰波、陀思妥耶夫斯基等人为先驱，为先锋派之先锋。20世纪初，欧美再度勃兴现代主义，普鲁斯特、卡夫卡、叶芝、庞德、乔伊斯、艾略特、福克纳等，举起先锋派的旗帜。俄国文学承继19世纪的伟大传统，势头丝毫不逊于欧美。20世纪60年代起，拉美和非洲也出现现代主义的大趋势，只不过有另一个名称——"魔幻现实主义"，亦即以魔幻的方式思考历史和现实。作为世界文学现象，先锋派个个身手矫捷，成就不凡。

"五四"时代，鲁迅代表的新文学真诚地趋向世界的大潮，实为现代主义在中国的初次见证。后来，战争阻断文化，单一意识形态禁锢思想，吾国文学在狭窄的格局里自成一统，久而生幻觉，人们以为这就是世界的常态。"凡是民族的，就是世界的。"——未必。此话泛滥时，一片井蛙之鸣。80年代，突然间获知外面的世界很精彩。视野的开阔，意味着思想的活跃、艺术的创新。又一轮现代主义出现，确实的可喜。唯其势单运薄，又确实的可惜。现代主义还顶着"腐朽反动"的帽子，突然偃旗息鼓，先天和后天的不足可想而知。

木心全方位地浸润在世界各个文明的文学艺术中，默默研习几十年，很晚才出现在国人视野里。他的归来，有如晨风唤起了回忆，清新，也令人意外：为什么此人经历过各个历史时期的诸多磨难，仍然保持自由的个性；并且，他的写作居然没有与中国传统断裂，也没有与世界断裂。

面对这位迟来的先锋派，也有指指点点，似乎此人来路不明，要查查户口再说。

在当下的文化里，说木心是先锋派不仅尴尬，还有些讽刺。曾几何时，现代主义被否定，连贝多芬的无标题音乐也被批判。凡此种种并未得到反思，也没有反思的机会，荒谬和戾气便一起沉潜，积淀在集体无意识中，任由"过去"指导"当下"。既然"文学是现实的反映"依然天经地义，谁又理会世界文学已经历过现代主义的洗礼？既然何为美学前沿还在云里雾里，谁又在乎什么先锋派？木心被发现，赞叹中混杂着否定，时而还听得见几声诅咒。木心是谁？"野地玫瑰。""那末玫瑰是一个例外"：例外的文风，例外的情感方式，例外的思维表达。

惊艳，惊叹，惊愕，惊恐，四座皆惊：此人的汉语写作还真不错！再读，似懂，而非懂。有惊而醒者，必会想到：这"例外"带回来的岂不是世界文学的"常态"？那么，我们为何而惊？钟声为谁而鸣？

木心的先锋性还有一个因素：他走向世界，发现了昆德拉、纳博科夫这样的兄弟。他们和木心一样，同是"带根流浪"人。木心直呼"昆德拉兄弟们"，足见其情深义重。20世纪80年代起有个新的称谓——diasporic writers（我译为"飞散作家"），正是此意。美国学者克里弗德（James Clifford）有个极简的归纳，说这些作家是 rooted and routed，亦即：带着家园文化的根，做跨民族和跨文明的旅行。国内学界按人类学和社会学的惯例，将 diaspora 译为"流散"或"离散"，但一直沿用，未能顾及这个概念的历史和当下的变化。Diaspora，其希腊词源指植物靠种子和花粉的散播而繁衍，即为飞散；后来，此词长期和犹太民族的历史连在一起，加重了苦难的内涵，"离散"的译法突出的是犹太人离开家园的痛苦。80年代之后，这个词的语义被重构，不限于犹太人的经历，指的是当代文化文学的新现象：一些作家在跨文明、跨民族的旅行中，展示了类似文化翻译和历史翻译那样的创新。于是，diaspora 一词更新后的含义归返古意，译为"飞散"更贴切。

和木心谈 diaspora 的来龙去脉，他赞赏"飞散"的译法，也把自己归于此列，他的作品里频频提到"飞散"。

在国内的学术刊物和论坛上，我解释过为什么当代的 diasporic writers 应该用"飞散作家"表述。有一次，我告诉木心：还是有学者不喜欢"飞散"的译法，坚持用"离散"或"流散"。木心说："下次回国讲课，你问大家：有两个同样主题的学术会议，一个叫飞散文学会议，一个叫离散文学会议，你们愿意去哪一个？"木心的话并不全是玩笑。他的理解很准确：当代"带根流浪"的作家，少了一些悲苦，多了一分生命繁衍的喜悦。

飞散作家中也有标示新文化和思想的前沿者，实为当代的先锋派。木心是飞散作家，也是先锋派，这两种特质在他身上很和谐，很般配。

带根流浪多年后，木心悄然归来，认真对人说，他是"绍兴希腊人"，别人以为他开玩笑。也有人尊称他为"国学大师"，他马上谢绝，说：中国需要的不是"国学大师"，而是"创新"者。

长途跋涉之后，木心再次踏上故土，乡情仍浓，乡愿乃无。晚年的木心壮志未酬，他满怀期待，却没有想到走进了一种喧闹的"常态"，难掩失望。风中也有好消息：许多人，更多的是年轻人，厌恶了虚伪的思想形态而向往文学艺术，其实是向往生命中的真实经验。生命意志在，汉语在，希望在。在希望的视野里，还好有木心这样的作家，代表着文学艺术坚韧的植物性，"郁丽而神秘"，终能够以弱胜强。

三

《豹变》作为短篇循环体小说，结构上蕴含着一种分与合的特殊关系：以碎片为分，又以碎片为合。正所谓：形散而神不散。

碎片式文体（a fragmented style），是欧美先锋派的创新之一。段落内、段落间、篇章间的那种不连贯，最终在秘径上连贯。

碎片形式的好处，在它以审美的陌生感（defamiliarization）挑战惯性思维。所谓碎片，因其质地不同而丰富多样，可唤回现代生活中被忘却的那些真实的经验，又在美学的探索中将碎片接起来。现代诗歌中最有名的碎片体，当属艾略特的《荒原》。这种写法影响了许多作家，海明威的《在我们的时代里》就是一例。碎片式文体，放在前现代不易理解，随着电影时代的到来则顺理成章。有人将海明威的《在我们的时代里》与电影的蒙太奇相比，称这种结构为"断裂的原则"（the principle of discontinuity），看似断，但断而不裂。尼采的箴言体未尝不是如此，言简意赅的片段，经由阅读获得的感悟而连贯一气。木心擅长的俳句，也是这样的。

木心和海明威都是擅长短篇的作家。长篇和短篇小说的真正区别，或许不在篇幅。福克纳有一次被问，您怎么成了长篇小说家（novelist）的？他答：吾之首爱为诗，尝试写诗而未成功，进而尝试仅次于诗之短篇，也未成正果，这样，我成了长篇小说家。福克纳的幽默，暗示美学中的一个认知：短篇小说更接近诗的况味。福克纳也并非前功尽弃，他把诗和短篇的尝试再用于长篇，小说更加精彩。

擅长短篇的作家，许多人把短篇小说写成散文诗。俄国作家里，契诃夫、屠格涅夫、布宁、纳博科夫等，都擅长短篇，且文字隽美，收放自如，篇篇可比精磨的钻石。木心有俳句"我常与钻石宝石倾谈良久"，寓意在此。

布宁的短篇精美，是小说，更是散文诗，今天提起的人不多。有一次，木心无意提到布宁，如数家珍。他喜欢的钻石宝石可真不少。他这个钻石宝石鉴赏家，看重的散文家又多是思想家，如：老子、孔子、蒙田、卢梭、爱默生。他敬重耶稣的原因也与众不同。他说，耶稣是集中的艺术家，而各个艺术家又是分散的耶稣。

品文学如同品人，各有所长，不是非黑即白。赞赏以短篇为基础的小说，并非要贬低一气呵成的长篇。陀思妥耶夫斯基善于长篇，不仅篇幅长，气息也长，缠绵于人性的复杂和冲突。纳博科夫说陀氏文字有时粗糙。那又如何呢？陀思妥耶夫斯基造的是金字塔，不是钻石。钻石和金字塔之间，无法以优劣评判，而钻石与钻石之间、金字塔与金字塔之间，还是有优劣之分。

木心自己的短篇，以哲思和情感互为经纬，形成介于散文、诗、小说之间的文体，讲的不单是故事。木心的文字精炼，暴雨洗过一般干净。他经历了许多的磨难，却把情感冷淬成句，呐喊也轻如耳语；笔调平淡而朴实，却曲径通幽。他善反讽，善悖论，善碎片，善诗的模糊，善各种西方先锋派之所长，用闲笔的手法说严肃的事理（这一点和伍尔芙夫人何其相似），把本不相关的人和事相关起来，平凡中荡起涟漪，有中国散文的娴雅，有蒙田式的从容，能把世界文学中相关的流派和传统汇合形成自己的文体。《诗经演》在海外初版，木心曾以《会吾中》为题，题目暗示着自己的风格。

《豹变》的碎片感，皆因各篇质地相异，形式灵活，所以结构近于海明威式的"断裂原则"。

碎片式文体的长处，可以换个文学例子来说明：有一种发源于古波斯的诗体，叫"加扎勒"（ghazal），两句为一诗段，七个诗段以上构成一首诗，而每个诗段可以在主题或情调上相对独立：一段宗教，一段回忆，一段爱情，一段历史，一段童话，一段超验。这样的构造，因灵动而美不胜收。

就现代小说的艺术而言，短篇循环体小说如何由碎片而整合，有一些路数。《豹变》的路数，有下面几点可供参详。

一、短篇循环体小说的首篇，通常是引子，或称序曲。有些引子，明确点出全书主题。如安德森的《俄亥俄州的温斯堡镇》的首篇，阐释了"怪异"这个贯穿全书的文学概念的哲学意义。还有些引子，仅以氛围托出情感基调，暗指主题，如海明威《在我们的时代里》的首篇。《豹变》的首篇是《SOS》，像音乐叙事曲一样按着节奏展开，在生死攸关的一刻戛然而止，隐约似有一种人文精神的宣示：人类会遭遇不可预知的灾难，而博爱（爱他人、爱生命）和生命意志力不会泯灭。我认为，这其实是木心深爱的陀思妥耶夫斯基的最终主题。《豹变》结束篇的《温莎墓园日记》与此主题呼应，只不过主题经发展，落在他人原则（下面详述），着重于如何以爱（爱他人）抵制无情无义的现代商业文化。

二、《豹变》有个时间序列，暗指艺术家的精神成长史。书名"豹变"源自《易经·革卦》："大人虎变"，"小人革面"，"君子豹变"。大人，坐拥权位者，其威如虎，变化莫测。而小人，变化也很多，都在脸上。惟君子之变，经漫长而艰辛才有绚丽，是为"豹变"。幼豹并不好看，成年之豹才有颀长的身材，获得一身色彩美丽的皮毛。木心向我解释书名时说："豹子一身的皮毛很美，他知道得来不易，爱护得很，雨天，烈日，他就是躲着不肯出来。"君子豹变，是由丑变美、由弱到强的过程。还有一点需要解释：木心心目中的君子不是孔子所说的君子，而是艺术家。豹变比喻艺术家的成长。

此外，"君子豹变，其文蔚也"。"文"同"纹"，可指《豹变》斑斓多姿的文体。

《豹变》中的豹变过程，大致看得出童年、少年、青年、中年几个阶段；而私人的经历又对应着二战前、二战、二战后、新中国成立后、打开国门等阶段，个人和历史、中国和世界就这样自然衔接了。

三、"我"和他人（他者）。海明威的《在我们的时代里》由尼克的故事和非尼克的故事杂糅而成。这两类故事放在一起造成"断"的印象，却又相互诠释，彼此暗合。《豹变》的杂糅更胜。表面看，叙述者是清一色的第一人称"我"。但是，这个"我"有时在几个故事中是同一人，有时则不是。有时，叙述者身份被有意模糊。这里有两个文学原则需要说明：其一，第一人称的"我"虽然带有作者经历的痕迹，故事却是虚构的，不能当作木心的回忆录阅读。木心始终坚持，虚构的才是文学。其二，"模糊"（ambiguity）不是作者的疏忽，而是修辞手段，是美学特征。

具体说，可以理解为同一个"我"连接的故事，明显的是第 2—5篇。有些故事的"我"（如《魏玛早春》），和前面故事的叙述者似乎是同一人，但不能确定。有些故事里的"我"明显另有其人，如：《静静下午茶》中的"我"是英国女性；《SOS》的医生国籍不详；《温莎墓园日记》的"我"虽是男性，但种族、年龄等有意被模糊。

人物身份的模糊，也可从木心的"他人"美学原则做解读。英文里的 the other 可译为"他人"或"他者"，不仅指别的人，也可以表示另一个时空、另一个文化、另一种经验等等。在木心笔下，"我"和他者，既分又合，开辟了种种可能，是他的"魔术"法则。

木心的"他人原则"与萨特的不同，木心侧重人性中爱的能力，意味着"我"可以融入更广泛的生命经验。木心在《知与爱》中说：

我愿他人活在我身上

我愿自己活在他人身上

这是"知"

我曾经活在他人身上

　　他人曾经活在我身上

　　这是"爱"

　　雷奥纳多说

　　知得愈多，爱得愈多

　　爱得愈多，知得愈多

　　知与爱永成正比

　　《豹变》中的时空、经历、文明、艺术，相互交错，我中有他，他中有我。如果阅读时一定要按某个"我"跟踪下去，在某一刻就发现那个"我"虚幻了，因为"我"的界限模糊了。这样一恍惚，阅读已经深入了他者。"君子"（书中的"我"多数具有艺术家属性）和他人融为一体时，他人也集中于"我"。结束篇《温莎墓园日记》凸显了这个细节：一个生丁（一分钱美币）在"我"和"他"之间正、反面地翻转，比喻着"我"和"他"之间的相互轮回，印证生丁上的一行拉丁文：E pluribus unum（把许多个化为一个）。更形象的印证，则是墓碑上的瓷雕："耶稣走向各各他，再重复重复也看不厌。"

　　木心的诗集《伪所罗门书》也根据他人原则将"碎片"连结为整体。副标题"不期然而然的个人成长史"，可以相参。

　　四、飞散艺术家的主题，是各个短篇凝聚整合的另一方式。十六篇

中，九篇发生在中国，七篇在中国之外的世界时空。（新方向出版社当
时排斥了三篇，只留了四篇国外的故事，时空形式的搭配就有些失衡。）
飞散型艺术家的成长，在交叉的时空中展开：家园的经历是源，生命意
志是流，源流汇合，是生命，是艺术，是世界。中国和世界、家园和旅
行，又是渐悟和顿悟的关系。

2000年，木心在和我的第二次正式对话中，还用了一个生动而风趣
的比喻。他说，他在中国培植了葡萄，到了美国就开始酿葡萄酒。

《豹变》的故事又不能截然分为两个时空，因为故事叙述者的心理
是没有时空之分的。比如，《豹变》开始的几个故事虽是往事，但那是
豹变之后的艺术家"我"在回忆。

我最早读到木心文学作品是在1986年，令我感叹不已的，不是他
和当代中国文学的写法相同，而是他的不同，如此的不同。我是世界文
学的学生，自己阅读世界名著体会到的那些美学原则，在木心的文字里
一一验证，时常为此惊喜。和木心一生为友，我们有一个共识：汉语文
学只有融入世界文学才能现代化，才能生生不息。

四

有人说：木心的写作与汉语悠久的传统一脉相承，没有断裂。如此
的表述虽然不算错，却不完整。

木心的看法一直是：汉语及汉语文学必须要现代化，要现代化就要

从世界文明汲取新养分，但前提是必须恢复汉语文化的本色。木心的汉语行文，远可与《诗经》等古典相接，近深谙明清和民国散文小说之韵律。他对当代汉语也很敏锐，唯独对新八股，像遇到瘟疫一样避之不及。如此的写作习惯，旨在获取干净的汉语。汉语文学的现代化，又以思想观念为首要。认真思索民族的历史，必然发现世界的重要，而探索世界，又进而明白自己的民族。过度强调自己特殊性的民族，有可能孤立于世界，一潭死水。正因为如此，木心不要做"国学大师"，他要在广阔的语境中创新，以文化飞散完善艺术。木心是一个多脉相承的作家。

这样的看法和写法，落在实处，有《豹变》中几种不同文体的质地，可大致加以区分。

有些篇章是散文诗，例如先锋派特色的《SOS》，还有《魏玛早春》《明天不散步了》《温莎墓园日记》等篇。

《魏玛早春》尤其值得一提。四节如四个乐章，自然、神话、抒情诗、叙事，融会贯通，暗暗将歌德创造《浮士德》的经历，与大自然生发变化的神秘相比，不发激昂之声，却把人和自然在创造的主题上巍然并列。第一章和第四章，写魏玛的早春寒流反而复之，人对春天的期盼因而更加深切，烘托出歌德创作时的心境。第二章的神话故事，讲众神在一次竞技中创造了花草，完全是木心的原创。超自然的想象，却以准确的生物学知识和词汇表述，可谓妙笔生"花"。第三章，描绘洞庭湖边一棵只在大雪中开花绽放的奇树，又是自然中的超自然，与第二章中超自然的自然，巧妙地彼此呼应。

从第二章里摘录两小段，默读之下，有一番不同的体味：

花的各异，起缘于一次盛大的竞技。神祇们亢奋争胜，此作Lily，彼作Tulip；这里牡丹，那里菡萏；朝颜既毕，夕颜更出。每位神祇都制了一种花又制一种花。或者神祇亦招朋引类，故使花形成科目，能分识哪些花是神祇们称意的，哪些花仅是初稿改稿，哪些花已是残剩素材的并凑，而且滥施于草叶上了，可知那盛大的比赛何其倥偬喧阗，神祇们没有制作花的经验。

例如Rose。先就Multiflora，嫌贫薄，改为aeieularis；又憾其纷纭，转营indica，犹觉欠尊贵，卒毕全功而得Rose rugosa。如此，则野蔷薇、蔷薇、月季、玫瑰，不计木本草本单叶复叶；它们同是离瓣的双子植物，都具衬叶，花亦朵朵济楚，单挺成总状，手托或凹托，萼及花不外乎五片，雄蕊皆占多数。子房位上位下已是以后的事，结实之蒴之浆果也归另一位神祇料理。

这其中韵味有汉语古风，也有先锋派的大胆实验，中西的融合，多层次衔接，却能严丝合缝，实乃汉语文学现代化和世界化的绝佳佐证。

还有一些口吻平实的篇章，如《童年随之而去》《夏明珠》《芳芳NO.4》《一车十八人》。我们比较熟悉这种叙事：少量的独白和对话，配以适当的情节、白描的手法，织造日常生活粗疏的质地，轻描淡写，意在余韵。

《芳芳 NO.4》平缓开篇，款款道来，却是节奏渐强的音乐叙事诗（"NO.4"是个提示），有如拉威尔的《波莱罗》（*Ravel-Bolero*）。变化无常的芳芳，与当时的政治文化中人性的扭曲纠缠在一起，成了难解的谜。浩劫之后，"我"和芳芳再次见面，几度苦思其缘由而不解，至最后一句，轻轻地，"嘘——欧洲人对这些事是无知的"，听似耳语，实则已是心里炸响的雷。这谜，中国人百思不解，岂能为外人道？又岂能不对外人道？

《一车十八人》，与以后社会上传出的某些版本看着相似，却不能相提并论。区别不是先后（木心的故事显然在微信传播的故事之前），而是木心思考得更深入，由细节揭示当下社会中的人性丑恶，故事不急不缓，隐隐之中投出的悲愤和忧患，引人再探根源。

《圆光》从几个角度讲了几个故事，述说的都是人性中的灵光该是怎样，章法散而不乱，也是散文中的佳作。

"文革"背景的故事有好几篇，包括《西邻子》。此篇是东方题材，西方写法，重点在"我"的心理。叙事直入心内的暗影，而结尾的意料之外，全在人性的情理之中。

与《一车十八人》和《同车人的啜泣》不同，《路工》中的"我"身处国外。但这三篇都揭示了"我"与"他人"之间的心灵感应，演绎了他人原则。

再说说风格更西化的那些篇章。《静静下午茶》，背景和人物都是西方的，唯一的中国元素是"侄女"回忆起她的中国同学曾经教她怎么泡红茶，加玫瑰的红茶至今留下余香，淡淡的一笔，不多也不少。此篇最具现代小说特征之处，是"侄女"被设定为"不可靠的叙述者"（an unreliable narrator），由此引发一层一层贯彻全篇的反讽（irony）。"我"（侄女）知道当年的实情，却不直接在长辈面前说破往事，不是她不能，而是她出自掩藏得很深的自私动机不肯说。她的私心是故事的焦点。没有西方现代小说的阅读经验，不易体悟到这些。有个画家朋友曾兴致勃勃地告诉我，他和妻子都喜欢《静静下午茶》。一问才知，他们真的把此篇当作喝下午茶的甜点了。然而，这是何等痛苦的下午茶呀，木心意在反讽，直指人性中的猥琐。

像《静静下午茶》这样欧风的有好几篇，收入《豹变》加强了时空重叠感。如《林肯中心的鼓声》，集激情、幽默、讽喻于一身，难以归于某个品类，需要细读方可识别其中多个意向。粗略地讲，总是不到位的。

《豹变》中各自独立的故事可以从不同角度相连。《明天不散步了》和《温莎墓园日记》在某种意义上可归为"散步"类的散文，可以溯源到卢梭的《一个孤独漫步者的遐想》的漫步者、波德莱尔《巴黎的忧郁》中的"城市浪子"（flâneur）。在欧洲现代文学传统中，这些散步者或城市浪子的观察和思考超出了一般意义，承担起哲学和艺术性的意义。木心熟知这类散文或诗，他借用时又自成风格。木心的散步式散文颇有后现代之风，烙刻着当今文化旅行的标志，应归于"文化飞散"一类，有待研究者慧眼识别。

当年木心写《明天不散步了》，某个周末一挥而就。纽约有位台湾作家，读后拍案叫绝："我们中文里也有了伍尔芙夫人一样的意识流了！"

此话固然不错，但意识流如何流，流到何处，对木心，如同对伍尔芙夫人，才是关键所在。

《温莎墓园日记》，书信加散步的遐想，寓哲理于景物，以他人原则的延伸为这本小说做完结篇。我的好友康图教授（Roberto Cantu）读完我和木心的第一次对话和《温莎墓园日记》之后感动不已，在凌晨给我写信说："木心在接受童明的采访时，坦言了他的衡人审世写小说，用的是一只辩士的眼，另一只情郎的眼，因之读者随而借此视力，游目骋怀于作者营构的声色世界，脱越这个最无情最滥情的一百年，冀望寻得早已失传的爱的原旨，是的，我们自己都是'他人'，小说的作者邀同读者化身为许多个'我'，'文化像风，风没有界限'（木心语），这是一种无畏的'自我飞散'（a personal diaspora），木心以写小说来满足'分身''化身'的欲望，在他的作品中处处有这样的隽美例子，'双眼视力'是个妙喻，而受此视力所洞察所浏览的凡人俗事，因此都有了意想不到的幽辉异彩。"

《空房》是一篇"元小说"（metafiction），国内少见尝试者。"元小说"，即写小说的小说，是探讨小说的惯例、路数及各种小说策略会有何种后果或价值的小说。元小说不易写，写不好味同嚼蜡。《空房》却写得妙趣盎然。"我"在二战后，漫步至荒山野岭，走进一座破落的庙宇，上得楼来不见有人，但见一间如婚房的粉色房间，虽空空如也，地上铺满柯达胶片盒，还有散乱的信件，署名"梅"和"梁"，没有明确的年月日。如果他们之间发生了一段爱情，怎么会是在战乱时期的这里？

"我"绞尽脑汁，至少做出七项推断，一一排除浪漫不切实际的可能，却没有排除人性中爱的坚韧。

我曾就此篇求教于木心，他说："这是在探索如何写作，就是要把那些缠绵的浪漫情节排除在外。"有心人读此篇，细嚼几番，不难体味其中浓淡相宜的"情感教育"。

最后谈谈《地下室手记》。这里的五节，产生于特殊的历史背景。而木心意在"虚"写，通过具体时空凸显艺术的力量。20世纪70年代，木心在上海某防空洞里用写检查省下的六十六页纸（双面一百三十二页），密密麻麻写了一部散文长篇。如今存放在木心美术馆的这部作品稿，字迹已模糊不清。2000年，木心应罗森克兰兹基金会的请求，费了一番气力从中梳理出五个短篇，由我译为英文，发表在耶鲁大学出版的文集里。

在那个我们称为"十年浩劫"的年代，木心活了下来，靠的是艺术给他的教养。生命意志和艺术品格在木心身上获得了一致，这五篇是见证。《地下室手记》中的防空洞是现实的，而木心写的每一篇却是想象力的产物。《豹变》的所有篇章都是虚虚实实。为什么强调文学虚构？因为，观察到的，未必比想象和感悟到的更真实。

五

我是木心作品的第一个英文译者。因为美国大学的工作繁忙，我一直在工作之外找时间一篇一篇翻译。译作先发表在美国的《北达科他文学季刊》《柿子》和《没有国界的文字》等文学期刊。木心去世之后的2013年，英译本的《SOS》（即《豹变》首篇，未收入英译本）在纽约的《布鲁克林铁轨》杂志上发表，当年10月获得 Pushcart 文学奖的提名。英译本的《林肯中心的鼓声》和《路工》则发表在美国的《圣彼得堡季刊》。这些都是木心身后的事。

2006年前后，我和木心在纽约的文学代理人向 New Directions 出版社提交了十六篇的完整译本。这是一家负有盛名的文学出版社，早年出版过庞德和艾略特的诗歌。那里的编辑部收到稿件后很快通过决议，表示愿意出版，却只肯采纳其中十三篇，不愿意收入《SOS》等三篇。我们向出版社解释：那三篇是小说整体不可或缺的部分，希望收入。对方没有回复，具体原因是什么也不肯说。我们坚持，对方沉默。一耽搁就是几年。我们都有些郁闷。这种事，文学史上并非没有先例。乔伊斯为了出版《都柏林人》，从1905年到1914年前后向出版社十八次交稿，最后方能如愿。但是，好事一定要如此磨人吗？

木心的健康每况愈下。我们同意退一步，向出版社妥协。含十三篇的英译本于2011年5月出版后，各书评机构好评如云。此书幸好在木心去世之前出版了，给了他不少的宽慰。

2010年夏，我带清样去乌镇。木心双手接过，显然很兴奋："来来来，让我看看这些混血的孩子。"翻看一阵之后，木心缓缓说了一句："创作是父性的，翻译是母性的。"我心里一热。

2011年夏天，再去乌镇，见木心案头和书架上摆着一排排崭新的小开本《空房》。如果当时出版的是完整的《豹变》，那就完美了，但生命中完美的事并不多。

我喜欢木心，推荐木心，更看重他的艺术品格和精神。许多人都喜欢木心的俳句，觉得好玩，幽默，机智。我也很喜欢木心好玩这一面。但他还有另一面。《豹变》里的故事，虽然有好玩的字句和片刻，基调却是透着力的凝重。木心喜欢冷处理，他冷淬过的诗句，常常带我们走进生活中熟悉的阴影，而行走间，却感到一种温暖，为之鼓舞，受之启示。我想，木心是要让我们知道，爱和生命意志是艺术的本质，也是生命的意义，这是我们在黑暗中唯一的光源。

2011年英文版《空房》出版后，我在美国产业工人的网站读到一篇书评，说西方一些作家看似写得精致，却不像木心的小说给人以真实的力量。书评说，木心有"一种精神"。我急忙打电话转告木心，他连连说："对，对呀，我们是有精神的。"

我和木心相遇相知，在体验艺术品格和精神之中加深了友谊，于是彼此都感受到了：生存虽然苦，命运却可以精致而美妙。

1993年8月的一天，我从美国西岸飞到纽约，兴冲冲前去拜访木心。他已经搬过几次家，那时租居在杰克逊高地的一栋连体屋里，门口正对路口的交叉处。我下午时分到达，木心早站在门前的楼梯上眺望，见我到了，快步走下来。我们热烈拥抱。

木心兴奋时，眼里闪光；沉思时，眼睛像午后的日光暗下来。接下来的两天，我们不停地谈话，东西南北，话题不拘大小。

木心的屋子呈横置的"山"字，"山"字中间的一横短下去，是间很小的厨房兼餐厅。进了门，前面的小间算作客厅，一张桌，两把椅，右面墙上是红字体的王羲之《兰亭序》拓片；穿过通道，经中间的厨房，后面一间就是卧室。我们一会儿在前厅，一会儿在中间厨房。晚上在后面就寝，他睡床上，我睡地铺，继续说话，直到睡着。到了第三天的晚上，木心半开玩笑地说："童明呀，你再不回洛杉矶，我要虚脱了。"

第二天傍晚，我们在街上散步，我重复着两天谈话的亮点，木心突然说："人还没有离开呢，就开始写回忆录了。"两人就不再说了，沉默良久。这句话我一直忘不了，也一直在心里写回忆录。久了，反而不知如何落笔。

谈话平缓时如溪水，遇到大石头，水会转弯，语言旋转起舞，荡出浪花。第三天晚上，十一点半左右，坐在前面小厅里，话题进入平日不会涉及的险境，话语浓烈起来，氛围已然微醺。这时，街对面的树上有一只不寻常的鸟开始鸣唱。木心打开门查看，我也看到了，是一只红胸鸟。我顺口说："是不是红衣主教（red cardinal）啊？"后来，我向熟知鸟类的美国朋友请教，他们说不是，应该是某种模仿鸟。

模仿鸟无非是模仿两三种曲调，而这只红胸鸟可以变换着鸣唱五六种曲调，居然有solo的独唱，还有duet的和声。这是天才的羽衣歌手，还是天外之音？最不寻常的是，它叫得如醉如痴，一直激昂到凌晨三点，等到我们躺下了，才转入低吟。梦里还能听到它。之后，我再也没有听过这样的鸟鸣。木心也说，这是他唯一的一次，也是我们共享的唯一一次。

木心说，我们的谈话触及了人类历史的险境，或许就触动另一个维度。这样说，有些神秘，有点暗恐，但没有比这个更合适的解释了。

木心很在意这只红胸鸟，诗句里几次提到。我和木心一起亲历了那晚，知道整件事的不寻常，但无法转述。木心向丹青他们转述，再传出的叙述也有些走样儿了。准确地说，那不是一只鸟，是来自神秘世界的信使。

我写这篇"序"，断断续续的，难免想到那个夏天，想起我对木心的承诺，似乎又听到了红胸鸟如醉如狂的鸣唱，不舍地把它留在记忆里，反复聆听，慢慢回味，突然间我意识到：木心已经不在了。心里，一大片空白。

翻开书，又听见他谈笑风生，就像那只红胸鸟，来自彼岸，归于彼岸，一个和我们的时空交集的时空。

2016年圣诞前夕

木
心
作
品
中
的
『
我
与
你
』

李　　静

剧作家、《北京日报》
副刊编辑

　　我在2006年写过一篇论文《"你是含苞欲放的哲学家"——木心散论》，木心先生看到之后，对里面谈到的"我—你"关系问题感到惊喜。之后几年，从不同渠道听到他经常谈论"我—你"关系的话题，可能他对此有了更深广的思索。现在，我先把涉及这个问题的片段分享一下：

　　"以色列哲学家马丁·布伯尔曾把人与世界的关系概括为两种——'我—它'关系和'我—你'关系，英国历史学家阿伦·布洛克借此指出，现代人的疾病即在于把人与人、人与上帝间个人的、主体间的'我—你'关系，降格为一种非个人的主体与客体的'我—它'经验，从而导致'人'的孤独与荒芜。将这一观点在中国现当代文学的领域加以发挥，我们看到，当代作家文化根脉的失落，即是由于现代以来中国知识分子以非个人的、客体化的'我—它'视点对待母语和西方传统，从而失去了认知和体验作为个体灵魂之化身的文化传统的能力。木心则相反，他的全部写作，都是他与古今中西一切经验的'我—你'式相逢——他将畴昔文明和自我经验复活为一个个血肉之躯的'你'，从而展开无数个'我—你'之间精神还乡式的灵魂晤谈，从而使'我'因'你'而成为更丰赡的'我'，'你'因'我'而成为更'现在'的'你'。这也是木心写作的常用方法。"

写作这篇文章十三年以后，也就是木心先生逝世八年之后，我们来到人人低头看手机的时代，用数据来控制一切的时代，实际上"我—它"关系比以前更加强化，个体化的、血肉相关的"我—你"关系已经越来越像空谷足音。所以我想谈一下木心文学作品显示出来的"我—你"关系是什么样的我和你，以及他怎样来表达我和你。

谈一个作家，要谈他写了什么，以及他怎么写的。木心是独一的作家，一个难以归类、难以概括的作家。你可以说他是一个文体家，但是你很难说他写了什么，因为他什么都写了。你也很难说他到底怎么写的，因为他怎么都写过。每到让我谈木心的时候，我都非常恐惧，觉得太不好谈了。因为他像空气里的某种氛围、某种灵光，或者说他非常像流水、像音乐，是没有形的。当你要固化他，要把他放置在一个话题里的时候，你盯得过久，就会发现他已经溜走了。

他的写作触点之多、视域之广，几乎没有边界——关于信仰、关于宇宙、关于文明、关于艺术，艺术里面不断谈文学、谈音乐、谈绘画，他就像谈家人一样随口就谈，谈社会、谈历史、谈人情微末的细节，全部都谈。而且当他涉及这些的时候是没有价值等级制的，每一个事物在他的谈论当中都是大事。他对世界做着非常浩瀚的对话，他有无穷无尽的内心剧情，他就像是一个摆脱重力的写作者。我们常常推崇一些长篇小说作家，对体积、规模、重量都有无限的崇拜，比如你是否触及了伟大的主题，或者是否触及了某一个非常宏大的社会问题，等等。我们喜欢宏大叙事，宏大是我们非常强烈的价值追求。但是木心他不，他完全摆脱了这些东西。他就是这么一个失去了重力、摆脱了重力的飞翔者。他的书写实际上是没有中心的。但是每当他写到一个事物，那就是他的中心。他是这样的一个写作者。

　　但是，我还是要试着概括一下：木心写了什么？他写的是他与世界的每一次相遇。他是怎么写的？他像情郎和辩士一样写。正如他夫子自道："能够用中国古文化给予我的双眼去看世界是快乐的，因为一只是辩士的眼，另一只是情郎的眼。"

　　富有启示性的大作家都是在伦理论域里输入某种新价值，或者是某种此前不太被关切的价值，然后对这种价值身体力行的人。我觉得中国现当代文学里有三位做到了。一是鲁迅，他把自由的价值纳入，自由还是奴性是他判断和叙事的一个基点。王小波把智慧和有趣纳入伦理的论域，智慧和愚蠢、有趣和无趣，这是他判断和叙事的一个基点。木心把什么纳入进来？他把"情"纳入进来，多情和无情是他判断和叙事的一个基点。他写过一段话："往过去看，一代比一代多情；往未来看，一代比一代无情。多情可以多到没际涯，无情则有限，无情而已。"这是他在《琼美卡随想录》里的《烂去》这篇文章里写的。这也是一个非常痛切的预言——现在的人也是越来越无情了。

情是佛家力图摆脱的一个梦幻泡影，是痛苦的一个根源。在我们中国传统价值观里面，"情"也不是很积极很重要的价值。如果把情替代为爱，爱是西方基督教传统最重要的价值，但是那个爱是牺牲救赎之爱。在木心这里，情和爱是可以相等的。他有一个俳句："艺术是一种爱的行为，爱'爱'的行为。"木心的这个情、爱实际上是情人、缪斯和基督的一个合体。它是一个超越性的艺术家淬炼出来的一种价值。它本身听起来是一个形而下的存在，但是被木心赋予了形而上的意味。实际上"情"即是心灵、情感、审美、德操和荷尔蒙的全面在场。

木心的"我"在写作中常常作为主人翁的形象来呈现。有时候他是具体的情人，有时候是抽象的泛情人——这个世界的情人。他会因为具体的情人情事而写情诗，他的情诗又多又好。同时他还会为从他眼前行过的、他注视过的一切，写俳句、散文、小说，这些作品有一种广义的情诗的性质。我们会注意到有爱的作家，比如俄罗斯作家托尔斯泰、陀思妥耶夫斯基，他们是大爱的作家，这爱是在基督教立场上的牺牲的爱。木心的爱则是这样一个艺术家式的、一个和世界之间构成"我—你"关系的爱，它形成非常独特的一种氛围、一种姿态和一种情味。

实际上，木心作品中的"我"和对象之间，是一种纯粹的"我—你"式的凝望。他们是一种一对一、心对心、灵对灵、身体对身体的、一种完全的投入。用马丁·布伯尔的话说："'你'便是世界，便是生命，便是神明。我当以我的整个存在，我的全部生命，我的真本自性来接近'你'，称述'你'。"实际上这就是木心。在这样的目光中，他的"我"

和世界之间，有着无限的相关性。

因此，他的写作本质上是一种对话，这种对话是无边无际、弥天漫地的。我们可以看到，对一些我们觉得没有什么好感怀的东西，他会去大加感怀。比如有一篇叫作《疯树》，他突然对大自然的四季产生了强烈的惊异。他以一个画家的口吻说，大自然的颜料也是恒定有限的，在春天小心翼翼地嫩绿，到夏天怕颜料用尽，是深一点的绿，到秋天，发现颜料还多，于是就挥霍，把该用的颜色全用在叶子上。他说，这就像中年之恋，是一场疯狂的恋爱。直到冬天，万物萧索。我的复述太没有他的神韵了。我的印象是：他会突然像外星人来到这个世界上一样，对四季的颜色变化产生极大的惊讶。

木心就是这样一位作家：我们完全熟悉的事物，他用全然陌生和惊讶的眼睛来打量，获得完全陌生的审美经验和体验。所以，他的对话是外向的，也是指向内心的，正如他说："艺术家凭内心无尽的剧情而创作。"同时，他的对话又是指向终极的，他会在任何一个微末的事物中做有神论无神论之辩，寻找他独有的上帝。

在这点上，可以说木心是"最有效率"的文学家。他会用最少的文字同时触及现象和本质，同时陈述世界的微末和遥远的神灵——或者说精神实体。这个载体就是他的俳句。他自己把它叫作雪句。今天我还特意摘了一些他的俳句。你会发现，在我们可能要写很多很多的时候，他却只用一句话，这句话背后则隐藏着一个浩瀚而沧桑的语流。比如这些俳句：

那种静，好像全是为了我似的静。

通红的炉火与纯青的炉火是谈不投机的。

所谓世界，不过是一条一条的街。

街角的寒风比野地的寒风尤为悲凉。

天鹅谈飞行术，麻雀说哪有这么多的讲究。

心之所以沉重，其中立满了墓碑。

天才是被另一个天才发现的。

先要把别人的不义而富且贵看得如浮云吧。

我觉得坐在书桌前一如坐在钢琴前。

　　他会在一个俳句里，表达极其透彻的对世情的观察和反讽家的智慧，同时他又具有一个超越性的视点。我感到他经常由于寂寞，像给自己写信一样地写俳句。比如这一句："等待高尚伟大的读者，当他出现时，我就不再卑污渺小了。"可见他已经预见到他被批评的处境，对他被认知的过程之漫长、知音之稀少，他也早就估计到了。

　　那么，木心是怎么做到这样既玄妙又家常的表达，是单凭感性吗？他是用柔软的手抚摸这一切吗？通读他所有的作品，我觉得他根本不是。他受了极强的哲学训练，而且不是中国传统哲学，是德国式哲学。他是在思想和哲学里浸泡之后，形成了——用武侠术语打个比方——化骨绵掌。你看他的语句轻细柔软，可那是他把钢筋铁骨之物（宏阔的观察，抽象的思考）在触碰的瞬间，化作纤柔的表象而形成的效果。其

实，"骨头"都被"化"过了。他养成了看世界的抽象而超然的视角，
同时能把从这视角所得的感悟，寓于具体轻盈的表象之物上。

孙郁先生说，木心不接地气。是的，他本质上不接地气。而他一旦
接起来，却还挺会接的。《上海赋》写得活色生香，但他根本不在意。
他跟我说这是雕虫小技。此文的意思是：这种玩法我会玩，但我不准备
多玩了，玩一下你知道就可以了。他更多的兴趣还是在于形而上的充满
灵智的表达，这种表达实际上能够被会心、被理解的并不多。

可以被理解和接受的，却有很强的流行潜力，所以他可能会被认为
是某种布尔乔亚的小甜点。由于他的某些诗被写成了歌，可能越来越多
的人会以为他是一个大众流行作家，但是要知道，那只是他非常小的一
部分——即使那些部分，表面的清浅之下也仍有磅礴的潜流。他自己似
乎预感到这个东西，他有俳句说：

他是什么，他有高深莫测的通俗性。
他是一个饱经沧桑的少年人。

他在读他自己，或者说他在用另一个人的眼光看自己，他懂得自己
的无限可能。于是他说"我善于用思想去感觉"，我"从来就知道是感
觉性的思想最好"。有趣的是，在自我对话这一点上，他与自我之间，
也在"我—你"关系之中。

所以，我认为木心作品最为独特的特点之一，就是他的"我"与世

界之间"我—你"关系的呈现与表达。因此，世界不再是陌生的异乡和没有意义的尘埃，不再是知识、数据、功用，而是自由、灵性、爱与美的灵魂运行、对话和安放之所。"我与你"的相遇最终要走向的故乡，不是此世，而是彼岸，是我们并不能看到的精神实体，木心先生现在去到了那里。我们如果有足够悟性的话，可能也会去到那里。

木心："我是日本文艺的知音"

林少华

翻译家、中国海洋
大学教授

近来有意无意地看了木心。也是因为自己或多或少接触日本文艺，尤其注意看了木心的相关说法。

木心自认为是日本文艺的知音。他在《文学回忆录》关于中世纪日本文学的第三十讲中讲道："我是日本文艺的知音，知音，但不知心——他们没有多大的心。日本对中国文化是一种误解。但这一误解，误解出自己的风格，误解得好。"这里说的心，想必指的是思想。木心在同一讲中说日本有情趣，但"没有思想，有，也深不下去。日本本国一个思想家也没有，都是从中国拿去和欧洲来的思想"。那么"误解"（而且"误解得好"）指的是什么呢？学画出身的木心不仅没有举画为例加以说明，而且断言日本"不出大画家，不过是国门内称大"。相比之下，他举的是文学。为此他举了"从明日起去摘嫩叶，预定的野地，昨日落了雪，今天也落雪"等几首诗，评论道："很浅，浅得有味道，日本气很强。好像和中国的像，但混淆不起来。""抱着原谅的心情去看这些诗，很轻，很薄，半透明，纸的木的竹的。日本味。非唐非宋，也非近代中国的白话诗。平静，恬淡。""不见哪儿有力度、深度，或有智慧出现。你要写却写不来。""怪味道。甜不甜，咸不咸，日本腔。"最后举了这样一首："春到，雪融化。雪融化，草就长出来了。"评语仅四个字："傻不可及！"

但不管怎样，"日本独特的美"或日本文艺的独特性在木心那里是得到了认可的："浅""轻""薄""平静""恬淡"以至"怪""傻"……由此构成了别人学不来的"日本气""日本味""日本腔"。这也大概就是所谓误解出自己的风格。但究竟是由中国文化中的什么而误解出来的，木心却语焉不详。这也不宜苛求木心，毕竟他不是日本文学专家，讲稿也并非专题学术论文。应该说，较之于系统性理性思辨，木心口中的更多是出于诗性感悟的一得之见。

于是我只好查阅日本文论家、美学家们花大力气归纳出来的三种日本美："物哀""幽玄""寂"。据北京师范大学教授王向远在其论文集《日本之文与日本之美》中考证，这三种美学概念都与中国古典有关。限于篇幅，这里仅以"幽玄"为例。"幽玄"在中国古典文献中是作为宗教哲学词汇使用的。而被日本拿走之后，则用来表达日本中世上层社会的审美趣味："所谓'幽玄'，就是超越形式、深入内部生命的神圣之美。"诸如含蓄、余情、朦胧、幽深、空灵、神秘、超现实等，都属于"兴入幽玄"之列。后来逐渐渗透到平民百姓的日常生活层面。例如作为日本女性传统化妆法，每每用白粉把整张脸涂得一片"惨白"，以求幽暗中的欣赏效果。日式传统建筑采光不喜欢明朗的阳光，窗户糊纸并躲在檐廊里仍嫌不够，还要用苇帘遮遮挡挡，以便在若明若暗中弄出"幽玄"之美。甚至饮食也怕光，如喝"大酱汤"（味噌汁）时偏用黑乎乎的漆碗。汤汁黑乎乎的，上面漂浮的裙带菜也黑乎乎的，加上房间光线幽暗，致使喝的人搞不清碗里一晃一闪有什么宝贝。大作家谷崎润一郎为此专门写了一部名为《阴翳礼赞》的书，赞美道："这一瞬间的心情，比起用汤匙在浅陋的白盘里舀出汤来喝的西洋方式，真有天渊之别……颇有禅家情趣。"这大约可以理解为木心先生的误解之说——"误解出自己的风格，误解得好。"当然木心那个年纪的人对日本的感情尤其复杂，说"好"之余，总忘不了嘴角一撇，曳出一丝不屑："怪""傻"！言外之意，不就喝个汤嘛，何必故弄玄虚！

如此"考证"下来，不妨认为，"日本美"以至整个日本文化，追根溯源，总要追溯到中国来——再次借用木心的说法，"按说他们的文化历史，不过是唐家废墟"——但日本"误解"得好，至少将"唐家"的若干概念及其内涵推进到了无以复加的极致境地，从而产生自己独特的风格，产生"日本美"。大而言之，有《源氏物语》，有浮世绘，有东山魁夷和川端康成。小而言之，有十七个字（音）的俳句。对了，你看"俳圣"松尾芭蕉写的："可惜哟，买来的面饼，扔在那里干巴了。/黄莺啊，飞到屋檐下，往面饼上拉屎哦。/鱼铺里，一排死鲷鱼，呲着一口口白牙。"如何，以屎入诗，以丑为美，够独特的吧？换个说法，以美为美，不算本事，以丑为美，才算本事。也可换成那句俏皮话：狗咬人不算新闻，人咬狗才算新闻。

纵观木心曲折的一生，不难看出，除了1927年至1937年的十年，其生涯绝不顺利。两度入狱，其间所受磨难难以想象。然而木心在作品中几乎从不涉及这些经历。对于给他带来磨难的当事者和环境，对于浊物和丑类，木心采取的态度不是怀恨和复仇，而大约是出乎近乎怜悯的傲慢。他不屑于提及，连提及都是高看他们！依李劼的说法，这可能是他与鲁迅的最大区别所在，又可能是其隐藏在冷漠外表下的善良心地使然。

我忽然觉得，木心最好看的生命姿态，是他在狱中弹琴，琴键画在纸上的钢琴（后来在劳改中伤了两只手指，再也弹不成钢琴了）。那一姿态明显遥接魏晋嵇康的刑场抚琴——一抹夕阳残照下，临刑前的嵇康泰然自若地抚琴长啸。由此也就不难明白木心何以那么心仪嵇康。尤其在20世纪70年代的祖国大地，那是何等感人的生命姿态啊！不妨说，构成贵族气质的几种要素尽皆集中于此：危难中的操守，宠辱不惊的纯真，对权势与对手的不屑一顾，对艺术和美的一往情深——对"人的诗意存在"或审美主体性淋漓尽致的炫示和赞美在此定格！这是真正的贵族，一种由古希腊知识分子精神和中国魏晋士人风骨奇妙结合生成的精神贵族、文化贵族，这才是贵族特有的优雅，大雅，大美！同叽叽歪歪、栖栖遑遑、蝇营狗苟、患得患失、畏首畏尾的"平民"恰成鲜明的对比。

呜呼，吾谁与归？

从现实看，木心是个失败者。我是从他的诗集《我纷纷的情欲》中得出这个结论的。从诗集中去考察一个人在现实中的成功还是失败，未免有些不符合逻辑。而且，如何衡量成功与失败，本身就有不同的指标——成功者看出了成功，失败者看出了失败。

若要究其情感上的现状，木心有其不对称的情感上的法宝。他二十岁的诗和六十岁的诗呈现出截然不同的面貌，简单来说，就是二十岁写六十岁的诗，而六十岁写二十岁的诗。在《我纷纷的情欲》中，只有两首二十岁的诗，一首叫作《阿里山之夜》（二十一岁），一首叫作《思绝》（二十九岁）。其他的，大抵是六十岁后的产物。

如此对比阅读，意趣顿现。单看此二首，的确像是六十岁的老人写的，而其他的一百一十七首，则耀眼如年轻人的白昼。抛开二十岁作品遗失的可能性不谈，木心是个倒着活的人，越活越年轻态。我甚至认为他有意识地耍了一些机智：一是体力上的机智，在六十岁开发诗歌的可能性和对情感状态

诛心看木心

胡赳赳

诗人、作家

予以追缴，遵循的是事后的、省力的方式；一是智力上的机智，书名为《我纷纷的情欲》，读整本诗集，真能感受到作者将"情欲"的本真、美好与从容不露声色地散落在诗集的各个篇章和部分。

谁的情欲不深刻？成功者的情欲想必是不深刻的，因为志得意满，就没有深刻的可能。而为什么要说木心是个失败者呢？正因为在情欲方面，他既深刻，又做的是年龄上的事后观，因此，想说他不失败都不可能。

我跟陈丹青先生开玩笑讲，这个老头子年轻时一定是个风流潇洒的主儿，懂得一切美好的事物。及至看到他六十八岁在英国的照片，比费翔的标致有过之而无不及，人比年龄看起来要先减去零头再除以二——心下忍不住暗暗赞叹，怪不得从他的诗歌中就首先看不出年龄段的痕迹，如果没有一颗诗心，哪里去寻那种长生不老药。时间的旅途和空间的旅途在木心这儿，似乎变得停滞了，在此地即在彼地，在这一刻即在所有时刻。

这样子说，玄而又玄。且来看木心本人的诗歌上的造化。

他1988年写了一首诗《寄回波尔多》，在结尾处端的是令人拍案叫绝："吃鱼的日子不吃肉／我认为是良心问题。"洒脱脱地将一首诗衍化为神奇之物，在诗意生成的诗歌技术中，以及在当代艺术家用拙劣的拼贴挪用等等手法批量制造画作的环境里，可曾想过木心用的是什么技术、什么手法？这里姑且不做细赏，因回味已是无穷。

他的另一首诗《大卫》写于六十三岁，注明"交给伶长，用丝弦的乐器"，诗中没提情欲一个字，每段十六字："莫倚偎我/我习于冷/志于成冰/莫倚偎我。"又言："来拥抱我/我自温馨/自全清凉/来拥抱我。"主体与客体、大卫与作者、他者与读者在这里乒乒乓乓一顿反射，其间隐藏的情感性状的变化、形式感与音乐感的统一与和谐，以及矛盾与悲情到彻悟的转归，不是"文字游戏"这样的论断能一言蔽之的。

而《南欧速写》则是木心准确与大容量兼具的一首诗作，里面提到了八个人，每人一段，各占三句。八个人面面俱到，有远近亲恶之感，如一出戏剧里的各等角色。在此引用最后两段："近月以来，H勤奋/顾盼生姿，不知何故/心情太好是不好的//谅必在寂寞/只能由E去寂寞/我已寂寞过了。"啧啧，这个木心，他的漫不经心、闲谈式的诗句，看起来浅，却浅而不薄，浅是浅，却浅得要人去回味。他的这样的诗句，比比皆是，不故作端庄，也不故作勾引，看到了，停下来，彼此会意。

比起本雅明在《发达资本主义时代的抒情诗人》中所激赏的诗人波德莱尔而言，木心具有东方人的思维传统，他总用东方人的视角（含而不露）去表达自己的感受（不具有侵略性）。从这个角度而言，他的诗歌具有典型东方特质的美感和文字外观。另外，对于本雅明所发明（或占用）的"最后一瞥"——作为都市化的产物，陌生人之间的"一见钟情"被"最后一瞥"所替代，本雅明发现了这样的一种状况和隐藏其间的现代人的即时审美——到了木心这里，也做了一些转换。

木心看到的，是集体的失重。即集体相较个体而言，是缺少重量感的。本雅明从人群中发现了个人与个人相遇的优美与震撼。而木心发现了什么呢？

请看《巴黎俯眺》："许多打着伞/在大雨中/行走的人//我们实在/还没有什么/值得自夸。"

"我们实在/还没有什么/值得自夸"，虽然是一个复数的指认和代言，无论是在20世纪90年代的巴黎、21世纪00年代的纽约和2007年的北京，我相信，事实的确如此，我们实在还没有什么值得自夸，我非常想将这首诗倒个个儿，题目改成《巴黎仰望》："我们实在/还没有什么/值得自夸//许多打着伞/在天空中/行走的人。"

很明显，这样一来，就可以发现我的戏拟之作具有超现实主义风格，而木心先生原汁原味的诗作则那么经典，经得起篡改。

作为一代绘画家，木心将绘画的意识、观念与直觉引入到诗歌当中来了，其中有一首诗《旷野一棵树》，完全是绘画语言的诗歌翻版："渐老/渐如枯枝/晴空下/权桠纤繁成晕/后面蓝天/其实就是死/晴着/蓝着/枯枝才清晰/远望迷迷濛濛/灰而起紫晕/一棵/冬之树/别的树上有鸟巢/黄丝带，断线风筝/我/没有。"

这样一首诗，稍微有些绘画经验的年轻朋友，都应该引起警觉，从中可以学习如何读画绘画，也可以学习到"我"与"一棵树"的同构关系。而对于写诗的人来讲，层层叠叠的笔法、可感的清晰度、意境的采摘和意象的诞生，同样有可吸收的价值。

当然，我最感兴趣的部分仍然是诗歌中散落的情欲。木心，这个我愿意指认为"男人中的尤物"的人，他的情欲是优雅的，但不是一个人的优雅，而是全人类的优雅。且看他的施为："从前的人，多认真/认真勾引，认真失身"（《还值一个弥撒吗》）；"那夜晚/接连三次一见钟情"（《纸骑士》）；"切齿痛恨而/切肤痛惜的才是情人"（《肉体是一部圣经》）；"谁愿手拉手/向白夜走/谁就是我的情人/纯洁美丽的坏人"（《论白夜》）。

最厉害的是《醍醐》之诗，男人一定得看，因为将受益终生："你在爱了/我怎会不知/这点点爱/只能逗引我/不足饱饫我/先得将尔乳之/将尔酪，将尔酥/生酥而熟酥/熟酥而至醍醐/我才甘心由你灌顶/如果你止于酪/即使你至酥而止于酥/请回去吧/这里肃静无事。"

这首诗是木心的精髓所在，或者说，可以将"纷纷的情欲"做个归总，做个总结性陈词。写情欲的西方诗人，多至星河灿烂，从惠特曼的"我歌颂带电的肉体"，到里尔克的《杜依诺哀歌》，纷纷纭纭，气韵贯通。木心表现的则不是情欲强悍的一面，而是情欲的"反复"性。他在这个问题上纠缠不清，于是诗集乃成。

我不拟将他与其他中国诗人做一比较，也不愿将他的诗歌中那些文化上的底蕴做过多分析。对前者而言，木心与其他中国诗人或诗歌的阅读者之间，有着完全不同的异质，换句话说，木心是个异类，他的诗歌本不在我们的诗歌审美经验之中，如果用白话诗或当代诗的看法，木心的诗可能显得不入流，但是有什么关系呢，用冯唐的话来说就是：You have to be out to be in（你必须非主流才入流）。对后者而言，有关木心的文化背景、海外履历已传说得太多，以至于有被神化的嫌疑，不复可爱，而他的诗集出现了，一下子荡平了这么多的障碍，因为我主张诗歌是不需要用修为学识去写的，它直接是入心灵的，每个人的诗歌史都是心灵史，所以，要想读或了解木心的诗歌，就必须"诛"了他的心，剖开其心灵的一面来看，他把诗心葆有得完好如初，超越了时间。他将跟莎士比亚一样，被后世人称为"诗人"而不是剧作家或其他。

我想，我是难以写木心的，就像我难以写我挚爱的废名一样，他们都是卧龙岗上散淡的人，我却不是。散淡的人有着古奥的恒心，我却没有。我只有一颗虽经炭烧而未灰的心，和他们略通。

我在 2011 年最后的诗歌阅读，就属于木心先生。某个冬日从广州回香港的车上，读了大半本木心的《我纷纷的情欲》，读得满心欢喜，然后看着珠三角的茫茫黑夜，欢喜又忧伤。想起十多年前，我到香港的头一个月，买的第一本诗集就是木心的《西班牙三棵树》，那时还以为他是台湾诗人。

阅读停止了十四年才接续上，岂料半个月后木心先生竟先远游。先生诗如其人，独来独往，无视种种风潮，只从心性所爱，也像废名先生。木心的诗，就成了这个春天我的枕边书，唯欲追以神交——因为这样的一个人，是应该把臂同游，在旅途中听他随意而成的诗，而不是对着白纸黑字研究的。

木心活了八十四岁，但若不看其年表，可能

一个少年虚构的诗人

——谈木心的诗

廖伟棠

诗人、作家

会把他当成一个青年诗人，年轻是他诗歌中的天然。虽然他有诗曰"年轻是一种天谴"，可他永远有年轻的青涩和艳阳，如《诗经》里走来的人。他的诗力学《诗经》和古诗源的质朴从容——相反他改写《诗经》的诗集《会吾中》（又名《诗经演》）却艰涩岔拗——赋比兴都是他常用的，但完全不露痕迹。这样一来，他的诗本身也许并不前卫、实验，但他写诗这一行为却非常前卫艺术，他常常把自己当作一个远古健康时代的年轻人来开始写作，无论他写的是一个欧洲的没落贵族还是巴赫的流离生涯，那个在悠然行止的文字背后气韵酣畅的言说者，其实都是那个《诗经》时代的翩翩少年。

奇怪的是，这些诗大多数写于他1982年移居海外之后，那时他已经五十多岁了。按中国诗人一般的写作生命来说，这时早应搁笔，开始写回忆录，他却如初恋少年下笔滔滔，尽是意气风发的句子。我们知道出国前的木心，一直潜龙勿用，甚至韬光养晦，熬过了他应该难以幸免的中国当代史中的种种磨难。从后来的文字看来，他自有他那时的意气风发，唯只许佳人独自知，种种风流，滋养了日后的天真——这也是其"任真"，一个多情人任意自己的天真，也是一种魅力。就像他《WELWITSCHIA》一诗中骄傲地说的："二十岁开花，从此／一辈子开花开到底。"

他的人生太漫长，我常寻思他是怎么度过那些年代的，那些他没有写作——或写作被时光所隐蔽的日子。这是非常有意思的案例，想象一个浪荡老年的隐晦时期，有点像后人对姜夔所做的。"少年情事老来悲"，唯爱常是从回忆中来——"于今追思都是荒唐的戏，悲凉的劫"，暴露他的年纪和阅历。木心好些情诗像卡瓦菲斯，不动声色地暗示一段段忏情史。但又常有如《芹香子》一诗那样的，情爱与回忆之力极汹涌地席卷了字词："当年的爱，大风萧萧的草莽之爱……每度的合都是仓猝的野合。"

在《泡沫》里的爱情观最能代表他："我一生的遇合离散／抱过吻过的都是泡沫呵……爱情洗净了我的体肤／凉凉的清水冲去全身的泡沫。"具体的爱情事件是泡沫，抽象的爱情行为却是使当事人一次次超越的神力。他的唯爱主义，只爱爱情本身（我们甚至都不必去区分他诗里的同性或异性恋）。这样的爱情，成了写作的隐喻，唯写作行为之快乐永恒，所写主题如何又何碍？

其实除文字外，家国于他何有哉？譬如木心海外浪游诗有的写于20世纪80年代末，但看不出他内心有波澜，也许是隐忍，也许是与他的享乐主义共生的虚无主义使然。享乐主义，导致他的诗如一个感官世界，琳琅满目；虚无主义，却最终能给人带来一种可媲美宗教的解脱。那也是奇妙的。

这种解脱见诸他的一些短诗，如这首《杰克逊高地》：

五月将尽

连日强光普照

一路一路树荫

呆滞到傍晚

　　红胸鸟在电线上啭鸣

　　天色舒齐地暗下来

　　那是慢慢地，很慢

　　绿叶蓁间的白屋

　　夕阳射亮玻璃

　　草坪湿透，还在洒

　　蓝紫莺尾花一味梦幻

　　都相约暗下，暗下

　　清晰，和蔼，委婉

　　不知原谅什么

　　诚觉世事尽可原谅

　　原谅所有世事固然难，不知原谅什么更难，那是彻底摆脱仇恨之阴影的人才能说出的话，视木心1982年去国之快意、其后漫游世界之快意，便可理解这片高地上平和的种种与一个平静的人的共鸣，连暗下来的天色都是"舒齐"的——仿佛除了这么一个生僻的古字不足以承载这仿佛非现世的一切。这首诗令我想到另一个逃离国家的大诗人米沃什的一首短章，名作《礼物》：

　　如此幸福的一天。

　　雾一早就散了，我在花园里干活。

蜂鸟停在忍冬花上。

这世上没有一样东西我想占有。

我知道没有一个人值得我羡慕。

任何我曾遭受的不幸，我都已忘记。

想到故我今我同为一人并不使我难为情。

在我身上没有痛苦。

直起腰来，我望见蓝色的大海和帆影。

（西川译）

都是历尽劫波的人才有的超脱，米沃什的依然带有强烈的欧洲理性知识分子的思辨习惯，那个强调没有痛苦的叙述者恰恰是经历过大痛苦的，那个忘记者，恰是承受过很多不幸的。而木心则有着东方人的轻巧，更多姿的意象代替了作者的自我洗涤，可谓自然，亦可惜过于淡然。

不提，不代表木心真的不痛和可以原谅。当他偶一触及，便有至深的痛语，这时虚空才显出虚空的本来面目，原来无从超脱与安慰："秋风萧瑟，胜利班师亦虚空 / 战后满目幸存的陌生人 / 爱是熟知，恨也是熟知呀。"——木心《陌生的国族》断然写道。这是一个真正具有独立身姿的现代知识分子的态度，无所谓吾国吾民，因为已经深度了解，熟悉反而加强了陌生，这也许属于中国特有的知识分子与现实之关系吧。

木心的独立其实更显示在他的语言风格中，他之所以吸引我，很大一个原因是：他是新诗史的局外人，无论言辞的使用方法之极端抑或情欲的吞吐之坦诚，都罕见同者。他的语言走两个极端，要么文言突兀插入，要么散文化得贫乏，这也是正常的、受过训练的现代诗读者对他的不满之处，却是他的独门杀器。在他极端的"观念作品"《会吾中》中，前者使用得浑然无痕，后者则稍加小说化的凝聚，成就了另一部观念作品——《伪所罗门书：不期然而然的个人成长史》。

《伪所罗门书：不期然而然的个人成长史》绝对有趣，就像一个观念装置艺术品，木心半个世纪广阔的成长史，结合了以一种本雅明引文癖那样从别人成长史上撷取下来的种种瞬间片段，"醍醐事之"，成此怪书。其对诗歌的颠覆在于，传统意义上诗歌是属于非虚构作品，但木心却大举虚构，以组织一部成长小说的耐心去组织诗句，西方现代诗中相似的尝试，有英国诗人豪斯曼的《什罗普郡一少年》和美国诗人埃德加·李·马斯特斯的《匙河集》，但都没有木心此书的虚实交错那么浑然。

《伪所罗门书：不期然而然的个人成长史》对于木心来说，还有一个成功之处，就是他通过对命运的虚构，整合了他之前过于耽迷的旅游诗，方赋予后者意义。那些常见于《我纷纷的情欲》和《巴珑》中的以地名为题的记录诗，印象主义似的留恋了许多外国的浮光，但很多流于掠影，长篇无聊的铺陈，尽显了木心拿手的赋体之利弊——利在于能尽情满足木心的感官之欲，流连光景惜朱颜，千回百转，交织出一派满满的普鲁斯特式旖旎风光；弊也在于其多情，过处皆有情——这也曾是我竭力为之的，现在回看，如此种种埋藏记忆中可也，诗当节约于最痛处方允许灿烂。

爱是熟知，恨也是熟知啊。再写下去我就准备批评他了，但我又不想批评这么一个本色的诗人。那就给他写一首诗吧，这才是诗人喜欢的交流。——《怀木心先生》：

一只巨兔在江南那灰暗地方看雪

雪落了一个好处

它的鼻子悉悉，目光如梅伸向寥寥的题字

一只巨兔绒毛蓬松，十字路上人人经过

经过而不知其范围天地

而不过，它的灰浑忘了阴阳

它的前生必定是一个美男子啊

二战的炮火仅仅使他如风、落帽

露出了他完美的耳朵

在江南那灰暗地方，月饼冻成了少女的昼梦

1946年，雪落了一段好辰光

这好男好女，不好商量，反正两手一襟暖

自我完成的诗人木心

赵　鲲

天水师范学院
副教授

迄今，我已读过木心先生四本诗集，其感受依次如下：先读《西班牙三棵树》，淡然入怀；继之，《我纷纷的情欲》，感觉大好，如饮醇醪；及至读过《巴珑》和《伪所罗门书》，则不仅为木心喜悦，更为中国新诗得如此诗人而欣慰。

翻开木心诗集，万千意象扑面而来，我们发现其中有许多属于异域的题材和意象，甚至，比中国意象还要多。此一特征煞是触目。精神背景偏狭以及缺乏同情心者，对这种"洋味"可能不免隔膜和抵触——这，不是不理解木心，而是不理解文学。

木心的文学，显然具备了"世界性"。这种"世界性"，体现于其诗歌在空间与时间两个维度上的极力拓展。

中国题材且勿论，我们发现木心的诗有很多游历世界的履痕。他的踪迹遍及欧美。亲身践履之不足，继之以"神游"，依着知识与想象，木心还写出了他并未亲临的非洲、印度"游记"。他实现了童年时就有的，也是很多人都有的"世界梦"，并将其化为缕缕诗文。孙郁说木心是"游走于世界的狂士"，信哉斯言。而所谓"游走世界"，对于一个欲囊括万物的诗人来说，绝不只是地理意义上的，恐怕更是历史意义上的。中国历史与文心，木心自当下启程，迤逦而上，一直神游至先秦。譬如，那《明人秋色》，化文为诗，清俊淡雅，气机流转，俨然一幅上佳的《溪山行旅图》。改写的《洛阳伽蓝赋》，果然熔裁事之，精粹出蓝。《诗经演》更是对《诗经》时代的温柔而疯狂的缅想。而他每每于西方、中东、拉美文学、历史中撷取诗材，从遥远的爱琴海、古罗马，到拜占庭、中世纪，到维多利亚与沙皇时代，到世界大战、苏联解体，诗人一路乘魔毯飞行，幽灵潜翳，目想心存，纵横四海，上下古今。

文学岂止是"怎样写"的问题，它也甚关乎"写什么"。木心作品的视野是世界性的，中国诗歌在木心身上找到了前所未有的空间。较之中国诗人，木心把题材扩大到了世界。这种世界性，是现代性的一个重要维度。

其实，现代以来，具有"世界胸怀"者所在多有，可惜后来被政治摧断。近二十多年，国人又纷纷"走向世界"，却多是荣辱止于一身的"工具理性"者，鲜有心系人类的大胸怀。我们读木心，艺术且不论，首先应看到他这种目下已很罕见的大背景、大气象。

木心为什么会如此钟情并熟稔于西方？这并非刻意造作之举，而是其人生与创作的必然。木心童年时生活的江南小镇，业已相当西化。木心从小就深刻濡染并喜爱着西洋文明，当然，传统文化在他的血脉中也是一片自在的丰茂水草。后来，在国中渡尽劫波的木心散步散远了，去了美国。"忽反顾以游目兮，将往观乎四荒"，屈原若值现代，也一定流浪他国，成为"世界人"。我们无法想象木心1982年之前的写作内容，但他的去国远游，对其文学的"世界性"肯定是一种催化。外在的"走向世界"与内在的"世界梦"因缘际合，自然而必然地成就了木心的"世界性"。

而那么多走向世界者，怎么就未必都具备了"世界精神"呢？所以更深的原因在于胸怀，在于"内在视域"。木心以为"世界是整个儿的，历史是一连串的，文学所触及的就是整个儿的世界和一连串的历史"（《海峡传声》）。这是很清醒的世界观、历史观和文学观。万象归一，人类一如。只有放眼世界，才能看清自我；欲明了自我，唯有观照世界。一个在孤独沉静中企图深入并呈现一切世相的诗人，他站在旅社的露台上张望，若有所思，若有所迷。这露台不属于任何地方，只属于自己的内心，只因他是流离不失所的浪子。木心在评兰波文中说，兰波没有"从自身出发，遍及万象，又返回自身"，说明木心认识到：文学在精神上的完成需遍及万象，但还得"反身而诚"，方能"万物俱备于我"，方能"通灵"。木心那数量惊人的俳句，就是企图对世界和内心的无限触及。他在诗中"贪婪于攫取时间和空间"（《迟迟告白》），自始至终其实就是对最大程度的丰富生命的追求。所以，木心并不是刻意写异国和历史的诗人——周览天下，回溯历史，无非是为了遍及生命，"对于灵魂而言，世界实在还不够辽阔"（《北方的浓雾》）。"观古今于须臾，抚四海于一瞬"，本就是文学创作的必然。文学之核心乃"文心"，文心即人心，即是人之生命的对应物。世界性、历史性，是文学、文心的必然品格。木心文学的世界性，是他的文心对世界的必然触及。他一再强调文化像风，风没有中心。生命也没有中心，没有时间。在《山茱萸农场》中，他这样自白：

> 若使只眷念家园纯美
>
> 那是涉历有限，鉴赏欠精
>
> 待到每块陆地都好像自己的国土
>
> 就快要成为强者了
>
> 随后将整个世界看作淡漠异乡
>
> 庶几乎形而上上，炉火终于纯青

贴地遍行，原是为了超拔而去。真的文学，只是精神世界的无限远游而已。

因了这种"世界情怀"，木心的文化背景显得宽阔而复杂，但也并非渺然难寻，依木心自述及孙郁、许志强、汪涌豪等人的分析，大致可以明晰。而且，"文化背景"只可以艺术创作的某种源头及远景待之，两者的关系不宜做过于明细的推导。与其搜索木心的"文脉"，不如仔细探看他是如何以个体的创造而赋予艺术以新的面目。

木心说他的精神源头在古希腊。古希腊的什么呢？——爱美与爱智。他一生的苦恋与作为都在这两种精神的驱动与照耀之下。木心钟情的是古希腊的阿波罗和狄奥尼索斯。那是艺术之神，希伯来和中国文明中皆无此种至高的艺术神。日神的清明与酒神的沉醉，我们在木心诗中，不难感到这两种气息的起伏流荡。木心以为艺术高于哲学，故我们有理由认为古希腊的艺术精神是木心精神家园中的殿堂。当然，由古希腊罗马文化催生的文艺复兴艺术，也是他心中的日月。

　　那么，木心与中国古文明的感应又是什么呢？就他以为最为本初的宇宙观而言，木心大约最心仪老子吧。他说"人类始终只能独白"，"宇宙是不与人对话的"（《海峡传声》），这岂不是说"人是自作多情的"？这和"天地不仁，以万物为刍狗"同义。天若有情天亦老，唯人有情，唯人多情。譬如，那首《莱茵河》，先说莱茵河，它那么久远、广大、自在，莱茵河边：

> 贝多芬老了，坐在河畔观落日
>
> 四重奏第二乐章玄之又玄
>
> 那是慢板，茫茫无着落的慈爱

　　这正是老子所揭示的天地无为、无情，而人苦有情的真相。整首诗的节奏和语气也是无限苍茫的纾缓的慢板。木心的人生观"生命的剧情在于弱，弱出生命来才是强"（*Key West*），也是老子的意思。

　　虽然多取材于西方，并从西方现代诗歌中汲取了诸多艺术手法，木心的诗却并未沦为类似西方诗歌翻版的"翻译体"，其诗歌的最高趋向仍是东方式的空灵、恬淡、幽深、苍茫，如《俄国九月》《库兹明斯科一夜》《莱茵河》《莫斯科之北》《兹城·勒城》《海》等，其"神情"仍是东方的。他的绘画似乎也是如此，如那幅《飞泉澄波》，简直幽深到了恐怖的地步。木心介于东西方之间的微妙的艺术气质，正是他的魅力所在。

他的诗注重的是"人间性"、此岸性，写人间万象及其深意与深美，他不是玄学派诗人，也不是宗教诗人。他说："天堂无趣，有趣的是人间，唯有平常的事物才有深意，除此，那是奥妙、神秘。"（《除此》）此一点，呈示木心仍是道地的中国诗人。这是中国人的世界观。西方诗人，凡抵于高深境界者，多与玄远的宗教情思相纠缠，如但丁、歌德、弥尔顿、里尔克、艾略特，或是走向神秘境地，如威廉·布莱克、叶芝，或者被形而上学所困，如博尔赫斯，其背后，总有上帝的魔影。中国诗人更注重的是当下的温度和质感。虽然屈原、李白、李贺也上天入地，驱遣神鬼，但那只是其"人间性"的投射和旁溢。此乃中西诗歌精神的基本差异。

使得木心诗歌迥异于"翻译体"的重要原因在于其语言。他的诗歌语言，是当代诗歌中罕见的古今对接的语言。由整体质地观之，木心的新诗，完全不在当代国内的诗歌模式中。他的诗不避文言词汇，如"之""唯""顷""皆""与夫"等，甚至直接糅入文言句子。新诗中使用文言的做法，在20世纪30年代的现代派诗人如戴望舒、卞之琳、林庚，乃至40年代的吴兴华，以及60年代的一些台湾诗人等都做过不错的尝试。惜乎这种古今中西融汇的诗歌试验，近几十年来在大陆几乎废弃。当今诗人，从外国诗歌中吸取了很多东西，包括艺术思维、写作手法等，但大多缺乏深厚的古典诗歌涵养，故难以对新诗语言做出更大的推进。木心的诗，起码在语言和文化品位上，独自走着一条探索之途。

不过，木心取法古诗，使用文言语汇尚是浅表之事，更难也更重要的是其句法的紧缩、人称代词及连词的尽量避免、炼字锤句、意象并置、使事用典、融情于景、风雅含蓄等古典诗歌传统的运用——只要恰当得宜，效法取用，有何不可？文学家向艺术高峰迈进时都会对语言无比讲求。木心显然是抱有"惟陈言之务去"信念的诗人。在一切表达上，他都竭力"避熟就生"，这是他语言的基本法。因为"熟"，非俗则庸；生则新，新则不俗。古人云："宁句不工，毋使语俗。"当然，并非一味新奇就好，能在"熟"和"生"之间找到平衡点，方为妙道。木心此种作为，近于杜甫、韩愈和黄庭坚诸人。这种语言博弈，类似于风险投资，若欲有所创获，难免纳几回败阙，子美、退之、山谷皆在所难免，但其创造亦自伟岸。

若与古人比，我总觉木心跟韩愈、黄庭坚有几分相似。这份古人名单，还可以开得更长些：木心雄博似韩愈，奇绝似黄庭坚，纤徐从容似欧阳修，情思深永似晏殊，一往情深似晏几道，一意孤行遗世独立则与陶彭泽千古同调——只不过，他们的心境毕竟是不同的。这里毫无夸大之意，只是取来更多的镜子映照主人公。木心与韩愈的相似，在于气魄的雄大和陈言务去辞必己出的语言。韩愈乃雄鸷之才，木心亦然，清秀俊朗只是附丽。与黄庭坚的暗合，在于炼字炼句，以及取古人陈言入于翰墨的"窜改法"，即山谷所谓"夺胎换骨""点铁成金"。

木心的诗，大量动用了"改写"。《伪所罗门书》中的诗多自外国文学、历史文献中化出，但作者将原料一概隐去；而《巴珑》中的许多改写之作，都交代了来源。《洛阳伽蓝赋》的改写最为彰著，规模最大。《明人秋色》取自谭元春游记散文，《东京淫祠》取自永井荷风散文，《萨比尼四季》取自西塞罗散文。有的来自回忆录，如《门户上方的公羊头》；有的取于书信集，如《伦敦街声》《埃特鲁里亚庄园记》；有的源出小说，如《兰佩杜萨之觇》；有的甚至出自文化学著作，如从福里特尔的《现代文化史》中提炼出的《末度行吟》。这些诗，皆是为原文诗意所感，乃胎息吐纳，含英咀华，踵事增华。或涵泳其间，吹气若兰；或借花献佛，别托怀抱。《塞尔彭之奠》是对怀特、戈斯、卡尔佩特、赫德逊他们的一些小节或单句的合和之作，更为复杂。其实，这种做法，在中国古人中很普遍，如"集句"。这是严肃的游戏，未尝不由乎技痒，但我想，其初衷仍是那超越时空的诗意的触怀。木心这样解释："我幸于乐为公有的人类文献（human document）复此一笔，忝证'文学'无疑是初比今夕何夕的时鲜，而后比执手偕老的永恒。"呵，原来是"执手偕老"，用木心自己的话说，即是"变奏、仿制"。

文学史上，对前人作品进行改写、戏拟的例子触处皆是，如莎士比亚对马洛戏剧的改写，李白对六朝乐府诗的改写，《西厢记》对《会真记》的改写，白朴《梧桐雨》对《长恨歌》的改写，江西派诗人直将

"夺胎换骨"作为诗歌创作的基本法门。咏史诗、历史小说不都是对历史的"改写"吗？化古人陈言入于翰墨，从来就是文学创造的基本方法之一，端看如何改、如何化了。

聂鲁达曾批评博尔赫斯的诗根植于书本，而他则是根植于生活。博尔赫斯固然有些依赖书本，但老聂此语未免粗率，因为真的诗歌既不是书本，也不是生活，而是超越于书本、生活、间接经验、直接经验等范畴的更玄妙的存在。更何况，从书本中撷取材料与灵感，并非没有生活经验的参与；观察生活，也未必不携带着书本中的观念。人的意识哪有如此简单可分？何况作诗？个人经验是有限的，而世界无限，艺术亦无限。故那追求艺术的无限性的诗人必然会逸出现实世界的藩篱，到古人的文字世界里去找寻更丰富的感悟，扩展自己的体验。而即使一个诗人可以涵纳人类所有的经验，也未必就拥有了所有的诗的契机。里尔克认为"诗是经验"，我以为不确。经验的确是诗的一部分，但诗不只是经验。应该说，诗歌是不离经验而超乎经验（庄子所谓"超以象外，得其圜中"）的，它的终极处是"灵性"，一切艺术的终极处都是灵性，其他，都是灵性的依托和酵母。兰波之所谓"通灵"，叶芝之所谓"灵视"，严羽之所谓"妙悟"，皆可作"灵性"观。真正强有力的诗人，当无分书本与生活，一概以灵心通之，要能舍筏登岸，毋如抱梁溺水也。"题材和方法都是客体，主体是'灵魂'。"木心如是说。

木心当然是以文字为诗，以才学为诗，以议论为诗，但岂止如此，他也以小说为诗，以绘画为诗，以音乐为诗，甚至，以电影为诗。

木心写了很多叙事诗，《巴珑》和《伪所罗门书》中尤其多。中国传统诗歌不以叙事为务，但西方诗歌、现代诗歌却多叙事成分。叙事，是诗歌中的"不速之客"，因为它诉诸逻辑，而逻辑，是诗歌的削弱力量。要写好叙事诗，明智的做法是让叙事在写景、抒情和议论之间蹁跹，至少，叙事成分要格外简明，富于张力。木心深明此义。《海岸阴谋》俨然深藏机心的短篇小说，饶有诗的况味。《智利行》辛苦锻炼，却不无勉强，只因以诗叙事之不易也。

作为画家的木心，其诗歌的"图画美"自是超凡脱俗，兹不例证。而更为难得的是其诗歌的"电影效果"，他那些融描绘、叙事于一体的诗的视像，往往不是单幅画面的呈现，而是不同画面之间的流转；不是定格，而是拼贴与剪辑。《望着苏门答腊海岸》简直是一部精美的短片电影。《维斯瓦河边》共三节，中间一节暗示主题为失恋，前后两节则完全是不着痕迹的写景，整首诗的效果仿佛电影中的"淡入、淡出"。

从形式来看，木心的新诗是自由体，独抒性灵，不拘格套，分节、分行，皆随遇而安。自现代诗背离了古体诗的整饬与格律后，新诗的形式始终是个令人困扰的问题。时至今日，我们大致可以确信这样的原则：一首新诗不必有一定的节数、行数，每行的字数也不必一致，也不必如吴兴华那样在新诗中像律绝诗一样叶韵，诗的长短、分节、分行都应顺从"这首诗"内在的召唤，随物赋形。押韵，能押自然好，不能押，亦无不可。

古人论文学，兼乎"情文""声文"与"形文"。由"形文"看，木心诗的结构（中国传统的说法是"布局""章法"，而非"结构"）与句式遵守的是无法则的法则，他放得开，泛滥而能停蓄。如今的新诗作者，恐怕没人再愿意完全回到句数一定、字数齐整的均齐状态去了。但现代以来的新诗，"声文"大告消歇，诗之可歌可诵早成明日黄花。诗歌之"歌"，非同于音乐，乃按乎"音律"。由古转今，格式化的格律固应抛弃，更未必要诗成而披之管弦发乎歌喉，但至少要有心于"可诵"，有韵律之感；未必篇篇皆至，却不可毫不措意。读木心诗，我心中的琴弦常能被他拨动，他的诗有种池塘生春草般的"音乐感"。譬如，情诗《雅謌撰》，行节齐整，语句铿锵，在优美的意象和动人的比喻中坦陈对"你"的迷醉和思爱，读之爽口、爽心，其情绪与节奏如同赞美诗般的歌唱，仿佛蜻蜓的飞行。《肉体是一部圣经》中有这样几句：

> 你如花的青春
>
> 我似水的柔情
>
> 我俩合而为神
>
> 生活是一种飞行
>
> 四季是爱的衬景
>
> 肉体是一部圣经

这真是如歌、如唱。

有时，木心会在更短的篇幅中呈现出"乐感"，如"为你，我甘忍凄怆，满怀熊熊希望"（《五岛晚邮·一月三日》），末字皆为仄声，给人以激动的急切之感；"怆""望"叶韵，去声，暗合着决然赴爱义无反顾之情；句式由二字到五字到六字句，仿佛一股不可遏止的爱的波浪，又如同投下一粒火星，燃烧而起，烈焰熊熊。这样的诗句，是可以给人以美的享受的。

木心之所以能如此，首先是有心于诗的韵律，其次则是语言感觉和音乐灵性的造化。诗之韵律的捕捉和呈现是相当微妙的，它最终取决于诗人对节奏和声音的敏感，它是"气盛"的结果，"气盛则言之短长与声之高下者皆宜"（韩愈《答李翊书》）。而"气"又从何而来呢？来自先天禀赋和后天修为。

自作品所呈现的心态观之，木心堪称一个真正成熟而沉静的写作者，这"成熟"并非指艺术上的毫无瑕疵，而是指创作心态的纯粹及心智的成熟。曾经的灾难几乎没顶，而他挺下来了，让生命再度复苏，任红尘滚滚万丈，还有什么喧嚣可以夺人——要写，就只是写。就年龄看，木心的写作是"老年写作"，但体谅文心，却不难感受其坚稳醇丽的"中年心态"。木心认为，人类文化正处于它的中年，现代诗写作也应当是"中年写作"。其所谓"中年"，显然是指心态。"庾信平生最萧瑟，暮年诗赋动江关。"陶渊明的诗又有几首是年轻时的呢？文学造诣不同于数理学科，在阅历清浅时就可以做出惊人之绩。文学固然需天赋，但未经充分成长并成熟的心灵，不可能写出真正深厚博大的作品。兰波的才华早熟，可谓难以匹敌矣，但就内容而言，其实也只是少年人的斑斓意蕴，并不能涵括人生的整体。木心1970年前的作品大抵毁于劫乱，1982年出国，再度向文学"发难"，已是五十五岁之龄——这是不幸中的幸运。坎壈中年事已陈，天涯漂泊若为春。此时的木心，心态和艺术皆已趋于成熟——成熟，意味着不再会从一定的高度上掉下来。而木心的"中年心态"，意味着在老年对青春的回返，对衰退与委顿的抵抗，将自己保持在中年时的热情、深稳与透彻中，这本身就是人生的艺术。木心诗歌中充沛的激情，兴会淋漓的情歌，岂不都是生命的大力？他多次表达对青春的礼赞，如"年轻是一种天谴"，"人生于世，青春至上"。那是历经了沧桑却依然满怀深情的青春之歌，这青春，即是生命的萃华。这不息的火焰便是爱，真正的诗心。"如果爱一个世界/就会有写也写不完的诗/如果真是这样/那末没有这样的一个世界。"（《雪橇事件之后》）木心，实为此凉薄浇漓世界中一个罕见的情种。

成熟的心态，来自个人生活的升华，也是对时代际遇的超越。青少年时的木心，遭逢家园寥落干戈星的时代，那时的作家无不为社会与个人、传统与现代等心理冲突所困扰，木心一定不例外吧。但在遭遇了种种更加凶险而漫长的颠仆困厄之后，恍然间，曾经的茫然无计、无以为怀都远去了，从此进入了秋水般的明净。晚年的木心，涤除了现代诗人挥之不去的民族焦虑、文化焦虑和人生慌乱，他不再做种种乱人心意的多重选择，踏上了那原本可亲而坚实的漫漫路途，上下而求索，以绝笔的心情日日写诗。他超越了自怜的感伤、粗浅的怨愤、可鄙的媚俗、精致的麻木，以及种种玩世不恭的把戏。他站在悲欣交集的灯火阑珊处，独上高楼，望尽天涯路，若说他的悲感与悲情，那是茫茫无着落的别有怀抱。木心的精神底色已脱离"焦虑"，这既是人生历练的结果，也是其血脉中东方文化"清凉散"的作用。这是一种由成熟的人生与文化人格酿成的诗意之酒，它摆脱了历史和人生的强势压迫，以完整而强大的个人力量与生命坦然面对一切。

论才华，现代诗史上，其实不乏可成大器者，但可惜由于个人与历史的诡谲命运，最终能"自我完成"者却寥若晨星。有多少千古未尽之才随身而殁！木心先生之幸、之能，在于他终于完成了自我。他以生命力玉成才华，以悲剧的精神步向庄严，庶几抵达了自己心中理想的艺术境地，他将其才华和意志制成了一袭华美的袍披于自己身上——从此，可以昂然登上艺术的殿堂了。

寂寞猛于虎
——评木心先生《竹秀》

徐小斌

作家、国家一级编剧

木心先生辞世引起了众多读者的关注，我却是早已中了他的毒——自读了2006年他的第一部在大陆出版的书《哥伦比亚的倒影》之后。

其中《竹秀》一篇，以其独特韵味与内涵吸引了我。内中写到莫干山的虎与米粉肉，记忆至今："粗粒子米粉加酱油蒸出来的猪肉，简直迷人。心想，此物与炒青菜、萝卜汤之类同食，堪爱吃一辈子。"木心为掩饰饕餮本性，又拉出伍尔芙："吴尔芙夫人深明此理，说得也恳切，她说，几颗梅子，半片鹌鹑，脊椎骨根上的一缕火就是燃不起，燃不起就想不妙写不灵。"——深以为然！作家们大抵乃贪馋好色之徒，清教徒或许做不了好作家。

木心上来便有惊人之语——"一旦美好的事物逃离仅供观赏的价值而展示出世俗的功能之时，便已然成为奴性。不但如奴性般可耻，还如日常生活一般可笑与寂寞。"

而木心在莫干山上的深夜来客，竟是猛虎！然而他竟然任其"嘶啦嘶啦地抓门"，而他则

"恬然不惧而窃笑"。直到虎离去、万籁俱寂之后，木心方道：这倒是可怕的。

原来，木心害怕寂寞甚于怕虎。"人害怕寂寞，害怕到无耻的程度。换言之，人的某些无耻的行径是由于害怕寂寞而作出来的。"——真是于无声处听惊雷啊！——任凭虎在外边挠门，而木心在屋内"恬然不惧而窃笑"，还在感叹虎的智商不够，"不懂得退后十步"，借力撞门，如此的境界，文人中恐怕也只有木心先生了。

翌日知道确实是虎而想到买羊腿吃，恐怕也只有他才想得出来。由怀疑羊腿不得而失落，到突闻"红烧羊肉的香味"的喜悦，再到见到"烫热的家酿米酒"，"大碗葱花芋芳羹"，"浓郁郁的连皮肥羊肉，洒上翡翠蒜叶末子，整个儿金碧辉煌"。于是这时木心感叹"中国可爱"了。而我们，也不由得要感叹木心先生的可爱了！

终于，全篇高潮来了——莫干山大雪之夜，木心渴望一个鬼魂来与他聊天，"这种氛围再不出现鬼魂，使我绝望于鬼的存在"。周围这样静，连吹蜡烛的声音都显得"响"，枕边的锦盒旁有一本日记，日记里夹着照片，照片背面写着"竹秀敬赠"，于是木心把竹秀二字写了大概六百遍，睡着了，却又被大雪折竹的声音惊醒了——大雪折竹而发声，该是何等的清越之音呵。

最后他总结：在都市中，更寂寞。路灯杆子不会被雪压折，承不住多少雪，厚了，会自己掉落。

木心此文，害得我两赴莫干山去寻找《竹秀》意境。老虎当然没有遇上，那种粗粒子的米粉肉也未见踪影，倒是吃了红烧肉，酱油烧的，确是很香，还有木心向往的炒青菜和萝卜汤。当然，最让我动心的，其实还是那茂密的竹林！——我与木心的年代，相隔远矣，然而那一片竹秀却依然存在于时间的长河之中，不能不令人感叹！寂寞，自然是有的。只是没有木心先生那般胆壮，与老虎相比，我还是忍受寂寞吧。

海外评木心乃百年不遇之天才作家，为的是他那不像小说不像散文不像诗不像词的文字，那种独特，除了天才二字，实难尽言。"发纤秾于简古，寄至味于淡泊"——妙哉木心！

　　木心一直被誉为中国新文学实绩之独特所在。他其实是在古今中外文化艺术视野的熔铸中完成了自我。他的古言古意之中又深具现代理念。在古今文学史的贯通方面，他是一个十分恰切的个案。他不仅有对《诗经》进行现代性改写与仿制的重要作品《诗经演》，还有很多针对古典作品或古典素材的改制之作。木心把杨衒之的散体文献《洛阳伽蓝记》改写成韵文体的《洛阳伽蓝赋》。虽"赋体"为古典体裁，但他又深掩着自己的心迹。

　　北魏杨衒之的史地宗教文献《洛阳伽蓝记》记载了八十多座佛教建筑的兴衰。关于它的主旨，历来有不同观点，如"假佛寺之名，志帝京之事"说①，"王公相竞，侵渔百姓……不恤众庶"的针砭时事说②，反对佛教说③。木心从《洛阳伽蓝记》中节选出永宁寺、瑶光寺、景明寺、高阳王

『王顾左右而言他的大自由』

——解码木心《洛阳伽蓝赋》

赵思运

浙江传媒学院教授

---

① 吴若准：《洛阳伽蓝记集证·序》。

② 释道宣：《广弘明集》卷六《叙列代王臣滞惑解》。

③ 释道宣：《广弘明集》卷六《叙列代王臣滞惑解》。

寺、法云寺、寿邱里（河间寺）六处，以赋体创写《洛阳伽蓝赋》。木心为何要对这一宗教性散文进行改写，并改写成一篇"赋体"的旧体文学？木心借助"洛阳伽蓝"这一高度历史化的意象载体，究竟在表达什么？

木心的文字具有强大的阻拒性。在木心面前，既有的阐释学往往失效。甚至他的很多诗歌是拒绝阐释的。有人对木心的文字提出质疑，认为木心有一个"羁绊"："木心先生驾驭文字之功当今几乎无人可比，但总觉得隔着什么，因为文字紧紧包裹着作者，那些本可以呈现为生命的、人性的东西被高超的文字技艺所遮蔽，文字后面的这个'人'依然看不分明。"[1]对此，木心回答："现代的观点是：隔，为了不隔；不隔，为了隔。这个现代精神，首先在于反浪漫主义，然后经由象征主义的淬炼而凛然脱逸，才取得了王顾左右而言他的大自由。"[2]"王顾左右而言他的大自由"或许是木心最根本的技术圈套。他正是在"王顾左右而言他"的套路中把自我心迹深深隐藏在作品里。因此，他崇尚福楼拜的那句话："呈现艺术，退隐艺术家。"

非常难得的是，木心在《洛阳伽蓝赋》后面附了一篇近千字的创作谈。这篇创作谈犹如一把钥匙，不仅能够打开《洛阳伽蓝赋》的生成密码，而且能够为我们解读木心提供一些启示。如果我们对《洛阳伽蓝赋》和《洛阳伽蓝记》这两个文本进行互文式解读，就会发现，木心的

---

① 李宗陶：《木心：我是绍兴希腊人》，《南方人物周刊》2006 年第 26 期。
② 李宗陶：《木心：我是绍兴希腊人》，《南方人物周刊》2006 年第 26 期。

这一行为蕴含着极其丰富的信息。

木心身兼多种身份和角色——画家、散文家、小说家、诗人，他最珍视的是自己的诗人角色；对于自己的各种创作，他最珍视的是自己的诗歌文本。木心一直怀着浓厚的诗歌情结。他具有强烈的文体自觉，无论是艺术创作还是艺术批评，木心都具有鲜明的文体色彩和文体个性。

在文史哲的视野里，他的精神植根于艺术，在艺术的园林里，他更加痴迷于诗歌。虽然他并不笃信宗教，但是他对佛教和基督教典籍非常熟稔。他认为宗教与艺术荤素有别，宗教是素的，艺术是荤的。宗教再华丽也是素的，艺术再质朴也是荤的。杨衒之的《洛阳伽蓝记》属于"记"文体，特点是文史夹杂，侧重一般的叙述和说明，文辞虽美，但尚缺乏文体意识，以至于《四库全书总目提要》卷七十将之列入《地理类·古迹之属》。因此，他把《洛阳伽蓝记》改制成诗体的《洛阳伽蓝赋》，从散体淬炼成"绮语"，着实是在尝试把"素"的做成"荤"的。他自己也说，"难讳'绮语'之嫌"，但又"自甘触戒"。[①] 在这一过程中，木心使用了四种技术手段：

其一，"凡已成无谓的历史瓜葛者，节删之"[②]。如《洛阳伽蓝赋》中的永宁寺、瑶光寺、景明寺、高阳王寺、法云寺、寿邱里（河间寺）六

---

① 木心：《〈洛阳伽蓝赋〉后记》，《巴珑》，木心著，桂林：广西师范大学出版社，2008年，第147—149页。

② 木心：《〈洛阳伽蓝赋〉后记》，《巴珑》，木心著，桂林：广西师范大学出版社，2008年，第147—149页。

处，的确如此。永宁寺一部分，删除了第一段关于永宁寺的建造来历、空间位置、碑文等，太原王尔朱荣、庄帝、北海王元颢在此寺驻军、征战等给永宁寺带来的多舛命运，都悉数删除。木心版本中以浓墨重彩的笔墨聚焦于永宁寺本身的壮观和烜赫，以及富有神秘色彩的火灾和富有传奇色彩的海市蜃楼。瑶光寺一部分重点描绘西游园和五层宝塔的自然之美、建筑之美，以及僧尼的传奇命运，原文后缀的金墉城以及魏明帝、晋惠帝、魏文帝、孝文帝的瓜葛悉数删除。景明寺一部分以极富诗意的笔触描摹了景明寺的自然风物之妙以及敬佛祈福之盛况，后半部分关于为景明寺撰写碑文的邢子才的生平经历，虽然完整地塑造了邢子才的人物形象，但是，木心亦弃之。高阳王寺一节，聚焦于元雍的穷奢极欲生活及其貌美艺精的家妓之下落，而后附的中甘里荀子文与李才之南北朝人相互歧视之文，则略之。杨衒之《洛阳伽蓝记》中法云寺一节后附灵仙寺，关于法云寺介绍了通商、达货、调音、乐律、延酤、治觞、慈孝、奉终、阜财、金肆，共计十个地理单元，称为十里。木心版本则删除灵仙寺，只选择性地描绘了调音、乐律、延酤、治觞四里。至于诗意盎然的段落，木心则几乎未加修饰而直接贴用，如景明寺之一节：

> 在宣阳门外一里御道东。其寺东西南北，方五百步。前望嵩山、少室，却负帝城。青林垂影，绿水为文。形胜之地，爽垲独美。山悬堂观，光盛一千余间。复殿重房，交疏对霤，青台紫阁，浮道相通。虽外有四时，而内无寒暑。房檐之外，皆是山池。松竹

兰芷，垂列阶墀，含风团露，流香吐馥。①

木心在《洛阳伽蓝赋》里仅将"房檐之外"改为"拱檐尽处"，将"垂列阶墀"改为"凝立栏阶"，将"流香吐馥"改为"流芳吐馥"，其余皆依原文。②

其二，"凡文字对仗容许更工整者，剔饬之"③。如寿邱里一节中"崇门丰室，洞户连房，飞馆生风，重楼起雾。高台芳榭，家家而筑；花林曲池，园园而有"④。木心改为：

崇门丰室　洞户联房

轩馆传飔　重楼凝霭

高台芳榭　家家而筑

华林澄池　园园必有⑤

更为整饬典雅，炼字炼意更精准，富有质感。

---

① 杨衒之：《洛阳伽蓝记》，尚荣译注，北京：中华书局，2012年，第192页。

② 木心：《巴珑》，桂林：广西师范大学出版社，2008年，第135—136页。

③ 木心：《〈洛阳伽蓝赋〉后记》，《巴珑》，木心著，桂林：广西师范大学出版社，2008年，第147—149页。

④ 杨衒之：《洛阳伽蓝记》，尚荣译注，北京：中华书局，2012年，第303—304页。

⑤ 木心：《巴珑》，桂林：广西师范大学出版社，2008年，第143页。

其三，"凡太散文者，则诗淬之"①。这种情况，比比皆是。

其四，"凡尤可臻于艺术的真实者，润色而强化之"②。虽然木心有的文辞改动不多，但是往往是点睛之笔，神采奕然，如"河东人刘白堕善能酿酒"③一句，他将"酿酒"改为"孕酒"，一字之差，但是点铁成金，顿时真意弥漫，生命力沛然。

木心把《洛阳伽蓝记》放在掌心里反复打磨，淬炼为诗体《洛阳伽蓝赋》。木心一向被认为是一个文体家，那么木心是否就是一位唯文体论者呢？诚然，木心判断一个作家的价值，往往首先着眼于该作者是否是一个文体家，他欣赏鲁迅、张爱玲、沈从文，文体是极其重要的因素。不过，在讨论这个问题之前，我们先简单了解一下木心的精神流脉。

木心出生于江南，但他并不是"小桥流水人家"风格的那种纯粹艺术家。他崇尚的是"有骨"的江南，而不是"水性"的江南。有一年，美国的学者童明到苏州讲学，木心就向他讲到有两种江南，一种是"无骨"的江南，一种是"有骨"的江南。他是瞧不起乌镇年轻一代的："乌镇人太文，所以弱得莫名其妙，名门望族的子弟，秀则秀矣，柔靡不起，与我同辈的那些公子哥儿们，明明是在上海北京读书，嫌不如意，弗称心，一个个中途辍学，重归故里，度他们优裕从容的青春岁月，结

---

① 木心：《〈洛阳伽蓝赋〉后记》，《巴珑》，木心著，桂林：广西师范大学出版社，2008年，第147—149页。

② 木心：《〈洛阳伽蓝赋〉后记》，《巴珑》，木心著，桂林：广西师范大学出版社，2008年，第147—149页。

③ 杨衒之：《洛阳伽蓝记》，尚荣译注，北京：中华书局，2012年，第296页。

婚生子，以为天长地久，世外桃源，孰料时代风云陡变，一夕之间，王孙末路，贫病以死，几乎没有例外。我的几个表兄堂弟，原都才华出众，满腹经纶，皆因贪恋生活的旖旎安逸，株守家园，卒致与家园共存亡，一字一句也留不下来。"①木心强调说自己是"绍兴希腊人"，就是因为绍兴是"有骨"的江南。他的精神人格的根系在绍兴，江浙近世文人他只推崇鲁迅、蔡元培、秋瑾，盖因同是绍兴人而达到灵魂共鸣。木心貌似温和，但是深藏鲁迅之风骨。木心是一个文体家，但并不是飘忽无根的文体家。相反，他对文体意识的坚执，恰恰是将文学本体视作逃避非正常环境的避难所，也可以将其理解为一种对抗恶劣环境的最无力但也最韧性的武器。想一想，在他经历的20世纪三四十年代的战争语境和共和国时期以阶级斗争为纲的语境，文学和艺术被视作战争工具、革命工具和政治工具的年代，每个人的言行和价值观念都是格式化、标准化的。那种大一统的力量促动每个人都积极追求政治上的进步。而木心对于文学艺术纯粹品质的坚守，难道不是另一种抗争？他的文体意识和艺术品质越纯粹，就越具有刺破现实的锋芒！

木心在20世纪八九十年代之交写出的这篇《洛阳伽蓝赋》，既是他早期诗性基因的延续，在很大程度上，也是他以诗的方式含蓄蕴藉地传递其内心深掩的悲悯意绪的载体。早在十四岁以前，木心就多次通读《文学大纲》。家人的意愿是让木心从政经商，但是，木心内心的自我期

---

① 木心：《乌镇》，《同情中断录》，木心著，台北：旭侑文化事业有限公司，1999年，第194页。

待是做画家和诗人。1944年，十七岁的木心满怀激情参加了革命。但是，他在白天散发传单和反战漫画，夜里倾听肖邦和莫扎特。政治激情和艺术本色之间并不是矛盾的。革命大潮的喧嚣过后，他开始沉稳下来，确证自己的生命角色，那就是做一位诗人和艺术家，这是他自期的安身立命的角色。十九岁那年，木心借口养病，独自住在莫干山上家族废弃的大房子里，"每夜双烛交辉，仿佛开了新纪元"①。他潜心读书，昼夜写作，陪伴他的是两大箱书，其中尤爱的是福楼拜和尼采。《哈姆莱特泛论》《伊卡洛斯诠释》《奥菲司精义》就是在莫干山完成的。不管战乱时期抑或后来的政治风雨，木心都潜心艺文。即使在"文革"时期，木心还在纸上写下了六十五万字的狱中笔记。这正如陈寅恪借柳如是这个人格符号来点燃自己的精神火花一样，木心也正是借助文艺的力量来确证自我，抵御窗外的风雨。尽管木心一再引用福楼拜的忠告"呈现艺术，退隐艺术家"，但是，他着实在隐忍地把艺文当作抵抗现实的最无力也最韧性的武器。

　　当我们对他三度入狱的遭遇稍有了解后，会认为他是一个坚定的意识形态的疏离者。确实，无论在国内，还是在美国，他一直是以"边缘者"身份存在着的。在国内时，他彻底疏离了政治意识形态。童明在对木心关于狱中笔记的采访中，采取了"历史叙事"这一习惯性的叙事框架，并一再回到有关"囚犯"的话题，而木心固执地抗拒着这种询问

---

① 木心：《竹秀》，《哥伦比亚的倒影》，木心著，桂林：广西师范大学出版社，2009年，第25页。

的角度。[①]出国后，木心依然隐藏意识形态的显在痕迹。因此，巫鸿说："与致力于重构过去的历史学家相反，木心的文章和绘画作品总在有意识地取消自己的历史原境（decontextualize himself），有意识地超越现实。"[②]但事实上，木心灵魂中的历史原境是不可能清除的。身外的背景已经置换，而灵魂是有记忆的。

我们注意一下这首诗的创作时间。诗的后记写于1991年。他在后记里说，三年前，也就是1988年的夏天，他曾拿这首诗的初稿让一位诗弟过目，当时全篇写作并不顺利。三年后的1991年，木心再次拿出这首诗，并且做了一篇千字后记。足见其珍视这首并不太成熟的诗作。在1988年至1991年的三年间，他的内心世界发生了多少沧桑之变，抑或是冷眼观看云卷云舒？我们不得而知。我们只知道，木心为自己的一生做了概括："美学，是我的流亡。"

我们再继续扒一扒木心这篇后记的信息。里面还涉及两个时间点：1958年和1959年。

后记一开始就把时间拉开，回溯到三十三年前（1958年）夏季游访洛阳的感触。"河南一带赤风刮地黄尘蔽空，真不敢相信要建都于这种

---

① 巫鸿：《读木心：一个没有乡愿的流亡者》，《走自己的路》，巫鸿著，广州：岭南美术出版社，2008年。

② 巫鸿：《读木心：一个没有乡愿的流亡者》，《走自己的路》，巫鸿著，广州：岭南美术出版社，2008年。

地方。"①"越明年"，也就是1959年，木心又去河南，"在洛阳市内走了一天，睡了一宵，满目民房、商店、工厂……油油荒荒，什么伽蓝名园的遗迹也没有——我想总归要怪自己，除非一旦成了考古学家，否则不必再到洛阳来"②。魏晋时期洛阳之盛，完全不可同日而语。

洛阳，向来是文人寄托情怀之处。宋李格非曰："洛阳之盛衰，天下治乱之候也。"③自古有曰：汉魏文章半洛阳。晋左思有诗《三都赋》曰："崤函有帝皇之宅，河洛为王者之里。"洛阳才子贾谊既有被誉为"西汉鸿文"的《过秦论》，也有被视为汉代骚体赋最高创作成就的《吊屈原赋》和《鹏鸟赋》。汉赋四大家之一的张衡作《二京赋》，成为"长篇之极轨"。公元200年前后，洛阳一带草木葱茏，气候宜人，人文郁厚。木心特意提到一句，那时候的洛中何郁郁，与现今时代的杭嘉湖地区无异。在很大程度上，木心曾经把洛阳比喻为内心的最高境界，他说："在我的心目中，常把曹魏的洛阳比作东罗马的拜占庭，宗教、艺术、衣食住行，浑然一元的世界，已经近乎成熟的世界了，至少道理上是这样。"④但是，"风起洛阳东，香过洛阳西"⑤的盛况，不再了。

---

① 木心：《〈洛阳伽蓝赋〉后记》，《巴珑》，木心著，桂林：广西师范大学出版社，2008年，第147—149页。

② 木心：《〈洛阳伽蓝赋〉后记》，《巴珑》，木心著，桂林：广西师范大学出版社，2008年，第147—149页。

③ 李格非：《书〈洛阳名园记〉后》。

④ 木心：《〈洛阳伽蓝赋〉后记》，《巴珑》，木心著，桂林：广西师范大学出版社，2008年，第147—149页。

⑤ 曹邺：《四望楼》。

再来看《洛阳伽蓝赋》的最后一部分。诗的最后组成部分叫"乱"。这也是屈原的赋体诗惯用的结构。"乱"在结构上具有两重含义，一是指音乐文体，就其乐歌曲调的特点来说，"乱"本是用在乐歌上的术语。乐歌的末段叫"乱"，相当于后来音乐理论所讲的"尾声"。乐歌到末尾，管弦诸乐器杂作，众人合唱，故曰"乱"。第二层含义是从音乐文体引申到诗赋文体。就赋体作品来说，"乱"者，理也，反文为训。"乱"在篇末，意在总理全文大意。木心在《洛阳伽蓝赋》里的"乱"，本是杨衒之《洛阳伽蓝记》的原序。木心节录的一段极富"历史叙事"色彩："逮皇魏受图，光宅嵩洛，笃信弥繁，法教愈盛。王侯贵臣，弃象马如脱屣；庶士豪家，舍资财若遗迹。于是招提栉比，宝塔骈罗，争写天上之姿，竞摹山中之影，金刹与灵台比高，讲殿共阿房等壮，岂直木衣绨绣，土被朱紫而已哉！暨永熙多难，皇舆迁邺，诸寺僧尼，亦与时徙。至武定五年，岁在丁卯，余因行役，重览洛阳。城郭崩毁，宫室倾覆，寺观灰烬，庙塔丘墟。墙被蒿艾，巷罗荆棘，野兽穴于荒阶，山鸟巢于庭树。游儿牧竖，踯躅于九逵，农夫耕老，艺黍于双阙。麦秀之感，非独殷墟；黍离之悲，信哉周室！京城表里，凡有一千余寺，今日寥廓，钟声罕闻。"[1]其中弥漫的悲悼历史之情，让人沉痛不已！这篇原序的作用是提纲挈领的。木心对其进行节选处理之后，置于《洛阳伽蓝赋》的后部，总理全文之旨。更有深意的是，在此之后，木心直抒胸

---

[1] 杨衒之：《洛阳伽蓝记》，尚荣译注，北京：中华书局，2012年，第6页。

臆："嗟夫/王事如棋/浮生若梦/临文慨悼/难喻吾怀。"然后，又取明代刘基《司马季主论卜》中两句"昔日之所无今日有之不为过/昔日之所有今日无之不为不足"，并抒发感慨："已矣乎/后之君子亦将怊怅于斯赋。"①至此，构成了《洛阳伽蓝赋》的"乱"。

刘基的《司马季主论卜》不长，全文引用于此：

东陵侯既废，过司马季主而卜焉。季主曰："君侯何卜也？"东陵侯曰："久卧者思起，久蛰者思启，久懑者思嚏。吾闻之蓄极则泄，闷极则达。热极则风，壅极则通。一冬一春，靡屈不伸，一起一伏，无往不复。仆窃有疑，愿受教焉。"季主曰："若是，则君侯已喻之矣，又何卜为？"东陵侯曰："仆未究其奥也，愿先生卒教之。"季主乃言曰："呜呼！天道何亲？惟德之亲；鬼神何灵？因人而灵。夫蓍，枯草也；龟，枯骨也，物也。人，灵于物者也，何不自听而听于物乎？且君侯何不思昔者也？有昔者必有今日，是故碎瓦颓垣，昔日之歌楼舞馆也；荒榛断梗，昔日之琼蕤玉树也；露蛬风蝉，昔日之凤笙龙笛也；鬼磷萤火，昔日之金釭华烛也；秋荼春荠，昔日之象白驼峰也；丹枫白荻，昔日之蜀锦齐纨也。昔日之所无，今日有之不为过；昔日之所有，今日无之不为不足。是故一昼一夜，华开者谢；一秋一春，物故者新。激湍之下，必有深潭；高

---

① 木心：《巴珑》，桂林：广西师范大学出版社，2008 年，第 147 页。

丘之下，必有浚谷。君侯亦知之矣，何以卜为？"

《司马季主论卜》是一篇典型的"王顾左右而言他"之论，隐含着朝代更替的深邃暗殇。再回到本文开头提到的——木心回答中所言的——"王顾左右而言他的大自由"，木心的创作观便昭然若揭了！或许我们应该明白，我们对木心曾经的误读有多深！

如果说，杨衒之通过《洛阳伽蓝记》追忆洛阳盛景，一方面保存史实，同时又抒发了国破家亡、京都颓败的悲伤，间接批判了统治者沉迷于佛教迷信的祸害；那么，木心其实是在通过《洛阳伽蓝赋》舒张其诗歌情结之时，释放他的离国之骚。结尾借用刘基的《司马季主论卜》，貌似洒脱，实则有化不开的郁愁。当他将自己内心的郁结含蓄蕴藉地注射到这首赋体之中的时候，木心其实在期待着后世的知音：

已矣乎/后之君子亦将怊怅于斯赋

这是木心的灵魂站在曾经辉煌盛极的洛阳伽蓝的废墟上发出的一声喟叹，又一曲陈子昂式的《登幽州台歌》！

辑　五

今夏在纽约，姚庆章等几位朋友相约到林肯中心附近去看一位来美不满一年的画家——木心，他们告诉我木心的作品有成熟的特异的风格。我满怀高兴而去，因早就听说上海有极少数韬光养晦苦心孤诣的画家，今天我总算能看到这样一位了！

走进西六十一街三十号大楼，踏入木心的画室，明亮整洁，画具井然。左面墙上挂着一件山石造型的大幅风景画，墨色瀁郁，立时给我一种深沉丰沛的力量，似乎预示着我这次访问将收获良多。

画家摊开一大卷这类长形的横幅，又摆出一叠如小方桌面般大，裱衬完整的别种类型的风景画。当看到一幅题名《北暮》的画时，姚庆章高声说："东山魁夷该拜倒于你的深度。"木心说："不，我是迟到者，迟了二十年，三十年。"

三十年来，画家未曾有过展览。我看着仍然非常年轻的他——挺健、风趣、秀雅，好像并没有受过什么挫折。虽然无机会发表作品，我还是庆幸他能画出这样的画，而且有这样多的数量。那天

看木心的超自然风景画

陈英德

旅法美术评论家、画家

以后，画家又约见我，向我展示了另一部分作品，那些画幅面颇小，却是密度极高，饱蓄着咫尺千里的气势——我惊异他为何这类画都如此之小，他说："不得已也。"这时我才恍悟他也不是什么幸运者。这些精致缜密的画，用心多于用力，是每日体力劳作之余，在斗室小灯下经年累月的心智结晶——我欣赏画家的耀目的才华，感动于他坚忍的意志，更惋惜他如果当年及时展览问世，以他的学养和艺术表现力，必定是20世纪60年代新艺术的响亮顶尖人物！

　　木心，浙江桐乡乌镇人，生于1927年，是世家后裔，1948年肄业于上海美术专科学校西画系。少时受过严格的古典教育，对中西新旧文化早就深具根底。八岁开始学画，十七岁即在杭州展览画作，曾受到观众的赞誉、报界的好评。此后三十多年来，没有机缘发表一张画，更无可能开画展。漫漫岁月，沉潜艺术，终于在1980年应日本神奈川美术家协会之邀，参加了在横滨举行的国际美展，他的水墨画即获得了一等金质奖，被美术家协会请为特邀会员（1983年又参加了第四十七回春季大展，以不透明水彩画获得"日本艺术新闻社赏"，美术家协会颁赠了"特别颂"）。但这已都无法补偿、满足他，他唯有汲汲于努力开拓通向世界的道路，历尽周折，终于以自己的图画，赢得了美国签证官员的钦佩，1982年秋天，木心带着他百余幅作品来到了纽约。

广契中国传统艺术的水墨风景画

在木心带来的百余幅作品中，有一部分是方形的中号尺寸。他画了中国的城乡风物和景观，构图新颖，或繁复，或简约，各呈风调。在画中可看到中国的陶艺、青铜、漆器、石刻、壁绘、织锦、丝绣、木版、印刷等种种特征美，被机智地演绎陶融了。是广泛地契切中国传统艺术的成功的现代水墨风景画。我以为如果这类画当时能展出，势必得到海内外识者的共鸣激赏，可惜被毁甚多。如今我有幸得以拜观的是幸存之作，就我特别欣赏的列举数幅：

《渔村》一作，含蓄恬漠，笔触全内敛，凡村屋、渔网、小舟、天和海，都氤氲在灰白色度的推移中，似眠似醒，经历了迢遥的时光的洗涤，终于止息在化石般的凝静中，归真返璞，隐隐透出秦砖汉碑的余韵。

再如《酒镇》，点线形色乍看紊乱重叠，几百间房屋夹杂着桥街、水塘、埠岸，这些景物颠颠倒倒地环为圆形，一个如何了得的酩酊局面，画家秉其自我意念在纷纭的物象中调度自如，使之各得其所，各臻其妙。

又一幅《云山》，他一反常规，用白线画山的轮廓，简如石刻，免去任何皴法，山麓略缀屋影，大笔来回横扫，峰峦笼在古金色的云气中——画家轻取一派北宋山水的神韵，复得了现代绘画的装饰趣味。

到了《春城》，通体银灰色调，松爽清新，时渴时润的线描，阡陌交织，街巷回转，浮屠、牌坊、断垣颓墙间偶露红桃绿柳，十足江南风味，形式似乎采自民间木版画，而又被画家任性地做了鲜妍的凑泊。

至于那一幅《夕水》，布局单纯，几横水中小洲，近处模糊，愈远愈清楚，水面只敷平色，小洲的边缘是刀切般的明晰，神妙处乃在于产生了织锦般的绚烂，漆绘丝绣般的滋润光艳，非常妩媚魅人。

看了木心这类画，联想到它们的大量同类作品已被毁灭，真是令人太息。可喜的是木心旺盛的创造力。在屡遭厄运之后，他又源源不绝地画出新的作品来，上述仅其一斑。

妙造自然，传中国古典画道

木心的第二类画是四十余幅近似山水风景的作品，题材广泛，表现技法是利用类乎超现实的压印的流动方法参合手绘。画家先以玻璃水印取其变化不定的形象，然后深思遐想，于瞬息之间使各种景观跃然出现，其敏捷与睿智，可谓妙造自然，独得天趣。这类表现法有见于现代超现实主义，也曾在中西古代艺术家的观念上出现。例如宋朝的宋迪说：

汝先当求一败墙，张绢素讫，倚之败墙之上，朝夕观之。观之既久，隔素见败墙之上，高平曲折，皆成山水之象。心存目想：高者为山，下者为水；坎者为谷，缺者为洞；显者为近，晦者为远。神领意造，恍然见其有人禽草木飞动往来之象，了然在目。则随意命笔，默以神会，自然境皆天就，不类人为，是谓活笔。

在意大利文艺复兴时代，达·芬奇也爱从潮湿斑驳的石墙上搜寻神奇的造化，他说：

我时常在墙上，在各种不同石头接缝上，在裂痕上，在静水面生霉的花样上，在盖满灰的渐渐熄灭的火炭上，在云的轮廓上，见到最奇妙的风景画：有山，有谷，有岩石、河流和树木，甚至还见到神妙的战斗、形容不出来的罕见的美丽面庞、稀奇的魔鬼、怪物以及好多其他奇异的画像。我从其中选择出我所能用的，并完成它。

木心的这类画就有那种化偶然为必然的特点，他从迷离惝恍中搜寻符合他观念的形象，参证于中国古典山水的玄妙画道。有时可看到，米粒般小的叶子真实得脉络毕具，有时烟云缥缈，无象可指。常言的写实写意际此难解难分，在此无尽的缭绕中，表现了画家的神智器识。

当然，木心淬砺汉学，渊源湛闳，对中国古典画是着意潜修过来的，所以才能如此肆无忌惮地恣意发挥，才能在无心似有心的境界里绰约再现范宽的雄伟，李唐的森灵，倪瓒的萧散，王蒙的郁茂，展子虔的精巧，石溪石涛的野逸……这都是他从那原本非形象的混沌世界里闪现出来的灵辉，他随机而发，最初的一无是处经过他的点化，卓然自立风格。

木心对中国画的所谓现代化，自来有他的看法，他说：

> 改良改革中国画，这种说法就是错，用米麦葡萄造酒，能说改良改革米麦葡萄么？有新古典主义，没有改良古典主义，有后期印象派，没有改革印象派。中国在清末民初，五四运动时期，西风东渐，政体、工业、商务各方面一片改良改革声，艺术家不加思索随声附和，发生了这个逻辑上方法论上的错误，后来实践表现出来的荒谬，就反证了当初思想的荒谬。如果当年中国文艺复兴起步无误，健步到今天，也早就没有"孝子""浪子"之争了。

他以这样明智豁达的观点看现代中国画，因此从来不言"改良""改革"，淡泊地自处于那荒谬之外，宁静地走着自己的画路。他说他绘画的起讫是以"选择家"的苛刻态度，寻觅可能，发现后将它孤立，接着便以数十幅画把这"可能"发挥到极致，然后再去寻觅别的"可能"。

纵观这类风景画，虽然画幅小，但蕴蓄着极大的能量，浓缩万象于咫尺之中，我觉得若能化作长卷大幅，必是势恢效宏，漪欤盛哉，可惜当年的环境限制了他。我的惋惜之情，使画家莞尔道出幽默，木心说：

> 过去了，就算了。你回巴黎途中，如遇格利佛先生，托他把这些画转赠小人国博物馆，岂不是都是皇皇巨制了。

奇丽凛冽的黑色风景画

木心的第三类风景画是水平式的横幅和正方形的作品。他画的都是些坚硬不毛的山岩，绘画中因此含有雕刻美和建筑美的因子。若说他的前两类作品或玲珑如玉或幽秘袭人，那么第三类画便是巍峨雄伟，气象辽阔。画里墨色用得异乎寻常的浓重厚实，画家深沉蕴藉的个性渗入每个画面。横者，山峦嵯峨绵延，迤逦无尽，方者，巉岩峭立，突兀峥嵘。最特殊的，我们不再在那风景之上看到一茎草、一株树、一个人，似乎那是人迹未到的外星体的不曾经验的极地，空旷、寂静、神圣的贞洁统摄一切。那里映照着星辰的微光，浓黑中出现多面晶钻的璀璨，于是流自他意识深处的景象，如同得到霹雳的闪击，顿见于永恒宇宙的殿堂，洁丽无尘的冰雪之冠冕。木心的心灵王国是建构于现代宇宙观的，如此遥远，无比寂穆。

木心的奇妙奥秘的心灵和变化莫测的画面，使欣赏者留连在那景观深处，恍然豁然，从中经历了一场视觉上罕有的奇遇和心智上难得的遨游。我非一个精神心理分析家，但显然这类风景画是出于有特殊的心灵生活经验者的手笔，只有有非比寻常的审美观和缔造力者才能使观者如此动魄。木心的作品使我想到法国现代名诗人兼画家亨利·米修——一个被称作"宇宙灵魂的探讨者"的诗画集，那是他自我经验中所见的有形与无形、内在与外在的历险记录。米修深受东方哲思的影响，亦受东方（中国）水墨的启示，以一个西方神秘主义者的心灵感受东方文艺的虚灵，于是在创作中找到了某种不受空间囿范，不受时间限制的世界。米修善用黑色，他说："黑色是我的水晶球。"木心也善用黑色，但他自认不是神秘主义者，他以为起自探索"形式""观念"的纯粹动机，他是用黑色表现太空时代的一种新的理性，至于"情调""氛围"，那是欣赏者的事情。他认为"刻意的神秘其实是伤感情调"，是他不愿意的、回避的，他说："人，至今还只是会思想的芦苇，然而我们的理性在成熟，可以不再凭信仰而是凭理性与宇宙对话。"这样看来，他是不同于米修的，态度上较倾向于现代极简主义（minimalism）艺术家的理性观点，然而因他以山石做造型，我们无意间还是自那充满变化的形体中体会出它丰富的可感性来。

　　木心自己又有一种说法，他说他画了大半辈子的风景画，从不写生，不用形象资料，"继看破红尘之后，也看破自然"，他说，自然是不完整的、未完成的，遑论完美。自然不过是"自在"，与艺术的"自为"是两个概念，甚至是两种模式。崇拜大自然，赞美大自然，是宗教性的"愚行"。木心自认是一个自然的异端、一个不爱自然的风景画家——这种和真实自然的矛盾对立却戏剧性地形成了他的超自然风景画。

抽象艺术的追求

在前三类超自然风景画创作的同时，木心一贯从事"抽象"的探索。1979年有位外国画家在中国大陆遍访了画坛著名人士，最后意外地看到了木心的画，惊赏之余，发一疑问："为什么你和别的中国画家全然不同？"木心想免此答客难，顾左右而言他，却不能使发问者罢休，他才表明素来执着于抽象的探索，那问者连声道："明白了，明白了，我懂了。"

木心的抽象作品，前后两次被毁于"浩劫"之中，仅存的一部分在日本国际现代美术家协会主办的"I.M.A."展览，我们暂时还不能欣赏评述。他对抽象艺术有着长期的经验体会，准备对东方西方的抽象艺术纵横论证。谈到他来美国后泛览各种新画派的观感，他说：

> 历史地观照，抽象艺术的原理应是艺术的第一原理，抽象艺术居前，具象艺术随后，衍及近代，两者立体交错。继之便极端化得厉害，两个名词都含义不清，词不达意。形式之"象"，本是"具"，"具"之"象"，映入艺术都是"抽"了的。视觉艺术企图脱却直观，进于思维，又抛开思维，纯参观念，高则高矣，而还可以

再高，高则没有艺术家这种人存在，艺术与艺术家同归于尽，这等于重弹伊卡洛斯的故事。也许人类命该如此。

从宏观世界到微观世界的探索

木心这四类画的创作缘由，经过他对我的谈论，我更明白了，画家在近四十年的辛勤生涯中，对艺术做了反复深思，他认定科学与艺术之间的相得益彰的关系，并从历史的观点确定这关系，他说：

> 科学与艺术有独立处独立时，有亲和处亲和时。透视学、解剖学分明影响了意大利文艺复兴时期的绘画和雕塑。法国印象派又借力于色彩学、光学。近代机械学、动力学、电子学、量子论、光效应、空间技术……各种边缘科学纷纷而起，直接间接与艺术发生感应，边缘之微妙、巧妙、美妙，便是艺术的第二度青春。

这一论点证之于当代艺术（尤其在雕刻上），更为明显。木心认为做一个现代艺术家，有机会应常去射电天文台散散步，揣摩一下巨大的环形加速器，和物理学家通宵守候那非基本的基本粒子的出现，以园艺学家的雅兴，朝夕俯视一番电子显微镜下的琪花瑶草。他缅怀达·芬奇，向往诗人保尔·瓦雷里（Paul Valéry，1871—1945）常常参加科学家的聚

会，诗人自谓："如蜂之汲蜜。"木心画室里多的是非艺术的书和非美术
的图片，他热衷于寻找更大更深远的"可能性"，在科学上有多少不可
知、已可知，艺术又如何呢？他说：

> 探索宏观世界低速现象和高速现象的时代已告结束，微观世界
> 低速现象的探索又急急进展为微观世界高速现象的探索，这便是现
> 代艺术家所值的历史地位。

在艺术上，他把已往人类历史中有过的探索自然和生命的普遍现象
视为一种宏观行为，而把特殊密集地向内在深度探究的认识方法视为一
种微观行为。因为艺术毕竟是主观范畴内的能事。若以客观范围而言，
他又认为从古代初民时期一直到20世纪，人类以宏观世界的"美感"做
素材，已足足表现了数千年。而今正是该从微观进入更幽邃更广袤的领
域的时候，改变是必要的，其道理在：

> 骰子六个面，宏观世界的美感有尽时，好多人已在此极限上挣
> 扎，好多人就以此挣扎来作为艺术的。
>
> 如果上帝向你关了门，他会给你开一扇窗。也许曾经提供给艺
> 术家作素材的宏观世界之美，可称之为"门"，开了几千年，渐渐
> 窄了，到期关闭。窗呢，希望有比门还要大的窗，那便是微观世界
> 之美的展示。

他孑然一身，唯有艺术。曾经"在患难之中，恒以哲学自坚其心"的人，在艺术的道路上一程紧接一程地进发。木心来到美洲，还将去欧洲，无他——继续对艺术的尽情尽兴之追求。我在此诚挚地祝福他。

1983 年 9 月 16 日

2008年初，陈丹青携木心八幅转印画"来京城找机会展出"（陈丹青《绘画的异端》）。10月，在北京陈丹青画室，第一次有缘目睹木心转印画，印象是"袖中短轴才半幅，惨淡百里山川横"（苏辙《书郭熙横卷》）。

2015年冬，在乌镇木心美术馆地下层九米长的放映墙前，观赏被三台放映机缓缓映现的放大了几十倍的这些画，再度被此咫尺千里的恢宏气势震撼。

陈丹青说：

> 他（指木心）那批很小很小的"转印画"……大幅度省略了"绘事"，严格说，转印画不全是画出来的，而是作者审视满纸水渍的"机变"之道，临时起意，当场判断，演成一幅"画"。（《绘画的异端》）

木心转印画的玄奥究竟何在？

在"见几见机"！

陇　菲

文化学者

在"机而会之"！

在"因缘和合"！

《易经》有言："圣人极深而研几。"

《易经》之精髓，在几，在机。

胡子兰成说："这个几字真是汉文明的独创。"

有此机（几）字独创，中国人机而会之，一派生机。天有机密，道有机要，物有机能，事有机制，国有机务，军有机动，处处有机枢，每每逢机关，时有机会，境有机缘，行有机遇，人有机心，思有机智，脑有机灵，造型有机械，运转有机具，谈吐有机锋，文章有机杼，遇事有机谋，处置有机巧，临凶有机警，遇变有机敏。中国人伺机而动，待机而行，触机神应，见机行事，相机权变，随机应变，灵机一动，当机立断，以不至于坐失良机。西洋人诟病机会主义，中国人参透天道机密，娴熟大化机要。神机妙算之中国人且能权衡机宜，忘机无为，以不至于"机关算尽太聪明"。

佛学说因缘。华学说机会。因缘，乃事象之说。机会，乃义理之学。

所谓因缘，因而缘之是也，因乃生机之因，缘乃遇会之缘。所谓机会，机而会之是也，机乃生发之机，会乃遇合之会。

机会，机会，机乃长宙之生机，生生不已；会乃广宇之遇会，会会莫测。机会，机者生机微动，乃变易之端，变易之因；会者遇会天幸、天灾，使变易有缘，变易有成，或使变异无缘，变异灭失。

机因当下缘会中，天地万有，世间人事，百遇千合，玄妙莫测，天幸、天吉、天福、天喜、天赐，天威、天怒、天谴、天罚、天灾，机里藏机，变外生变。

老子说："无为而无不为。"

凯文·凯利说："去控。"（Out of Control，有译"失控"，鄙译"去控"。）

无为、去控，是师造化，法自然，见几见机，机而会之，因缘和合。

天机难测，因缘莫名。

萝卜菜籽结牡丹。汽车钥匙开了房门锁。所有这些，"不是设计好的可以预料的"，"结局是未知的，正如真正的人生"。（凯文·凯利《去控》）

木心不会说："今天我来画幅山水。""他要等湿漉漉的纸面翻过来，当场寻找他的'画'。"（陈丹青《绘画的异端》）木心要想知道今天会"画"出什么，只能是把涂料和水刷到玻璃或者铜板上，再转印到纸上，"不先虑，不早谋"（《荀子》）。"不为事先，动而辄随。"（黄石公《三略》）木心转印画，"巧在善留"，"园因用闪"（笪重光《画筌》），"乘兴得意"（郭熙《林泉高致》），信手拈来，晕染渗润，天工自然。

其中玄奥，在几，在机，在无为，在去控，在机而会之，在因缘和合，文章天授。自己事先不知道的东西，才是真正的神来之笔。当代草书大家蓝玉崧先生将此"挥毫落墨，随笔而生"（郭熙《林泉高致》），"笔法布置，更在临时"（荆浩《山水赋》），急中生智的天趣偶得戏称为"狗急跳墙"。

此所谓几，此所谓机，此所谓机会，此所谓因缘，乃生之初始，乃命之待孕，乃历史之枢纽，乃人生之密旨。

庄子曰："万物皆出于机，皆入于机。"

见几见机，机而会之，出机入机，因缘和合，去无入有，入有去无，无中生有，有复归无，动动静静，静静动动，阳来阴往，阴往阳来，将起未起，将发未发，机里藏机，变外生变，千变万化，变化无穷。

无为，去控，法自然，师造化，与造物主嬉戏同行，与造物主共进并演。如此见几见机机而会之的修行正果，乃前无古人后无来者的绝对，是超越生死超越时空的不朽。

木心"转印"，与抱朴子"炼丹"、浮士德"造人"、物理学家"高能加速"等等，同属一类，都是欲在某种格物致知的修行中，窥测造物秘密，探究自然道术。

凯文·凯利说："每一个创造行为，不多不少，正是对造物的重演。"（《去控》）

"真宰弗存，翩其反矣。"（刘勰《文心雕龙》）木心转印画，溢出艺术，与真宰同其沉浮，溯反其道，翩操其法，天地始创的法舞重演，万物之初的法姿再现，生而孕命的法象肇显，宇宙法海深渊之中，隐约窥见造物法身。

此其一也。

其二，木心转印画，以具象直观无命之生的形上。

木心说：

　　拉斐尔叫做美，美到形上！后来的写实就不懂形上了。

　　林风眠先生有一时期画风时露抽象风调，我托人传言："何不进入纯抽象？"后来晤面时，先生说："我只画自己懂的东西，不懂的东西画不来。这样吧，你写一篇'论纯抽象'，我要是懂了，就一定要画画看。"我深感师生行谊恳切，满口答允照办，起稿未竟，风暴陡起，此愿终未了也。（转引自陈丹青《绘画的异端》）

　　"风暴陡起"，木心没有写成《论纯抽象》的文章。后来，则以自己的转印画，实践了"纯抽象"的形上理想。

　　木心夫子自道："土，非中国。中国雅，雅之极也。世界四大古文明，中国最雅。"（转引自陈丹青《绘画的异端》）

　　陈丹青说，他是个"向往希腊的绍兴人"（《绘画的异端》），他的美学的神经，是在中国。

　　木心意在"纯抽象"的形上转印画，指向记忆深处的宋元山水。

　　"林泉之志，烟霞之侣"的宋元山水"妙品"，可使人"不下堂筵，坐穷泉壑，猿声鸟啼，依约在耳，山光水色，滉漾夺目"，"见青烟白道而思行，见平川落照而思望，见幽人山客而思居，见岩扃泉石而思游"。（郭熙《林泉高致》）

　　郭熙所谓"可行""可望""可居""可游"之"林泉高致"，有山，有水，有林，有木。

　　郭熙说：

　　　　山以水为血脉，以草木为毛发，以烟云为神采，故山得水而
活，得草木而华，得烟云而秀媚。水以山为面，以亭榭为眉目，以
渔钓为精神。故水得山而媚，得亭榭而明快，得渔钓而旷落。……
山无云则不秀，无水则不媚，无道路则不活，无林木则不生。(《林
泉高致》)

　　此正所谓："山本静，水流则动。石本顽，树活则灵。"(笪重光
《画筌》)

　　郭熙《林泉高致》云："画见其大象，而不为斩刻之形。……画见其
大意，而不为刻画之迹。"

　　达于郭熙所谓"画之景外意也""画之意外妙也"之途，乃胡子兰
成所谓"抽形""抽象"。(《闲愁万种》)

　　从两汉画像石、魏晋墓砖画，中经隋唐寺塔石窟墓室壁画、两宋院
体画，到成熟的宋元山水，中国文人画家"抽形""抽象"，一路萧瑟、
枯寒、空寂、幽静，一路高古、旷达、飘举、隐逸，惜墨如金，洗净铅
华，直至"空山无人"的倪瓒，一味返璞，却未归真，"竟尚高简，变
成空虚"(鲁迅《且介亭杂文末编·记苏联版画展览会》)。

　　王希孟院体之《千里江山图》，除了林泉高致之山水，也写城郭、
屋宇、花草、树木、禽鸟、器物。千里江山，人间胜景，峰峦起伏，绵
延奔腾，江河湖港，烟波浩渺，高崖飞瀑，曲径通幽，房舍屋宇，绿柳
红花，长松修竹，野渡渔村，水榭楼台，茅屋草舍，水磨长桥……此可

借用笪重光《画筌》文形容："云里帝城，山龙盘而虎踞；雨中春树，屋鳞次而鸿冥。仙宫梵刹，协其龙砂；村舍茅堂，宜其风水。山门敞豁，松杉森列而成行；水阁幽奇，藤竹萧疏而垂影。平沙渺渺，隐葭苇之苍茫；村水溶溶，映垂杨之历乱。林带泉而含响，石负竹以斜通。草媚芳郊，蒲缘幽溆；潮落沙交，水光百道；山寒石出，树影千楱。爱落景之开红，值山岚之送晚。宿雾敛而犹舒，柔云断而还续。危峰障日，乱壑奔江；空水际天，断山衔月；雪残青岸，烟带遥岑；日落川长，云平野阔；地表千镡，高标插汉；波间数点，远黛浮空。匿秀岭于重峦，立奇峰于侧嶂。"

张择端《清明上河图》，则描绘北宋京城汴梁及汴河两岸清明时节风土人物，"宫观舟车，器以类聚，犬马禽鱼，物以状分"（王微《叙画》）。

武宗元描绘道教众神朝觐元始天尊之《朝元仙仗图》，是以段成式《寺塔记》形容之"天衣飞扬，满壁风动"之神仙状写人物。

五代南唐顾闳中的《韩熙载夜宴图》，也以人物为主，众多人物，宴聚宫廷。

后来的宋徽宗《听琴图》，虽然还是以人物为主，人已不在屋宇之中，而在室外树下。

再后来，如刘松年《罗汉图》，马麟《静听松风图》，赵孟頫《自写小像》《红衣罗汉图》，黄公望《剡溪访戴图》，吴镇《草亭诗意图》，王蒙《夏山高隐图》等等，往往只有二三素心人——所谓"荒江野老"，独处山野林下，深谷草亭，水泊舟中，"濯足清流之中，行吟绝壁之下。登高而望远，临水以送归。卧看沧江，醉题红叶；松根共酒，洞口观棋。见丹井而如逢羽客，望浮屠而知隐高僧。看瀑观云，偶成独立；寻幽访友，时见两人"（笪重光《画荃》）。此正如马致远《天净沙·秋思》所咏："枯藤老树昏鸦，小桥流水人家，古道西风瘦马。夕阳西下，断肠人在天涯。"

再再后来，马远《寒江独钓图》，残山剩水之中，只有柳宗元《江雪》状写之"千山鸟飞绝，万径人踪灭。孤舟蓑笠翁，独钓寒江雪"。

倪云林者，更进一步。他的画，"水不流，花不开……树上没有绿叶，山中没有飞鸟，路上没有人迹，水中没有帆影（朱良志《水不流花不开的寂寞——倪云林与渐江》)"，几株疏树，一痕远山，或者在疏林下加一个无人小亭子。

清初画家渐江《画偈》开篇有四句诗评说倪云林之画："空山无人，水流花开。再诵斯言，作汉洞猜。"

这四句，只有"空山无人"得倪瓒正鹄。

木心记忆深处的宋元山水，主要是倪云林。

木心转印画，极倪瓒"今世那复有人？"之意而升华。

木心得道而反。他的转印画，连"无人小亭子"也完全抹杀，只剩下"纯抽象"的洪荒。此"抽形""抽象"之洪荒，是如钱惟善题燕文贵《秋山萧寺图》所谓"千岩开太古，万古耸高秋"，"人间无此境，卷舒不能休"的无人之大象，无物之大象。

无人之象，无物之象，真空不空，玄虚不虚。

胡子兰成有"生"（growing）、"命"（life）之分说。胡子兰成把"生"判分为"有生而无命"（growing without life）与"有生且有命"（growing with life）两类。万物皆有"生"，但或无"命"。病毒、藓菌、植物、动物和人，则有"生"而又有"命"。（参《胡兰成致唐君毅书》）

木心转印画"抽形""抽象"之"洪荒"，不是无生，而是尚未有命。

木心转印画，无人、无物、无事、无情、无禽、无兽、无鸟、无虫、无花、无草、无树、无木，生而无命，无命有生，混沌之命，蓬勃欲出。

那是天地之初，宇宙洪荒，丛莽郁结，混沌蒙昧，去无入有，入有去无，生生不息，命将中出的临界之境。

郭熙《林泉高致》曾说宋元山水之"三远"：

> 无深远则浅，无平远则近，无高远则下。……高远之色清明，深远之色重晦，平远之色有明有晦；高远之势突兀，深远之意重叠，平远之意冲融而缥缥缈缈。

木心"肇自然之性，成造化之功，或咫尺之图，写千里之景"（王维《山水诀》），把宋元山水之"三远"，升华为"出离尺度，无尺度"（陈丹青《绘画的异端》）之迷离朦胧的洪荒。

木心转印画，有"新三远"：念天地悠悠之古远，怅宇宙辽阔之旷远，究造化奥秘之邃远。

难怪木心说："看下去、看下去——渐渐快乐了呀。"

面对木心混沌之命蓬勃欲生之转印画，法眼，法视，法观，法见，人会"渐渐快乐"。

此"渐渐"而起的"快乐"，是随自然之喜，悦天道之法。

2016年2月21日中山翠亨初稿

2021年9月12日京南固安修订

一

"你们看画，我看你们的眼睛。"木心曾对前来观看画集的访问者说。评说木心的绘画便不免有点惶恐，因为他在天上洞彻地看着我们的眼睛，是否聪明，是否诚实。

木心传世的绘画，目前能看到的不多。我手头有三种他的画集，第一种是 *The Art of Mu Xin: Landscape Paintings and Prison Notes*，收入了美国耶鲁大学博物馆收藏的三十三幅作品，据木心说半数创作于"文革"浩劫中；第二种是 *Mu Xin: Landscape of The Mind*，收入四幅作品，均标明画于1979年；第三种是 *Mu Xin: Celebrating the Life and Art of Mu Xin*，收入四十幅作品，为2002年至2003年创作，彼时他旅居纽约。感谢美国收藏家郭莱德（Frederick Gordon）先生，他让我在上海看到了木心画的一件长幅原作。

所有以上绘画，全部是中国水墨，对象一律是自然山水。无论是在文章中还是在访谈中，木心毫

木心绘画里的精神世界

肖小兰

画家、原上海美术馆学术部主任

不掩饰对中国山水和中国水墨的喜爱，尽管他早年在上海美专和杭州艺专是学西画出身。初看他的水墨绘画，令人耳目一新。这不是流俗的套话，他采用的是宣纸、毛笔、墨色，但基本上全无中国传统山水画的笔触，构图的视角则完全是西画的方式。他的画风介于具象和抽象之间，以具象为审物表意的主要依托。

木心博才多艺，有各种途径可以抒发胸臆，诗、散文、小说、文论、戏剧、音乐皆擅，绘画只是其中之一，也是他初入艺术创造之门首先掌握的一门专业。但他相当看重自己的画家身份，对哈佛大学东方学术史教授罗森菲奥所说"这是我理想中的中国画"颇为得意，绘画在他全部的艺术成就中，其地位与文学不分伯仲。他说过："文学既出，绘画随之，到了你们热衷于我的绘画时，请别忘了我的文学。"反之，热衷于他的文学时，亦须记住他的绘画。

二

木心为何专情于画自然山水？散文集《哥伦比亚的倒影》首篇《九月初九》也许是一个最佳注释。他写道，中国的"人"和中国的"自然"，纠结着参透着，"乐其乐亦宣泄于自然，忧其忧亦投诉于自然"，不相干地相干着。"中国的山山水水花花草草之所以令人心醉神驰，说过了再重复一遍也不致聒耳，那是真在于自然的钟灵毓秀"，"体大如崇岳、莽原、广川、密林、大江、巨泊，正因为在汗漫历史中与人曲折离奇地同褒贬共荣辱，故而瑞征、凶兆、祥云、戾气、兴绪、衰象，无不似隐实显，普遍感知"。其实，宇宙是不与人对话的，因此有情落在无情中，只是"那里的'自然'清明而殷勤，亘古如斯地眷顾着那里的'人'"，大动乱的年代，颓壁断垣间桃花依然盛开，可见当时的纷争都是荒诞的，而自然繁生的主见是对的，"稍多一些智能的人，随时随地从此种一闪一烁重重叠叠的意象中，看到古老国族的辉煌而褴褛的整体，而且头尾分明"。

在我看来，这是理解木心山水绘画的一把钥匙。在精神的本原上，他与中国文化深处的天人感念和纾解方式是一致的。这就是为什么即使在当年浩劫中文化尽毁、个人横遭迫害之时，他却能归入自然，与自然亲昵游戏，淡定自若地画着自己的画。"礼失，求之野"，他觉得天经地义，本该如此。在现今收藏于耶鲁大学博物馆的那批山水画中，他没有任何乖张怨懑的痕迹，而是异常沉静和从容地寻找着刻画着自然中蕴藏的美感与力量。这是非常难得的，反映了一种明了的信仰，绝非简单的"遁世"两字可以诠解。画山水，其实是画胸中块垒。那一时期他的作品，大多墨色浑厚，氛围凝重。他画《梦回西湖》，不见明媚，淡淡的，如远去的幻影；画《浦东月色》，旷野湖影，让人感觉到弥漫开来的沉重。那都是彼时心境的投射，与其说是描摹现实景物，不如说他是在创造一个又一个精神风景。木心是个精心的人，且看他的画题寓意，《会稽春明》《石屋无恙》《渤海晨兴》《辋川遗意》《玄峰塞天》《夏木蝉鸣》《秋山长风》《弱水半千》……每一幅画里，他都填入了人世间该有却缺失的诗意，寄予着对自然万物更新循环的礼赞。大恶大谬的年代，他将自然界当作纯净的精神家园。这种镇定和深邃，以中国文化中坚韧与浪漫的一脉为本，是需要大知大觉才能达到的境界。

三

有西方评论者习惯从技术层面探究木心绘画的师法渊源，寻找他有没有承继某某中西古典画家的形迹，或有没有吸收某某现代绘画流派的特点。我认为这样的评论从根本上小看了木心的精神与艺术格局。

除了年轻时受到林风眠的影响，木心并未向什么人什么流派学步。他具有世界意识，欣赏鲁迅的拿来主义，认为无论是中西的还是古今的，都可融合贯通，但他的精神之脉，真正接通的是古希腊和中国的《诗经》时代，乃至汉唐、魏晋风范。至于近代的欧洲文化，"不时瞥见中国的画家作家，提着大大小小的竹篮，到欧洲打水去了"，其结果当然是一场空。而中国的近代文化，"大雅久不作，华夏文脉到明朝已经气数尽了"。这些话说得惨烈，却反映了他极为挑剔、极不迁就的精神取向。他只崇尚古希腊和中国《诗经》时代那种人类早期的纯净和天然。在这一点上，他和《诗经》的编纂者孔子相通。孔子也喟叹《诗经》之后天籁不再，"诗三百，一言以蔽之，曰：思无邪"。有意思的是，木心借这三字评说现代艺术，在《一饮一啄》中写道："现代艺术/思无邪/后现代艺术/思有邪/再下去呢/邪无思。"后来在一篇访谈中又修正为："现代之前／思无邪／现代／思有邪／后现代／邪无思。"这便是他对20世纪以来源于欧洲、盛行世界的现代艺术的看法。

这样的木心，只可能我行我素于水墨天地，而他的绘画，也确实反映了他不受任何羁绊，只遵从自然和自己的天性。"我没有什么可与人攀比"，"我不需要去颠覆什么，背叛什么"。郭莱德先生提供给我观赏的《黑岛》（*Dark Island*）原作，长达三米，画面浑重壮阔而细节处理极为高超细腻，令人感觉到木心作画时宗教式的虔诚，且被他沉稳而强大的精神力量所震慑。他似乎舍弃了毛笔，因此很难用惯常的水墨画来对应。此画作于1979年，浩劫结束不久，木心尚在国内，而他的画风已慨然一变。他是个画随心走的艺术家。2002年和2003年木心作于纽约的那批画，大量采用了制造水墨肌理和控制水墨自然流淌的技法，然后画龙点睛般加上寥寥数笔，使画面的生命顿时活跃。尺幅都不大，许多是独特的狭长形式，出于何种考虑，我们不得而知，但狭小而不失精致和丰富，铺展的精神和艺术格局极大，其幽远淡泊的画意更趋近于魏晋唐宋古风。这令我想起他在《一饮一啄》中的诗句："古文今文焊接得好，那焊疤极美。"始终不变的，是他以精神入画，表达精神。可以看出，此时的他，与松林明月清泉间的先贤哲人心心相印。

少年木心梦里写诗，在墙上画了这样几句："天空有一堆／无人游戏的玩具，于是只好／自己游戏着／在游戏着，／在被游戏着。"几十年后，对于画家木心来说，名目繁多的现代画派也只是天空中的一堆玩具，他自己游戏着。

四

我们现在能够看到的木心绘画就是这些。他青年和中年时期的画作已在浩劫中毁于一炬，因此无从对他的绘画艺术整体及其发展阶段做出判断。

木心在归国时说："在美国，我的绘画和文学已开了局面，得了收获，但以我的志愿而言，还只是小焉者，是故我将在美国做不到的事，转到中国来做。"回来后做的大焉者是什么，我们不清楚。据在他身边照料的人说，乌镇五年，他每天都写和画。那么，应该有参悟得更透的新作品存世。然而木心又多次表达，"我回来做不了更多的事"。年衰体弱，终是抗拒不了的规律。但我们希望着，有一天能惊喜地看到他临走前留下的更多的画作。

在历经社会与个人的变迁、磨难和颠沛之后，木心仍保持着高贵和自由的品格，他以文学和美学为背景的绘画艺术，以及散布在各种文学作品和访谈中的画论，都是非常值得研究的。他不为任何浮云流霞所动，孜孜不移地坚守着独立和纯粹的绘画精神，这尤其是今日时代所匮缺，而值得敬佩并效学的。木心精神不死。

听说乌镇已在建设木心美术馆，我衷心期待。

米修与木心，相差二十八岁，一在巴黎，一在上海，彼此不知道。1982年木心抵达纽约，两年后，米修辞世，又二十七年，木心也走了。

2016年，巴黎现代艺术博物馆弗朗索瓦先生得知中国有位诗人木心，于是建议办个对比展，理由是，他俩都画画。

画家时或赋诗，而诗人喜爱画画者，西洋人那里并不很少，中国的所谓文人画家，则"诗、书、画"一体，近乎本分。木心并非古典意义上的"文人画家"，但选择他与米修的画比对映照，能否见分殊、有暗合、显歧异、相呼应，还须看策划人的眼光。

我因此钦佩这位弗朗索瓦先生。

亨利·米修是20世纪法国公认的两位大诗人之一。我孤陋，尚未读过他的诗作的汉译。木心童年即喜赋诗，晚年成诗数百首，但他见到自己诗集的出版，快要八十岁了，身故后，这才有了与年俱增的读者与诗评。

据说米修在诗人生涯的半途，开始画画，日

米修与木心：幽灵的交遇

陈丹青

画家、作家

后，欧陆现代画坛有他一席。木心十八岁入上海美专，立志做画家，但生前从未在母国办过展览，唯一体面的画展，是耶鲁大学美术馆为他主办的，其时，他在中国没有画名。

米修不是画圈中人，但身属现代主义精英，曾与毕加索有交谊。其间，他提携来自中国的赵无极，被视为佳话。

赵无极和木心，先后领受留法前辈林风眠的影响。可木心无缘留洋，为时代所桎梏，赴美后，始得逞心快意展开诗画之旅。但不论在纽约或上海，他自外于主流，默然独行。

我十二分熟知木心的画作。当米修与他并列编入画册，忽然，我发现，木心的画显得不同了：还是他的气质，他那一套，但米修使木心多了一个维度。

什么维度呢？（或许，米修也因此获得一个维度。）

米修自创而失控的符号、滴彩、涂鸦，出自他令人困扰的业余感，论绘画的现代性——倘若有"现代性"这一说——他远胜于木心。他那些有待解读的绘画的"失常"，带着持久的开放性和不确定性，今天，米修纯然自发的画面，看上去甚至比毕加索更前卫。

米修去亚洲时，自称"野蛮人"（有趣的是，毕加索也曾被约翰·伯格称为"直立的野蛮人"）。早期现代主义时期，"野蛮"一词通常出自厌恶欧洲文明的知识精英。而米修的业余性与他所谓的"野蛮"，恰成对应。我的意思是说，在他的画中，雄踞霸权的西方文化，不见了，他成功地使自己抽离了欧洲艺术的记忆。

是他心仪的"东方"带他跳脱西方吗？也许是。真正有趣的是，在我看来——当然，出自中国人的眼光——这位"野蛮人"的东方想象使他画出了不折不扣的西方作品，一如早先毕加索取用非洲造型，乃是欧洲绘画的一举刷新。

然而，我不会说，米修带来的维度使木心显得更"东方"。相反，欧洲之于木心，近似亚洲之于米修。在木心的文学中，他是一位热情到近乎偏执的西方主义者。

被木心称为"文学圣家族"的西方名单，太长了，差不多从古希腊直到19世纪末的兰波，这份名单或许远过于米修内心储存的"东方"。可惜木心活在闭锁年代，否则他不会放过20世纪的欧洲人物，其中包括米修。

不像米修有幸游历亚洲，木心从未去过欧罗巴。但他以上百首诗作，写遍欧洲各国，在诗中化身为欧陆的王侯、贵胄、游吟者、浪子，或者像是没有祖国的人。

然而在木心的绘画世界中，西方性即便偶或显现——例如本次展出的石版抽象画——也变得疏远、隔膜、暧昧。这时，木心与米修的歧异，出现了：在米修的"东方"想象中，欧洲艺术记忆被刻意删除；木心，则始终葆蓄着中国古典绘画的深邃记忆。

他于20世纪70年代末偷偷制作的三十三幅转印画系列，以他故乡的江南景致居多，一望而知，那是宋元山水图式的幻化。暮年制作的两百多件微型转印画，呈现他想象中的各国风景，包括北欧与俄罗斯，但半数以上的狭长尺幅，取用中国画长卷的格式。

这会是米修心目中的"东方"美学吗？

而木心从来不是传统意义上的水墨画家——在他心中，那是已经死去的崇高传统——他以硬纸，而不是宣纸，玩弄转印术的淋漓痕迹，包括部分滴彩效果，从中寻觅并组构他的超现实景观。在他的微型景观中，人、社会、历史，全部消失。

为报复他在大陆无法做成的梦，石版画系列是木心仅有的、短暂的抽象实验。而纽约使他看清，抽象画早已过时，他于是浅尝即止。我猜，米修立刻会发现这批石版画的书写性，尤其是带有狂草笔画的图式，这是木心恣意妄为的东方基因。

那是米修神往的美学，但他想象的中国书法是无须辨认的涂鸦，他对中国书法的精彩解读，完全出于西方人的思维架构。要是他看到木心肢解狂草而制成的抽象局面，他会怎么想——当然，我也想知道，如果木心看到米修画中臆想的"书法"，将如何看待。

幸运的是，两位极度礼拜对方文化的诗人凭各自的幻觉，画出了这些画——困难在于，为什么。在我看来，如此不同的作品居然在展厅中相安无事，甚至，相得益彰。

他俩不约而同地偏爱纸本，偏爱小尺寸，偏爱单色、墨，偏爱自发与偶然性。他俩存心不肯在白纸上预先看到最终的图形——在米修，是凭来去无由的笔痕与滴彩，生成画面；在木心，是听任淋漓流淌的水渍，演成景观——那一定是与写诗全然不同的经验。

诡谲的是，这种经验未必全然是绘画的。他俩不是我们见惯的"画家"。

米修，即便在现代主义自称业余的若干天才中——例如毕卡比亚——亦属格外业余的个例，这使他具有令人钦羡的优势：极度自发，随机，无意识。他的画因此很难过时。

木心，以我对他的观察，似乎常以诗和哲学的名义——而非高度——俯瞰，或者说，侧视自己的画。绘画之于他，有如逃逸、省略，是轻盈的智力消遣，出于神秘的隐衷。

假如不是错觉，我看见一种难以猜透的理由，使他俩用绘画回避诗的世界——我无能解读米修的诗，恕我妄猜——他或许有点看不起自己的诗，因而以满怀可疑的情热，钻进绘画。

但我确知，木心看不起通常所谓的"画家"，在纽约，他曾废止作画至少十五年，全时写作。最后岁月，又不声不响回到绘画，聚精会神，以至七十多岁高龄，趴在地上作画。

而在诗中，木心是惜字如命的人，据说米修也是；木心酷爱玩弄字词，据说米修也是；米修以诗人之名问世，中途转向绘画，而木心原初想当画家，其实毕生沉溺于作诗……以我对米修的粗浅读解，以我和木心的交谊，他俩都是极度狷狂、任性、一意孤行的人。

现在，米修与木心在这里交遇了。

上海是木心向往的西方式城市，他在此度过青壮期，历三十四载，直到远赴纽约。日后，广义的西方启示了他，成全了他，但以我所见，西方并未改变他。

上海也是米修东方之旅的一站，时在1933年，那年木心才六岁。我愿意说，亦如木心，广义的东方很可能重塑了米修，但以我所见，东方也并未改变他。

这是他俩的传奇。法国还有另一位如米修般涂鸦的人吗？而木心的画，迄今孤立，从未在母国获得具有水准的解读。

在同一个展厅——再次感谢弗朗索瓦先生——我发现，朝向对方的文化，米修与木心各自启动了一场漫长、精致而诚实的误读。这误读，最后，使他俩变为己身所属的文化中仅见的异数，有如幽灵。

2020年1月28日写在乌镇

木心说："我是一个人身上存在了三个人，一个是音乐家，一个是作家，还有一个是画家，后来画家和作家合谋把这个音乐家杀了。"

其实，木心并未死心，私底下一直尝试作曲，身后留下了多达五十六页的遗谱乐稿。

木心遗乐，用简谱记录。简谱、五线谱、工尺谱、减字谱等，是记录音乐的不同符号工具。"简谱"，全称"数字简谱"，1665年，法国天主教"芳济各"修士苏埃蒂最先发明，七十年后，卢梭再度提倡，经法国乐家、文士整理完善，1882年，自美国传入日本，1904年由音乐学家沈心工自日本引入中国，一时广泛使用。简谱和五线谱，都是成熟的记谱方式，都可定量记录乐曲的音高、节奏。当年李焕之为学习管弦乐队配器手法，曾经用他熟悉的简谱，翻译了当时尚未熟练掌握的贝多芬《第六（田园）交响曲》五线谱，如此借鉴西洋交响乐，创作了管弦乐名作《春节序曲》。

木心乐稿，可大致分为三类：

木心自度曲

——谈木心遗乐及其整理改编

陇　菲

文化学者

一、零星乐思记录。

二、器乐片段及完整乐章。

三、有词的歌曲。

前两类乐稿，大多写在单页的稿纸或信纸上。第三类歌曲，大多写在笔记本上，笔迹与前两类不同。

这里只说他的器乐创作。

木心器乐创作，特别是他标注表情术语movement（运动）的一些自度曲，大多有西方古典音乐巴洛克、阿拉伯风。

木心20世纪50年代初在浦东教授绘画、音乐，喜欢非洲舞蹈、印度舞蹈、波斯诗歌。60年代结识音乐家李梦熊，两人都非常关注非洲器乐繁杂的复调节奏对位（复合节奏，polyrhythm），以及细密的主调节奏变化，如印度的拉格（raga）、塔拉（tala）、中亚木卡姆（muqam，法则、规范、曲调），关注繁音促节、律动细密、动而愈出、疾速去往的西方古典音乐巴洛克、阿拉伯风格。

这不是一般的猎奇，而是对乐史的深刻认识，对音乐的慧心体悟。

中国音乐和世界音乐，可划分为巫乐、礼乐、宴乐，和具有艺术与商业二重性的艺乐以及俗乐五个时期。

巫乐期的音乐，大多比较简单，有大音希声之风。巫乐向礼乐转变过程中，那种疯癫痴狂的风格，逐渐被典雅庄重的风格取代，大音希声之风，依然一以贯之。直到两汉魏晋南北朝之后，以往在政治前台的礼乐，才逐渐降格为佐酒进食背景的宴乐，风格也为之一变。

正所谓：

> 牢羞既陈，钟石俟。……饔人进羞，乐侑作。……金敦玉豆，盛交错。御鼓既声，安以乐。

如此宴乐，乐师不必额外张扬音乐之外的其他意义。

作为长夜宴饮佐酒辅食的背景音乐，为了不绝如缕地绵延鸣响，乐师不得不重复回旋加花变奏原先简单的单曲体（分节歌）音腔。中国、西洋的中古音乐，由大音希声之礼乐，一变而为繁音促节、律动细密、动而愈出、疾速去往之宴乐。

正所谓：

> 六引缓清唱，三调伫繁音。
> 岂所谓诗之遗耶，抑亦浮艳要眇，繁音促节，悲而助欲者耶！
> 乐府之妙，全在繁音促节，其来于于，其去徐徐。
> 繁音激楚，热耳酸心。

宴乐向艺乐演化过程中，中国以及西洋音乐，体裁形式发生了重大变化。

在此演化过程中，由歌舞乐一体的巫乐、礼乐，分化出相对独立之以器乐（sonata）、声乐（cantata）为主的宴乐、艺乐。

世界音乐史上，中世纪出现大量没有文辞的器乐作品，"纯音乐"（absolute music）大行于世。中国古琴音乐中由琴歌脱胎而来的标题性琴曲调引、操弄，欧洲钢琴作品中由歌曲伴奏脱胎而来的无词歌，由歌剧乐队伴奏独立而成的前奏曲，都是巫乐、礼乐演变为宴乐、艺乐历程的化石。

这个时期，中国和西洋，不约而同地简化了多种样态的古代调式，而侧重速度、节奏的变化。

中国的宫、商、角、徵、羽以及名目繁多的诸宫调，逐渐简化为楚调—侧调，欢音—苦音，西皮—二黄等基本歌腔，以吟咏各种调式、旋律为基本手法的单曲体分节歌，衍变为以速度、节奏为基本因子之解—艳—趋—乱、散—慢—中—快—散的相和歌、大曲，形成了以加花变奏欢音—苦音、西皮—二黄等为基本音腔的板腔体。中国板腔体的戏曲音乐，以欢音—苦音、西皮—二黄为基本音腔，做导板、慢板、原板、垛板、散板、摇板、回龙等速度、节奏的变化。

西洋的伊奥尼亚（Ionian）、多利亚（Dorian）、弗里几亚（Phrygian）、利第亚（Lydian）、混合利第亚（Mixolydian）、爱奥利亚（Aeolian）、洛克里亚（Locrian）等调式，被统一为"明亮的大调""阴郁的小调"之大小调体系，以吟咏各种调式、旋律为基本手法的分节歌，衍变为以功能性动态和声为基础，做速度、节奏变化之各种器乐、声乐。

中外乐师如同波斯细密画画师，不断变换各种手法，重复、模仿、追逐、加花、变奏、回旋、呈示、展开、再现巫乐礼乐歌调。由"朱生善琵琶"的相和歌衍生出"嘈嘈切切错杂弹，大珠小珠落玉盘"的琵琶器乐，由中国框格（老六板、倒八板）、印度拉格、塔拉、中亚木卡姆等，衍生出单曲体、联曲体、二部曲、三部曲、组曲、套曲、回旋曲、变奏曲、奏鸣曲、协奏曲、清唱剧，以及序曲、卡农、赋格，还有以四至八小节的固定低音为基础进行连续变奏的"帕萨卡利亚"（passacaglia），在固定的主题或一连串固定的和声进行之上做多次变奏的"恰空"（又译"夏空"，法文 chaconne，意大利文 ciaccona），自由即兴变奏之炫技性的"托卡塔"（toccata），像被毒蛇咬了之后不停跳舞以发散蛇毒的"塔兰泰拉"（tarantella），不停快速运动中间没有休止的"无穷动"（perpetuum mobile）等曲式、曲体。木心所谓"老巴赫，音乐建筑的大工程师"，正是此意。

木心曾说：

> 文字不要去模仿音乐。文字至多是快跑、慢跑、纵跳、缓步、凝止，音乐是飞翔的。但音乐没有两只脚，停不下来——一停就死。
>
> 苏丹的音乐，是有件东西在不停地响着的意思。

如同中国古典乐赋铺陈之"其来于于，其去徐徐"的中古宴乐，西方巴洛克古典音乐，以及后来的阿拉伯风格曲，正是由奥斯曼帝国之土耳其宫殿中，长夜宴饮佐酒辅食之逝者如斯不绝如缕一类的宴饲音乐中脱颖而出。今日的饶舌（rap）歌手，之所以可以用莫扎特《土耳其进行曲》伴奏，完全是同步于其阿拉伯风格之繁音促节的细密律动。

"巴洛克"（Baroque），这个词最早来源于葡萄牙语barroco，意为"不圆的珍珠"，最初特指形状怪异的珍珠。而在意大利语barroco中，则有"奇特、古怪、变形"之义。法语baroque是形容词，有"俗丽凌乱"之意。此一类艺术作品，追求不规则形式，极力强调运动。巴洛克音乐，节奏强烈，律动细密，旋律精致，而且持续不断。变化与运动，是巴洛克艺术的灵魂。就音乐而言，所谓巴洛克，起初是指在通奏低音（basso cotinuo）之上加花变奏之器乐曲风格。

"阿拉伯风格"（Arabesque），特指"涡卷线状图案"，或"阿拉伯风格的图案"，从这种弯弯绕绕的图案，引申出的乐曲形式，同样也被称为Arabesque。德语Arabeske，则被译为"花纹"。阿拉伯风格，原来是指古代西班牙宫廷、古堡、寺院和意大利城市建筑中带有阿拉伯风格的装饰性花纹。阿拉伯风格的音乐，花样繁多，节奏明快。

如木心所说"不能停，一停就死"，得"不停地响着"的巴洛克、阿拉伯风的宴乐、艺乐，特别在意乐师的玩意儿，特别在意乐曲的加花变奏。

木心乐谱遗稿中，夹杂一页文字：

余论其节奏，在二十世纪三、四十年代之前，从古代在各类装

饰艺（术）上，"花"的形象是放之各民族皆准的经典图案，倒是
太古时代的初民艺术，是朴素抽象派。究竟是有意有志地不屑模仿
自然现成对象，还是当时人中的非正式的艺术家当未发现花卉之适
宜于装饰？两者必居其二，几千年后人类的审美观念，既在精炼拔
擢，又在疲乏堕落。

如木心所说，花卉"适宜于装饰"，乃是"艺术"的"经典图案"。
繁音促节、律动细密、动而愈出、疾速去往之加花变奏的玩意儿，是宴
乐乃至艺乐长足发展的驱动引擎。

巴洛克风之古典音乐代表人物亨德尔、维瓦尔第、巴赫、莫扎特，
"精炼拔擢"这个驱动引擎，以其天才作品，把宴乐升华为艺乐。受此
影响，在德奥等地还产生了器乐化的声乐流派。亨德尔的《哈利路亚》，
是其典型。还有当代"国王合唱团"（The King's Singers）演唱的巴洛
克古典名曲，"斯温格歌手"（Swingle Singers）演唱的人声《野蜂飞舞》
等，器乐化声乐技术业已登峰造极。老锣的《志氹》，之所以轰动，也
和他借鉴德奥器乐化声乐手法有关。

二十世纪六七十年代，革命样板戏《智取威虎山》选曲，紧拉慢唱
的《打虎上山》之所以风靡，改革开放初期，节奏欢快的铜管乐曲《北
京喜讯到边寨》之所以被频繁演奏，都有一个重要原因，便是其音乐风
格之繁音促节、律动细密、动而愈出、疾速去往。与此同时，某些知名
作曲家的作品，依旧沉迷于玩音响而轻律动，虽不能如木心断言这就是

"疲乏堕落"，但遭受冷遇却是不争事实。

木心有关于此的言说，准确把握了由宴乐向艺乐演化的关键，证明了他在美术天赋、文学天赋之外的音乐天赋。木心以"文体"论说言语之文学，以"形上"论说绘画之美术，以"飞翔"论说律动之音乐，皆中其鹄的。

尽管木心未能掌握和声、对位、复调、配器等现代专业作曲技术，难以驾驭大型音乐结构，但他钢琴奏鸣曲一类的器乐自度曲创作尝试，远非一般业余爱乐者能够涉足。尤其是他有关音乐的论说，言一般音乐学家所未言，发人深思，提要钩玄，开音乐史学新法门。

李梦熊早有把东方旋律、非洲节奏和西方交响熔为一炉的宏大计划，曾尝试创作歌剧《鸠摩罗什》。这部歌剧，有龟兹（今新疆库车）、姑臧（今甘肃武威）、长安（今陕西西安）等西北边地的人文背景。李梦熊的学生武克说，他曾亲眼见过这部歌剧手稿。据曹立伟回忆，木心曾说，李梦熊早就不写了。他封笔时把自己的手稿都交给了木心，说"现在不是艺术的时代"。木心则说："任何时代都不是艺术的时代，但我还是要写。"不知当年留给木心的那批手稿中是否有此歌剧乐谱？如果有，相信木心一定会玩味揣摩，珍重再三。即便没有，李梦熊对西北的魂牵梦绕，想来也会给木心留下深刻印象。

李梦熊强悍豪放，木心柔弱空灵。李梦熊崇尚规模，中意于史诗风的大型歌剧，木心路数不同，从来施展于咫尺寸笺袖里乾坤。李梦熊是武举人，豪爽如河北吹歌，木心是文秀才，运思如江南丝竹。依李梦熊性格，忍不住向痴情音乐的老友炫耀自己新作，应在情理之中。对音乐有如此敏感体悟的木心，对此不可能毫不动心，不受激发。但以木心的孤傲和美学偏好，具体到作曲，很可能对李并不认同。他曾说过肖邦并不认同贝多芬，也曾质疑："《第五（命运）交响乐》首句，是音乐吗？"又说德拉克罗瓦很爱肖邦，但肖邦从来不肯发表他对德拉克罗瓦绘画的意见，因德拉克罗瓦也是豪放狂飙型，与肖邦的灵虚细腻，并非同类。木心与李梦熊，有如此式传琴瑟、相酬典坟的因缘际会，又有如此才性品味、美学风格的巨大差异，二人之于音乐创作，各执其一端，有极强张力。

聆听青年钢琴家、作曲家高平根据木心自度曲遗谱，整理改编而成的一批木心乐曲，出乎意料的是，高平名为《叙事曲》的音调，有东方旋律之西北"苦音"风格。它的显著特征，是"宫离而少，徵商乱而加暴"，"宫（1、do）不在（离开了）调式主音位置而且较少使用，徵（5、sol）商（2、re）则乱杂暴用"。

《叙事曲》原谱如下：

　　此曲大致可分为相当于西洋钢琴奏鸣曲的主部、副部、展开部、再现部四段。

　　开始相当于奏鸣曲主部。

为了彰显主部主题之西北"苦音"意绪，木心有意选用了七个升号的沉郁调性。这个调性适合钢琴，不方便管弦乐器演奏。

乐谱开始的表情术语La mear似是法文，但遍查各种法文词典均无，倒是英文的Lament与其相近。Lament是苏格兰高地氏族葬礼上风笛吹奏的音乐，指称悲痛的哀歌、挽歌，正切合西北风格之酸心"苦音"。

陈丹青回忆："我从未听木心谈过西北，他似乎不了解，也不注意西北，除了唐诗中的那个西北。"

唐人柳中庸《听筝》诗有言："抽弦促柱听秦筝，无限秦人悲怨声。"

木心《叙事曲》中的"苦音"，确有唐诗吟咏之地道的西北风韵。

"苦音"不是泛称，而是特指。"苦音"历史悠远，文脉尚存。

《列子·汤问》载：

　　昔韩娥东之齐，匮粮。过雍门，鬻歌假食。既去而余音绕梁欐，三日不绝。左右以其人弗去。过逆旅，逆旅人辱之。韩娥因曼声哀哭，一里老幼悲愁，垂涕相对，三日不食。遽而追之。娥还。复为曼声长歌，一里老幼喜跃抃舞，弗能自禁，忘向之悲也。乃厚赂发之。故雍门之人至今善歌哭，仿娥之遗声。

刘昞《敦煌实录》说：

> 索成，一作索丞，字伯夷。北魏人，筝技高超，尤能传神。
> "悲歌能使喜者堕泪，改调易讴能使戚者起舞。时人号曰雍门调。"

索丞"悲歌能使喜者堕泪"者，正如韩娥"曼声哀哭，一里老幼悲愁，垂涕相对，三日不食"；索丞"能使戚者起舞"者，恰似韩娥"曼声长歌，一里老幼喜跃抃舞，弗能自禁，忘向之悲也"；此雍门调之长歌与哀哭的转换，有唐人柳中庸《听筝》诗所说"抽弦促柱"一类音律变化，正是《敦煌实录》所谓的"改调易讴"。

此所谓楚调、侧调者，于魏晋南北朝时期，因有河西陇右人士如北魏敦煌索丞之辈的传承，遂由楚汉之乐演变成为西秦之声。

"西秦"，指秦地之西，甘肃、陇东之地。今秦地之西的陇东道情、兰州鼓子、凉州贤孝都有"欢音"（花音）、"苦音"（伤音）之说，原称西秦腔、甘肃调、陇东调之秦腔亦然，陕西眉户也有类似的"软月""硬月"之说，川剧则有"甜平""苦平"之说，粤剧则有"平喉""苦喉"之说。这些，包括南音、潮乐之"秦筝"的"清重三六"，以及古琴音乐"紧二、五弦"等等，都是改调易讴的喜悲音调转换。

西秦腔之"欢音"，正是"能使戚者起舞"之"楚调"的遗声；西秦腔之"苦音"，正是"能使喜者堕泪"之"侧调"的遗声。唐人王建

《宫词》有言："小管丁宁侧调愁。"河西陇右乐人称"侧调"为"苦音"，将其悲愁内涵揭示无遗。

苦音、欢音转换之秦腔曲牌《跳门槛》

索丞所善之保守"楚调—侧调"长歌与哀哭转换特色之抽弦促柱、改调易讴的"欢音、苦音"，对全国许多地方戏种、乐种产生了深远影响，也是日后与雅部昆腔争强斗胜之花部皮黄腔京剧的始祖。

西秦之地的乐师，把西秦腔的音曲称为"皮儿"，把戏词称为"瓢儿"，所谓"西皮"，即"西秦皮儿"。

毗邻西秦之地的陕南汉中，古有"一清二黄三月调，梆子跟上胡吵闹"之说。板腔体的二黄，原是"秦声吹腔古调新声"，和软月—硬月之陕西眉户同属陇东调、甘肃调的西秦腔。二黄，原先流行于汉中之地，称为汉调。后来传播到安徽，又称徽调。

清乾隆年间，西秦腔大师魏长生、二黄调大师高朗亭进京献艺，西皮、二黄风靡京师，奠定了花部皮黄腔之京剧基础。

和西洋音乐把"明亮的大调"和"阴暗的小调"统一为中性的"大小调体系"类似，中国京剧中的"西皮"和"二黄"，也把改调易讴、喜悲转换的"欢音""苦音"中性化了。于明亮阴暗两极之间，于欢喜悲伤两级之间，如此中性化的"大小调体系"和"西皮—二黄"，没有特化（specialization）之弊，而有兼功之善，没有非此即彼的刻板，更适合表现各种层次丰富、光谱连续、无极变焦的情调意绪。

《叙事曲》采用"苦音"音调，虽然未必就是实写西北地方，但已然彰显浓重的西北风情。江淹《别赋》有言："别虽一绪，事乃万族。"例此可说："事虽万族，苦同一绪。"木心《叙事曲》的"苦音"，业已抽形抽象，是形上化的"苦音"，其哀感顽艳，不分地域种姓。与北人徐振民《变奏曲》朴拙率直的"苦音"不同，南人木心《叙事曲》的"苦音"则委婉幽深，即便是愤懑，也十分内敛。设想李梦熊来写，一定是雷霆万钧做狮子吼。

相当于奏鸣曲副部呈示的，是一个新的"苦音"主题。

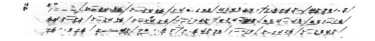

展开部之后，末尾，是副部主题的再现发展。

木心原谱副部主题再现，由#C调转到#F调，前调1（do）＝后调5（sol）。如此，前后音调骤然提高了一个八度，如果适当放慢速度，音乐会更加悲怆愤懑，西北风格的酸心"苦音"，会更加撼动人心。

依木心原谱，抚节而歌，行云几断之悲怆愤懑的副部主题再现未久，便欲语还休，若断若续，几乎泣不成声。结尾，音区逐渐下沉，衰微没灭，余响渐行渐远。正所谓"歌响未终，余景就毕，满堂变容，回遑如失"。

比较改编谱和原谱，高平之理解似乎与木心之构想不尽相同。

作曲家常常感慨，比起美术家完成的绘画雕塑，乐谱不过是未完成的毛坯，非经歌唱、演奏，不能被人聆听欣赏。然而正因如此，给表演艺术家以及整理改编者，预留了音乐二度创作的广阔空间。

木心遗谱，乐思有韵有品，素颜示人，尚未着色敷彩。无论是人声演唱，或是乐器演奏，都会因声部、乐器、音区高度、速度分寸的不同，赋染各种不同的音色韵味。另外，单声部旋律，又会因和声配置、复调处理、织体编排、乐队配器的不同，产生更为多样的风格特色。

音乐二度创作，有时会使同一歌腔有根本性质差异。原先欢快跳跃的晋西北民歌《芝麻油》"芝麻油，白菜心，要吃豆角抽筋筋，三天不见想死个人，呼儿咳吣，哎呀我的三哥哥"，后来被作曲家安波等人填上了新词："骑白马，挎洋枪，三哥哥吃了八路军的粮，有心回家看姑娘，呼儿嘿呦，打日本就顾不上……"此后，又被陕北民歌手李有源再度新填歌词成为《东方红》，经刘炽等作曲家整理改编，音区有所提高，速度大幅放宽，最终成为管弦乐队伴奏的四部合唱颂歌。

音乐二度创作，既可以体会原创者初衷，尽可能切合作曲家本意，也可以把原作当成可资利用的素材，另起炉灶，花样翻新。理解、诠释木心形上化的西北"苦音"，是一个难题。不要说比木心晚生近半个世纪的高平，即便是与木心同一时代的其他作曲家，也只能明知不可为而为之，或做冒险的尝试，或树自己的新帜。

高平如此处理开始的主部主题：

调性由#C改为C，方便了大提琴演奏，但过于明亮，少了沉郁色调。

将原谱上的表情术语"La mear"，理解为"largo"（宽广、沉稳）的笔误。如此音乐处理，偏离了西北戏曲"苦音"酸心之韵，违失了

Lament哀歌、挽歌的基调。

尤为遗憾的是，空中起步之第一小节至第七小节的一整段主部主题，被分划为钢琴的起始，和大提琴的应答，割裂了此主部主题的完整乐思。

中国"空中起步""切终成曲"的古典音乐，来无影，去无踪，有胡兰成所谓"几于没有起讫，而能声意俱收尽"之"空之行""神之行"的品格，此乃中国艺术、中国音乐赋比兴之兴的根性。

如此，《叙事曲》开头的主部主题，应以空中起步一以贯之为好，不宜处理为钢琴、大提琴的前后呼应。

高平把原先位于第163小节，展开部之后，副部主题再现的转调大幅度提前，移至第40小节副部主题首次呈示的位置。把#C到#F的调性直接转换，改为由C大调，通过经过句，转到C大调上方大三度的E大调，主题由钢琴在中高音区演奏，大提琴分解和弦拨奏陪衬。如此处理，就技术而言，更加现代。音乐的表现力，的确如其所想，明亮、轻盈，但少了愤懑、悲怆。

此后副部主题的发展，高平的改编异彩纷呈。调性由E而G，再由G转回C，全曲调性布局，是C大调的主三和弦——C、E、G，手法类似柴可夫斯基《第六（悲怆）交响曲》第一乐章展开部。此《叙事曲》之展开部，繁音促节，水流风动，织体丰富，技炫彩华，意绪多端，一波三折，大有木心心仪之西洋古典音乐巴洛克、阿拉伯风。

最为成功感人的是结尾。此曲乐运至此，几近"今日春来，明朝花谢"，"想秦宫汉阙，都做了衰草牛羊野"，"碑表芜灭，丘树荒毁，狐兔成穴，童牧哀歌"之境。

从木心众多自度曲遗谱中，特别遴选出此曲，并名之为《叙事曲》，显示了高平的聪耳慧心。

木心一生坎坷，遭遇诸多磨难。1968年至1975年之间，他在上海美术模型厂被管制劳改。木心时时小心翼翼，总是低头遮颜，贴墙根走路，处于人生的低谷。

当年不幸之木心，晚年天幸连连。有陈向宏慧眼识人，恭请他荣归故里；有陈丹青礼拜师尊，虔诚恭执弟子礼；他身前未曾面世的乐稿，如今又由才气纵横的年轻音乐家高平整理改编，真是人逢知己，乐遇知音。

如今，木心遗乐，奏鸣于世，闻者心伏，听者动情。音乐家木心，终于在他身后复活。

2016年9月12日京东燕郊起草

2016年12月27日京东燕郊五稿

辑 六

今晚对月亮说的话

在古老的乌镇要做文化事，在中秋之夜要做圣洁的浪漫事。此刻，我觉得这两件事都与木心先生有关，我们相聚在这里，以先生之名，庆贺这个世界级的美术馆落成并进入装修阶段。先生说"寂寞，多半是假寂寞"，而我现在高兴，是真高兴。如果说十年前我迎回了先生到家乡，那么今天先生艺术的在天之灵，用美术馆的丰碑，永远铸在了乌镇的土地上。

记得先生在世的末年，我与丹青老师推着坐在轮椅上的先生，来这里为美术馆选址。先生那天是少有的兴奋，他对我说，选址在西栅，符合他"卧东怀西"之意。我感谢林兵、冈本先生，设计了如此之美的一座美术馆，让它无愧于先生、无愧于乌镇。我更要感谢丹青老师，其实我平时也怕羞，相识十多年，我记得从未说过一句感谢的话。但您为先生、为乌镇做了太多的事。你不辞辛劳往返于美国与乌镇，与我一起说服先生回国。您为先生作品的推广，与各式人群周旋。您事无巨细，亲自参与木心故居的装修。今天又亲自盯在现场，为布馆

陈向宏

乌镇旅业总裁

操劳。最重要的是您毅然接受了公司董事会的聘任，担任木心美术馆馆长。我以为那是先生的福气、乌镇的福气。这世界上一个人对另一个人没有"应该"与"不应该"，而只有"当仁不让于师"，也就是先生所说当仁不让就是"当不仁不让，不让其不仁"。

再过几天第三届乌镇戏剧节就要开幕了，11月份木心美术馆马上也要开馆了。人们都说乌镇是个文化古镇，我一直想说，这就如同一个女子，在她年老色衰的时候，说她是个美丽的女子。1999年我来乌镇，我看不到乌镇文化的活力，只有衰败与没落。今天，乌镇重又让世人瞩目，这其中最重要的是文化的复兴。这也是先生生前所嘱咐我的，对乌镇文化的复兴是文化的"先死后生"，未来乌镇一定是一个世界著名的小镇。但它的崛起，不是靠一个活动、一个节日，甚至一句口号，而是靠一种人文精神的觉醒。什么是小镇的文艺复兴，先生早就说过，文艺复兴就是"对生命的兴趣、对生活的兴趣、对人的兴趣"。老头子字字真谛，我希望我们能脚踏实地做真正的文化之事，不断累积，不断渐变，不断传承，让乌镇以文化傲立于世。

记得先生生前不止一次对我说过，未来他的美术馆每个房间都要放莫扎特的乐曲。我想这个月圆之夜，我们可以与先生一起，在这里聆听这美妙的音乐，见与不见，先生都与我们在一起。

2015年9月27日中秋之夜

（此文系作者在2015年中秋节木心美术馆启动仪式上的发言）

乌镇的倒影

要发生的事发生了——对岸什么都没有，整片蓝天直落地平线，匀净无痕，近地平线绀蓝化为淡紫，地是灰绿，岸是青绿，河水里，前前后后参参差差凹凹凸凸重重叠叠的倒影清晰如故，凝定如故，像一幅倒挂的广毯……

——录自木心先生《哥伦比亚的倒影》

却不是，不是在哈德逊河边。此时，是在乌镇的西栅。

对岸什么都有：水乡古镇的石桥，长街，老屋，木船。老桥与老街，一块块青石板垒砌连缀，或光滑或凹凸，藏嵌着经年日月。屋是黛瓦白墙，一扇扇旧木窗临河而开，微风来去，活水微澜，水是清绿的，冬季的香樟女贞桂花树，稳重笃定的墨绿。各路河港来的水，汇太湖，入运河，来了又走了，河水被石桥拦成一截一截，地平线浸在水里。乌镇大剧院的浅褐色立面，一长排折叠式的玻璃立面，在阴沉的天色下，化为一只拉开大半的巨型手风琴，恰是琴声止歇那一刻的静寂，天色匀净凝定……

张 抗 抗

作家、中国作家协会副主席

倏忽，对岸什么都没有了。

那座米黄色的建筑，从元宝湖拢聚的水域浮上来，升起来。远远看去，犹如一只连一只带篷顶的方头渡船，终是渡得疲累，泊在水中央。那船似来自很远的对岸，船舷上留着海浪侵蚀的刻度，船桅携着太平洋海风的气息，驶入乌镇的水巷，从此不再离开。

要发生的事发生了——穿过水面上曲折的栈道，宽大幽深的船舱，是"木心美术馆"。

有风啊水啊和一座桥，一只盒子连着一只盒子……这应该就是木心生前期待的那个样子。美术馆外形极简，由三五方现代几何造型起伏衔接，横向的不规则外立面表层，清水混凝土均匀的本色。如此直而硬的线条轮廓，在乌镇两岸水一般优柔的影像里，略显突兀。馆内各展室，墙啊顶啊橱窗展柜啊，以各种微妙而深沉的暖灰色基调构成，幽暗的灯光下，显得有些高冷，不是亲切，是距离。他走了很多年，从苏州河到杭州到上海再到纽约，不再是乌镇的腔调，他的文字风格模糊在没有国界的汉语世界里，成为一个思想与语言的异数，需要国际现代美术馆的格局，才能盛载。

里面放着莫扎特的音乐？没有音乐，迎面遇见的是"林风眠与木心""尼采与木心"主题展。半个多世纪前，木心师从林风眠，美学旨趣相投。馆内展出林风眠十件原作，与木心绘画的素淡清雅互为映衬。关于尼采，木心在《文学回忆录》中曾说：作为一个现代人，如果忽视尼采，不会有什么价值……我与尼采的关系，像庄周与蝴蝶的关系，他是我精神上的情人。现在这情人老了。正好五十年。许多人说话，不诚恳，尼采诚恳……他是思想家。我们只能做一个善于思想的艺术家，不善思想的艺术家，将那点思想害了艺术……尼采希望人类超越自己……美术馆的设计者懂得木心，馆内陈列了尼采手稿四份、19世纪原版著作二十一件、尼采肖像八件，由德国尼采基金会及尼采学院等机构合作提供，是尼采文献在亚洲的首次展出——瞧，这个人，尼采疯了之后，原来躲来了乌镇。木心，从此倚在老去的情人身边。

不像美术馆了，而是一座文学馆。哲学与思想，原本活在文学与艺术里。

木心先生身后，遗存文学手稿数千份，开馆展出五十份。还有他生前出版的十几种小说集、散文集、诗集，一件件一本本，置于精致的金属或木制的展柜内，已是文物的气象。早在20世纪30年代，一个清澈的私塾少年，在沈雁冰先生家中，读遍了西方文学名著，明白了在太湖之外，还有无边的海洋。于是，乌镇十字形贯通的水系，西栅东栅南栅北栅，一齐为这个文学青年打开了四面的水闸。小船徐缓从容驶入大运河，送他去往更大的码头，接受新式教育。史上富庶的乌镇，为防守太湖湖匪抢劫财物，东西南北特设四面水闸。水下水上坚固的铁栅，有如先知的预言早早潜伏。匪患去了，浩劫来了，铁栅成为乌镇的隐喻，也是木心的宿命。1971年至1972年的上海，十八个月不见天日的牢狱之灾，起因大致是他不信不敬本邦的神。在废弃的防空壕监舍，他写下"囚禁中的日记"，用地下的黑水，写在泛黄的"自白书"或交代材料的纸页上，六十六张六十五万个汉字，隔世的呓语与疯话，被一层层小心折叠，缝在棉袄衣角里留存下来。思想产生在阴影里，那些幸存至今的手稿，洇着经年的湿气与汗迹，生活啊人物啊感觉啊，都被岁月逐句稀释化解，似水波涟漪中的倒影，只剩下墨迹的形状。在展厅里，被一页页放大了，竖行的钢笔小楷，密密麻麻挤挤挨挨没有空隙，就像那个窒息的年代。纸页上，虽然每个字都隽秀好看，已无一字能够辨识。木心先生极少谈论过去，也不复述苦难。死一般的寂静牢狱中，他一次次想象自己与西方先知的对话，然后一字字记下。多年后他揶揄说："莎士比亚、托尔斯泰……都跟我一起下地狱了呀！"那个崩溃殆尽的年代，只能用文学或哲学，守护自由的灵魂。黑暗的长夜，能救他于水火的，唯有艺术——这是命运的幸与不幸。墙上间或镶嵌着他简洁的俳句，都是非常好的话。

最喜欢馆内那一大间阶梯式的图书馆，全世界的艺术大师，沧桑肃然的面孔，在同一时间授课，人声喧哗，而又静谧无声。阶梯从下往上，是仰视，从上往下，是俯瞰；木心对自己敬重的前辈，亦喜用平视的目光，平视即找到仰视与俯视之间的平衡点。书馆的内厅如此高深空阔，身边一摞摞厚厚的图书，伸手可及又不可及，这或许就是天堂的样子？

"天堂"一厅连着一厅，共计五间专馆，墙与地、展柜与展品，疏朗有致，余留了大量空间，好似他仍在"晚晴小筑"伏案而作，随即会有新书新作到来。木心生前计有绘画作品六百余件，耶鲁大学博物馆及大英博物馆典藏几十幅，日前首次在母国展出百件，包括他早期的素描练笔。第一厅西墙，陈列他画于"文革"末年和旅美初期的十余幅纸本画，东墙的二十一幅石版画，作于1984年到1989年，林风眠当年倡导的"形式"，演化为木心画作中的抽象意味。那些镶嵌在展柜中的画作，显得过于低调，没有一点张扬的意思，欢喜的人，停下脚步，不留意的，就错过了。木心平生博才多艺，诗歌散文小说文论戏剧音乐皆擅，绘画只是其中之一，故有超然与散淡的派头。如此七拐八绕，最后下楼，沉入地下。"地宫"内设有木心的绘画影像与视频，终见木心晚年作画的部分奥秘。木心先生早年在杭州艺专（今中国美术学院）习西洋油画，却是毕生偏爱中国山水画，喜用宣纸、毛笔、墨色。构图有师法传统的经历与范式，嵌着传统山水画的趣味与细节，可知他对传统的尊重。但细看笔触，却又明显抛弃了传统山水画的局限，墨色天然随性、质地饱满，有一种低沉而柔性的反叛在里头，不是对抗，是介于清醒与暧昧之间的重启与升华。视角则完全是西画的方式，以具象为审美表意的主要依托。一旦跃过传统的边界，就有了挥洒自如、独立自在的个人风格。2002年到2003年间，木心创作了两组袖珍画作，最小的仅有一二寸，小到好像一粒珍珠藏在蚌里。微型画作被屏幕一件件放大，有如显微镜下的细胞组织一一呈现，算得上另一类的装置艺术。画面恢宏，细部精微，呈现出深远神秘的意境。晚年，他独创这种稀有的"转印画"，亦称"拓印画"。先在玻璃（或类似材质）上涂满水与色彩，以光纸覆盖其上，翻转后，趁着纸面上湿濡流溢的水渍、斑痕，即兴演成各种图案、图形。"水"成为一种新的介质，而后任由彩墨随意变幻，依形就势而成。

记得丹青说过：木心不是国画家，也不是水墨画家，他不画油画，他画的那些风景……笼统地说，叫彩墨画……他就是个画家。这跟他的文学一样，是很难定义的……

人云：木心的绘画和文字，比照着看，最好。他在文章里没说完的，都在画里。在画里没说完的，在文字里。既如此，文学馆还是美术馆，又有什么要紧呢？

木心曰："文学既出，绘画随之。"

是文学滋养了他的绘画，还是绘画的彩墨，赋予黑白的文字以斑斓的底色？

我说：木心的文字，是绘画的倒影；木心的绘画，是文学的倒影。

倒影只能出现在水中。偶尔，还有镜。倒影归属于水的意象。故乡乌镇的水，安静，柔软，平稳，徐缓。千年古镇，八方来水——墨水的水，可成书；水墨的水，可作画。木心诗文绘画的考究与精致，融化在水里，是清爽灵动的意蕴，以柔克刚的那种坚韧，一滴一滴、一笔一笔，渗透、穿透、载舟、覆舟……20世纪末返乡，他曾对故乡的衰颓大失所望，然而，凝望着乌镇河港的柔柔碧水，转念慨叹：这就是我的文风。

至21世纪，乌镇水巷走出了一位志向宏远的陈向宏，据说他偶尔读到木心，惊为天人。乌镇历史上自梁昭明太子而始，至一千多年后由茅盾先生接续的文脉，顿时水网纵横水浪飞溅。有眼光有魄力的奇人陈向宏，终于辗转寻到了陈丹青，后来所有的事情，就这样成了。一个几乎不可能实现的文化乌托邦，变成了今日的传奇乌镇。

木心先生最终回归了他的水源地，信疑参半地期盼：乌镇的铁栅永远不再落闸。

他出现在屏幕中，一个温和、诚恳的老人，缓缓说着什么，不疾不徐。去国二十余载，依旧留有浙江人的乡音，舒朗的微笑中，依稀可见青年时代潇洒的气质与风度。那是旧时代最后的绅士、新世纪迟来的海归，中西、今昔，在他身上，不可思议地汇聚、交融，成为另一个传奇。

陈丹青曾如此评价：木心可能是我们时代唯一一位完整衔接古典汉语传统和"五四"传统的作家，是对半个世纪以来文学"断层"的补白……我在纽约发现木心之后，就觉得这个人没有断掉……

木心先生离去后，再也没有像他那样说话的人了。他的存在，因此被人以质疑的方式延续。

我们曾经惯用的语言系统，依旧残留在书本与作品的字里行间。我们曾经误信的那些价值观，种植并浸透在血液里，顽固地左右着一代人的思维方式。

却有一个老人，在这个与那个年代，以孤独的冷眼厕身于边缘地带。跳脱时代主流的语感与文体，拒绝使用人们习以为常的那种腔调，沉默地活在自己的美学世界里。我是在黑暗中大雪纷飞的人，你再不来，我要下雪了。木心先生作品的价值，指代的是一种独立而优雅的审美趣味、情调与人格。熟知曾经流行的粗鄙粗陋，才能懂得木心的精妙与洒脱。

正如他经常引用尼采的那句话：在自己的身上克服这个时代。

是克服，而不是战胜。因为不可能战胜。

仅仅是克服，便已成为一个独特的，也许是唯一的存在。

在乌镇小憩，依水而居，枕水而眠。西栅东栅的水闸，已然成为水镇历史的标识。一座又一座覆着青苔的拱桥，在水中投下微微战栗的倒影。桥是一种约定的比喻，象征着东西方艺术的融会贯通，在此，重新连接，却没有此岸，只有无法到达的彼岸。立于水中的木心美术馆，是乌镇留给后世的文化遗产，同时，也在向未来——致敬。尽管，他生前说过："不要写我。你们写不好的。"可我，去了乌镇后，却忍不住写了以上这些。

前人的文化与生命同在，与生命相渗透的文化已随生命的消失而消失。我们仅仅是得到了它的倒影……起风了……倒影潋滟而碎……如果风再大，就什么都看不清了。

倒影无言，凡倒影，皆反向而立。

一

乌镇东栅财神湾，这个名字有点俗，木心的家不住百花里、陶然亭，至少也该是乌衣巷才对。特别是在导游不断地讲财神爷爷时，街角缭绕的香雾有点呛人。

这种印象本身就是误解，人们想象中的木心，都像他的句子"我是一个在黑暗中大雪纷飞的人哪"（《我》）一样超凡脱俗，脱俗得让人骨头都酥了才罢休。有人不断地用那些木心向来拒绝使用的大词垫高他，还有这样的欣赏：一看照片，吓倒了，超帅；木心先生，你好潮；爱你爱你，人间尤物……后两句已经越过了老克勒修养的界限，木心分别回答：这个"潮"字很吓人；胡说！①这位"文学的鲁滨逊"终于也到了不缺读者缺理解的阶段了。幸，还是不幸？"因为我受过许多屈

① 木心等：《木心答豆瓣网友》，《木心纪念专号：〈温故〉特辑》，刘瑞琳主编，桂林：广西师范大学出版社，2013年，第235页、第238页。

『没有天空，可也没有翅膀』

——访木心故居随想

周立民

学者、巴金故居纪念馆常务副馆长

辱，所以很喜欢现在有人给我一点荣誉，凡是出于理解的赞美我是接受而感恩的。"①木心说得很直白。

木心是在红尘中跌打滚爬过来的人，他要的东西也很直白："要脱尽名利心，唯一的办法是使自己有名有利，然后弃之如敝屣。我此去美国，就是为的争名夺利，最后两袖清风地归来……""我不取'陶潜模式'，宁择'王维路线'，且把纽约当长安，一样可以结交名流，鬻画营生，然后将 Forest Hills 当作'辋川别业'，一五一十地做起隐士来。'隐'者'瘾'也。"②他是一个深得写作三昧的人，他选择的"最佳"写作环境，不是避居人世的瓦尔登湖，而是滚滚红尘的闹市："繁华不堪的大都会的纯然僻静处，窗户全开，爽朗的微风相继吹来，市声隐隐沸动，犹如深山松涛……"③不要以为木心是隐士，他从未"隐"过，不要把他当作世外高人，他并未在"世"外。历抗战，经大变动的时代，吞浩劫的苦果，披欧美的风霜，木心比一般书生或艺术家更了解这个世界的污浊与圣洁。

"岁月不饶人，我亦未曾饶过岁月。""饶过"未必都说出而已。他没有避开现代世界，而是融入其中自得其乐，却又是心中盛满了古典的浓浆醴酒的现代流亡者，19世纪来的流亡者。他以19世纪的高昂睥睨20世

---

① 转引自尹大为：《木心先生三年祭》，《木心逝世三周年纪念专号》，刘瑞琳主编，桂林：广西师范大学出版社，2015年，第59页。

② 木心：《迟迟告白》，《鱼丽之宴》，木心著，桂林：广西师范大学出版社，2009年，第88页。

③ 木心：《雪夕酬酢》，《鱼丽之宴》，木心著，桂林：广西师范大学出版社，2009年，第51页。

纪的大地，"生命与速度应有个比例/我们的世界越来越不自然/人类在灭绝地球上的诗意"（《失去的氛围》）。这个"19世纪"造成了我们对他理解的困难，然而他却深知20世纪的浮华需要怎样的点缀，因此常常跟我们玩些小花招。那本《木心谈木心：〈文学回忆录〉补遗》便是魔术师自曝秘密，像一个战术家在打一场仗，文章里处处埋藏着"机心"。《童年随之而去》里，那只得而复失的碗，不知引发作者几多人生感慨，可是，木心却淡然地说："这篇是虚构的，没有这只碗的。""袋子是假的，袋子里的东西是真的。"[1]我不得不佩服木心真会"做"文章，不过，修养、才分靠机心去呈现，还是有些着急了，格局还是小了些。

木心讲过弘一法师圆寂前的故事：赵老伯随弘一登雁荡山，在山巅迎风而立时，他发现弘一面部的表情略有变化，便问："似有所思？"弘一答："有思。"再问"何所思"，答道："人间事，家中事。"赵老伯感慨："你看，像弘一那样高超的道行，尚且到最后还不断尘念，何况我等凡夫俗子，营营扰扰。"木心评价："弘一法师率乎性，笃乎情；如若他答以'无所思'，或以梵谛玄旨作敷衍，那是多么可怕，虚伪是卑污的。而弘一法师就能坦呈直出，这是了不起的……"[2]或许，那些"俗"正是木心的"凡心"，有凡心的人才是可爱的。

---

① 　春阳：《摘花高处赌身轻》，《木心纪念专号：〈温故〉特辑》，刘瑞琳主编，桂林：广西师范大学出版社，2013年，第106页。

② 　木心：《圆光》，《散文一集》，木心著，台北：洪范书店，2015年，第32—33页。

二

　　财神湾186号，旧称孙家花园。和所有江南的庄园一样，孙璞（木心的本名）祖辈勤劳致富，购地筑屋。五岁时，木心举家迁入此处，抗战爆发后，一度避居嘉兴，十六岁，木心离开这里去杭州，从此开始离开故乡的漂泊生涯。1950年，木心的母亲交出了房子，划为公有，此后，在这里开过铁钉厂、铁器社、五金轴承厂等。1995年底，轴承厂破产，孙家花园荒芜。就在这厂即将破产，已经破破烂烂的1995年初，阔别故乡五十二年的木心回来了。

　　行到一个曲折处，我本能地认知这就是"财神湾"，原系东栅市民的游娱集散之地，木偶戏、卖梨膏糖、放焰口，都在这片小广场上，现在竟狭隘灰漠，一派残年消沉的晦气。

　　"请问，这里是财神湾吧？"

　　"是呀。"须发花白的那叟相貌清癯。

　　"怎么这样小了呢？"

　　"河泥涨上来，也不疏浚，越弄越小了。"

　　"这里不是有爿香堂药材店吗？"我指指北面。

　　"对，关掉了，早就关掉了，东栅已经没有市面。"[①]

---

①　木心：《乌镇》，《中国时报》1998 年 11 月 22 日。

　　孙家少年看到的一切都不对了。以前高墙之下的铁皮大门，变成一堵矮墙中的两扇板门。正厅的墙壁全已圮毁，周围都是碎砖蒿莱。数十年来魂牵梦萦的后花园，亭台楼阁假山池塘都杳然无迹，一家轴承厂，工匠们正在紧张地劳作。他木然地自问："铲除一个大花园，要费多少人工，感觉上好像只要吹一口气，就什么都没有了。"几年后，他把这些细节都写进散文《乌镇》中，并决绝地说："永别了，我不会再来。"

　　偏偏是这样一篇文章，被乌镇方面看到了，在东栅的旅游改造中，木心成为其中一部分，陈丹青也登场了，这场由商业导演的温情大戏开演了。他们迁走工厂，建起晚晴小筑，迎接木心回来。2006年9月，七十九岁的木心回到故乡。尽管，他深知"先知在故乡是不受欢迎的，先知在家中是没有床位的"[1]，但是，"江南水乡，古老小镇/运河对岸日日价修船/船底朝天，很开心的样子/大太阳下裸背的男子们/又铲又敲打，空船起着共鸣……"[2]记忆的诱惑不可抵挡，虽然孤身一人，却有家有床，他在此度过人生最后的五年时光。

　　2014年5月25日，晚晴小筑南三进房子辟为木心故居纪念馆向公众开放。虽然地方不大，还是分了生平、绘画、文学三个馆，展示木心的人生和艺术成就，展品不多，一切却安排得恰如其分。如果可以安安静

① 木心：《翩翩不富·先知无眠》，《素履之往》，木心著，桂林：广西师范大学出版社，2009年，第52页。
② 木心：《修船的声音》，《云雀叫了一整天》，木心著，桂林：广西师范大学出版社，2013年，第82页。

静地参观，这应当是设计和布置得极佳的一个作家故居。

那天，仪式进行中，下起了雨。我躲开人群，独自来到后院。这里草木葱茏，石榴花和槭树叶红得像浇不灭的火，仿佛应了"晚晴"两字。对面应当就是木心的客厅、居室，虽然不对人开放，但门前大敞着。我走进去，轻轻地望了望，不敢打扰，退了出来。

雨大起来了。这是为木心下的吗？他说过："予喜雨。雨后，尤难为怀，肖邦的琴声乃雨后的音乐，柳永的词曲，雨后之文学也。"[1]我没有等到雨后，欣赏不到肖邦的琴声、柳永的词曲，只看着一批批人围着陈丹青照相。

三

木心故居的生平馆里陈列着一份木心自书的年表，上面以"中国岁月"为题，详尽地叙述从1927年出生到1982年8月离开中国他大半生的履历。其中1951年秋至1956年7月在上海高桥育民中学教书的一段日子算是他难得的平静岁月。他与姐姐、母亲住在浦东高桥镇的一座临河的大院里，据他的外甥王韦在《为文学艺术而生的舅舅》中描述，走进木心的屋子如同进入艺术天堂，门窗的边框都用纸糊着，一个又粗又大的画框占据一面墙，另外一面挂着《蒙娜丽莎》，靠窗的写字台上是纸、

---

[1]　木心：《十朋之龟》，《素履之往》，木心著，桂林：广西师范大学出版社，2009年，第64页。

笔、颜料，两把椅子中间的石墩上放着贝多芬的石膏像，床边书架上摆着的是精装书。蜡梅花开的季节，花瓶里插满清香……这种生活与那个时代是多么格格不入。

果然，"文革"开始，木心珍贵的画作、文稿、藏书、乐谱、唱片被装了四卡车，悉数拉走；他近二十年间的创作，二十大册，都化为乌有。更严峻的考验接踵而至，在他的年表中，接连不断地出现被关押、审查、劳改的地点：第二看守所、静安公安分局、地毯厂、本厂防空洞等。他当年工厂的同事秦维宪在今年发表的《木心闭口不谈的隐痛岁月》中揭秘了木心这段遭遇。

对这段生活，木心后来不曾渲染反而选择回避，然而，精神的伤痕却回避不掉，即便晚年荣归故里，他还是坚决拒见当年工厂的工友。直到临终前，精神恍惚中，他喊出的居然是："你转告他们，不要抓我……把一个人单独囚禁，剥夺他的自由，非常痛苦的……"①难怪，1982年，已经是五十六岁的他，执意要出国，他要逃出黑暗的记忆。当然，他也要圆自己青年时代就要出国去学习艺术的梦想。

在高桥的平静岁月里，他的诗里却充满梦想夭折的悲伤："黄浦江对岸/小镇中学教师/二十四岁，什么也不是//……我好比笼中鸟/没有天空/可也没有翅膀//看样子是定局了/巴黎的盘子洗不成了/奋斗、受苦，我

---

① 陈丹青：《守护与送别》上篇，《木心纪念专号：〈温故〉特辑》，刘瑞琳主编，桂林：广西师范大学出版社，2013年，第150页。

也怕/……看样子是就这样下去了/平日里什么乐子也没有/除非在街上吃碗馄饨//有时，人生真不如一行波德莱尔/有时，波德莱尔/真不如一碗馄饨。"[①]

二十四岁，那是比油菜花还灿烂的年华啊。

2016年9月6日凌晨两点半于吴兴路

[①]　木心：《小镇上的艺术家》，《木心研究专号（2016）：木心美术馆特辑》，木心作品编辑部编，桂林：广西师范大学出版社，2016年，第30—31页。

记木心美术馆

每个离开故乡的人都隐秘地接受故乡的滋养，甚至一生，但不是每个人都意识到这一点，更很少有人能反过来滋养自己的故乡。所谓名人故里，往往都是皮毛假古董，最难得的是以精神反哺、改变了故乡的。

鲁迅之于绍兴，沈从文之于凤凰，似乎都是坏例子，兴许是他们去世较早，完全不能左右日后故乡对自己的误读之故。但木心之于乌镇，似乎有点不一样，生前的回归，死后弟子陈丹青的努力，都把事情往好的方向引去。

过去十多年，有很多次机会造访乌镇，却终不入，老实说是因其盛名所累。媒体报道假日游人济济之盛况，举例不免丽江、凤凰、乌镇，我等惯于寂寞的潜行者——非旅游者，心中总想避之则吉的。

而乌镇始终有一个人让我牵挂，那就是木心先生。想起木心先生，就像想起一个旧情人一样，他的文字、音容笑貌，也都是和旧情人式的寂寞相匹配的。每个时代的文学风景中，总是有两三个这样寂寞的大师，才能镇得住众声喧嚣。木心这一代，

廖伟棠

诗人、作家

称得上寂寞的大师的，我知道有昌耀、高尔泰和他；一如较上一代，有卞之琳、废名和汪曾祺。

诞生这样一个大师的地方，理应也是寂寞的吧，我不相信乌镇就只等于旅游热点，这个思疑，乌镇的木心美术馆落成后，我才有机会验证。木心走时，一如其自许"我是一个在黑暗中大雪纷飞的人"那样，寂寞、盛大、天地动容。他留下来的一切，组成了那个木心美术馆。

"风啊，水啊，一顶桥"，据说是木心生前看到美术馆蓝图说的一句话。这美术馆比故居纪念馆恢宏许多，不止风、水和一顶桥，但又确乎是只有风，只有水，只有桥。空间寥廓，只有风熟悉每一处升降转弯，并且在白砂铺就的枯山水中留下梳子一般的细迹。水起兴于建筑其外，赋和于其里，如他的文心婉曲又无物不至。一顶桥，那是木心本人，之于陈丹青等弟子好友，之于传承文字的你我。

行走在这建筑里，觉其淡定空明之余又有诡秘细节，就像先生的《诗经演》——好一个"演"字，变化万千终归三寸灿烂之舌。而在这里，演义而出的，是木心沥血于方寸间的画作，是黑暗中保存文明的秘密手稿。这是木心留给乌镇最后的礼物，也将引领我们日后一再重来，瞻仰这个写下先知书的人，即使尘世如梦游，大梦无所谓先后觉。

美术馆狭长，布局恰似一艘古船，进门的桥是船首斜桅，进去的各个区域如参差的舱房（木心说：我的美术馆应该是一个一个的盒子，人们可以听着莫扎特音乐从一个盒子走到另一个盒子）。舱房内部有挑空的舷桥连接，船尾则终结于图书馆的下降大阶梯，落入一个枯山水庭院中，如慈航静水。此船该是历经战火归航之船。

"孤绝感、超然性、穿透力"，陈丹青形容美术馆的这三个词非常准确，因为这也是木心文学与美术最突出的魅力所在。

这三者都具象化为修长的形态，实际上也与大多数的藏品相呼应：木心最令人瞩目的画作，往往是细长得令人难以置信的，其细如中世纪细密画的精致，更如木心当年狱中笔记的层叠曲折——这是灵魂在压力下产生的高密度；其长并非只是中国古代长卷之长法，更是幽深蜿蜒，如鲁迅《野草》里那一个好的地狱一样引人远遁而至于大荒。这是木心独有的极端主义。

开馆特展是"林风眠与木心"和"尼采与木心"。林风眠与木心的师承关系一直有人论说，但具体看见原作并列展出，我却更乐于寻找两者间那些根子里不同的东西，以及"文革"之难是怎样在他们日后作品中以不同形式反诘与自愈的（当然，都不会和解）。

尼采则是林风眠的对面，强韧决绝，从现场展出的由德国尼采基金会借来的手稿就能看出，尼采手迹从《查拉图斯特拉如是说》的遒劲纷扬，到临终绝笔的自由质拙，令人肃然起敬但又无比亲近，"瞻之在前，忽焉在后"的泰山形象。木心曾说"哲学家中最任性是尼采"，那么我也可以说中国当代诗人中最任性是木心，盖其洒脱高远，绝非那些汲汲乎名利的职业诗人可以攀比的。尼采在艺术上赠予木心酒神精神的激情，在为人的独立上却赠予他日神的敞亮。

整个美术馆，有两个展览互为倒影，是最发人深省的。一个是二楼展出的最宝贵的木心狱中手稿，以极其细密但井然的小字写满脆弱的薄纸，你却能从中感受强硬的灵魂在众人皆视为绝境的黑暗中开拓着无限庞大的乌托邦。手稿在黑沉沉的空间发着微光，就像当年在木心深邃的脑中。

隔着一层，在地下室一个展馆里，与这些薄纸对应的意象，是一些消失的圣经古本。原定"圣经与木心"的特展因为某些原因取消了，但那些根据书本大小特制的空玻璃匣子还在光照中，原本应该在里面的古圣经，仿佛插翅而飞，也仿佛融入了渺茫的光线里。美好、神圣的事物因为变成虚无，反而弥散如空气般不容忽视不可或缺，这一点，木心早已知道。

一个精彩的建筑能使一个地方立刻变得沉静悠远，在西方往往是教堂、大学做到了，此刻，我看到木心美术馆也担当了这一使命——竟是若无其事地，仿佛它就是在喧嚣的旅游大潮上闲庭信步、傲然含笑的老木心。

附

飞上海客机上读木心

虽然是早晨
然而地球上的光一寸寸消逝

在巴黎，在叙利亚

一杯咖啡变红

你说：我们仍然要喝下去

地球转动如一磨咖啡机

会唱歌的，被大盗偷走的

让老奶奶伤心的

老咖啡机

我们仍然要喝咖啡看球赛听音乐会

这是我们成其为人的充分理由

让他们寻求天堂和处女吧

我们一小勺一小勺量走咖啡的黑

安于山水崎岖、人鬼殊途

我们一小口一小口抿下酒杯里的金

老咖啡机唱道：

"狗富贵，猫相忘于江湖"

2015 年 11 月 14 日 乌镇

赋别曲

要走了

坏天气如旧情人牵绊着一切

桥啊水啊山啊

你不时见人开窗、牵船、收衣

一定睛：那人并不是我

在乌镇细味乌黑的

在上海忘记海声的

在香港掐灭香烟的

都不是我也不是你

不是狱中索要一张薄被的孔另境

也不是茅盾书房里见罗马灭亡星的木心

大雾充盈我等，如彼时小父亲在战乱中觅的一方布枕

装满屈辱的泪水、无情的河山，渐渐变成青瓷般冷硬

1960年，焚书种桑的，我们的小父亲，我们的旧情人

谁窥见过他谁话别过他

青红的肩膀

清白的腰身

2015年11月26日向木心致敬

初夏的乌镇，烟雨迷离，还有阵阵凉意。踏上湿漉漉的青石板路，走进小巷深处，去看望木心先生。

十三岁的木心，就在枕水而居的院落，听着乌篷船吱呀的摇橹声，几乎读完了手头所有的书。白发如霜的时候，他回来了，叶落归根，像少年时一样，住在古朴的小院里。品一杯龙井茶，尝一块定胜糕，和学生们谈文学和艺术，看水边的桃花开了，听三月间的春雨声和杜鹃鸣。

他二十二岁时，拒绝了杭州一家学校的聘书，雇人挑了一担书和画画的工具，上莫干山读书、画画去了。他不要常人安逸、温暖、舒适的生活，青春年少的他，早已决定要和艺术相伴一生，为艺术甘愿忍受冷清和寂寞。

如今，他的著作静静地放在书柜里，我用目光一次次抚摸过它们，拂过他的《文学回忆录》，这本书横亘在岁月深处，坚如磐石。

如果说，文化是有脉络的，他仿佛一位习武之人，三言两语就打通中西文化的脉络。他学贯

去乌镇，看望木心先生

李　娟

作家

中西，中外文化信手拈来，融会贯通。木心从不仰望大师，也不是学院派，不说教，不迟疑，斩钉截铁，内心却如万马奔腾。他的语言如一幅素描，简洁明了，从容舒展，字字如金，耐人寻味，又如铮铮铁骨，掷地有声，充满了智慧和力量。他平视那些文学巨匠，平视现在和未来的读者，平视一切大家，解读他们不寻常的人生。

乌镇西栅木心美术馆前墙上有他在纽约的一张照片，中年的他穿着黑色的毛呢大衣，手里一根手杖，头上戴着一顶礼帽，目光如炬，清俊潇洒，儒雅坚毅，脸上棱角分明，宛如一幅版画。他仿佛一位旧时文人，穿越半个世纪的光阴站在我的面前。

我站在他的画前，一弯晓月挂在夜空，群山默默，寂静无言，连月亮的光芒都是清冷的。他的画如此空灵、缥缈，有云烟苍茫之感。这是画吗，还是历史的云烟一不小心流淌在画布上？他的画，仿佛他自己的内心，灵性、洁净，却无比悲伤和苍凉。

在美术馆陈列柜中看见他在狱中的手稿。我低下头静静看着，每一张都密密麻麻，字如小米粒大小，写在粗糙的纸上。那穿越半个世纪的手稿，经过岁月侵蚀，纸张发黄变脆，字迹已经模糊，每一张纸的两面都写满了，不留天地。这些手稿有六十六张，共计六十五万字。

我站在一张张手稿面前，忍不住泪水盈眶。那段暗无天日的岁月，带给一位艺术家多少精神与肉体的折磨和苦痛？是这些小米粒一样的文字，支撑他走过那些屈辱苦难的岁月。也是这些文字，给予他暗淡的生命一点点幽微的光亮。

看着这些手稿，我恍然想起画家凡·高的《星空》，凡·高生命最后的几年里，他一直被关在精神病院。只有一扇小小的铁窗，能让他看见外面世界的朝阳和霞光，也是那一扇小窗，让他看见湛蓝的夜空中满天的繁星，正因如此，他才创作出不朽的杰作——《星空》。

文学是什么？我问自己，也问镜框里的木心。他回答：是星辰！

无论黑夜多么漫长，总有几颗璀璨的星星闪亮着，照亮着人们日渐蒙尘的眼睛和心灵。我听他轻声吟诵：你终于闪耀着了么？在我旅途的终点。

电视中播放着他的录像，他坐在老屋里，谈笑风生，语声朗朗。他说话时声音不大，但是一出口就有惊世之语，醍醐灌顶，如大雪天忽然遇见太阳。

我喜欢他的诗歌和短句，那么干净而热烈，率真而明亮，睿智和风趣。他说：艺术是最好的梦。世上有多少墙壁呀，我曾到处碰壁，可是至今也没画出我的伟大壁画。

除了灾难、病痛，时时刻刻要快乐，尤其是眼睛的快乐。要看到一切快乐的事物，耳朵要是听不到快乐，眼睛可以。

他喜欢画家凡·高。木心的诗："凡·高在博物馆里，我在路上走。"这是1983年，美国大都会艺术博物馆举办特展"凡·高在阿尔"，木心看画展后，写成此诗。第二年，木心在哈佛大学举办个人画展。2001年他在耶鲁大学美术馆举办画展——这距离他十七岁第一次在杭州举办画展，已经过去了半个多世纪。

木心先生说："文学是可爱的，生活是好玩的，艺术是要有所牺牲的。"他说："我是一个在黑暗中大雪纷飞的人哪！"他的一生，历经磨难，孤独漂泊，孑然一身，无妻无子。他只和文学、绘画、音乐、艺术在一起，和世间的一切的美相濡以沫，相携到老。

他说："人们看我的画，我看人们的眼睛。平时，画沉睡着，有善意的人注视着它时，醒了。"

醒着的不仅仅是木心的画，还有他的灵魂。

细雨如丝，思绪如雨。

图书在版编目（CIP）数据

我之为我，只在异人处：众说木心 / 夏春锦，唐芳主编 . — 长沙：湖南人民
出版社，2022.6
ISBN 978-7-5561-2829-7

Ⅰ . ①我… Ⅱ . ①夏… ②唐… Ⅲ .①木心（1927—2011）—人物研究—文
集 ②木心（1927—2011）—文学评论—文集 Ⅳ .① K825.6-53 ② I206.7-53

中国版本图书馆 CIP 数据核字（2022）第 005865 号

我之为我，只在异人处：众说木心
WO ZHI WEI WO, ZHI ZAI YI REN CHU: ZHONG SHUO MUXIN

主　　编：夏春锦　唐　芳
出版统筹：陈　实
监　　制：傅钦伟
选题策划：领读文化
产品经理：领读—孙华硕
责任编辑：田　野
责任校对：谭　乐　夏文欢
装帧设计：卿　松［八月之光］

出版发行：湖南人民出版社有限责任公司［http://www.hnppp.com］
地　　址：长沙市营盘东路3号　　邮编：410005　　电话：0731-82683313

印　　刷：长沙超峰印刷有限公司
版　　次：2022年6月第1版　　　　　　印　　次：2022年6月第1次印刷
开　　本：880 mm × 1230 mm　　1/32　　印　　张：11.5
字　　数：248千字
书　　号：ISBN 978-7-5561-2829-7
定　　价：69.80元

营销电话：0731-82683348（如发现印装质量问题请与出版社调换）